高职应用语文

(下册)

主　编　张国志
副主编　刘暄植　赵丽华
　　　　郜建军　张婷凯

北京理工大学出版社
BEIJING INSTITUTE OF TECHNOLOGY PRESS

版权专有 侵权必究

图书在版编目（CIP）数据

高职应用语文．下册／张国志主编．—北京：北京理工大学出版社，2015.9（2020.9重印）
ISBN 978－7－5682－1268－7

Ⅰ．①高… Ⅱ．①张… Ⅲ．①大学语文课－高等职业教育－教材 Ⅳ．①H19

中国版本图书馆 CIP 数据核字（2015）第 220004 号

出版发行／北京理工大学出版社有限责任公司
社　　址／北京市海淀区中关村南大街 5 号
邮　　编／100081
电　　话／（010）68914775（总编室）
　　　　　（010）82562903（教材售后服务热线）
　　　　　（010）68948351（其他图书服务热线）
网　　址／http：//www.bitpress.com.cn
经　　销／全国各地新华书店
印　　刷／三河市天利华印刷装订有限公司
开　　本／787 毫米 × 1092 毫米　1/16
印　　张／12.5　　　　　　　　　　　　　　责任编辑／申玉琴
字　　数／290 千字　　　　　　　　　　　　文案编辑／申玉琴
版　　次／2015 年 9 月第 1 版　2020 年 9 月第 6 次印刷　责任校对／周瑞红
定　　价／30.00 元　　　　　　　　　　　　责任印制／马振武

图书出现印装质量问题，请拨打售后服务热线，本社负责调换

前 言

网络环境下的高职高专语文教学出现了新内容与新形式，一些多年从事高职高专语文研究与教学的同人对此做了大量研究。为了从教材上对这种新变化进行反映与总结，北京理工大学出版社组织相关人员编写了这套《高职应用语文》（上、下册）。

作为《高职应用语文》（下册），本书侧重高职应用语文的形式教学，既重视高职应用文必备文法基础和文面形式训练，又重视高职生各种形式的话语训练。从高职高专"够用、必需"的教育理念和汉语文教学实际出发，本书淡化了传统语文重理论轻实践的教学模式，引入了行动导向概念，采取了"模块+任务"编排体例。其模块有三，第一模块为"应用写作必备基础训练"，第二模块为"文面训练"，第三模块为"话语训练"，每个模块由若干项任务组成。每项任务构成环节有四，大体为"情景设定、作品展示与知识链接、常见问题、作业展示及评议"形式。该体例旨在充分体现行动导向应用语文概念，尽可能贴近高职高专语文教学实际，更顺应高职高专语文教学特殊规律。

本书由张国志老师统稿审阅，具体编写分工如下：

第一模块

第一项任务至第四项任务　　　　包头钢铁职业技术学院刘暄植　编写

第五项任务至第七项任务　　　　内蒙古机电职业技术学院赵丽华　编写

第二模块

第一项任务至第四项任务　　　　内蒙古机电职业技术学院张婷凯　编写

第五项任务至第七项任务　　　　内蒙古机电职业技术学院郜建军　编写

第三模块

第一项任务至第十一项任务　　　内蒙古机电职业技术学院张国志　编写

由于编写时间紧迫，本书参阅了大量相关书籍、资料并做了一些适当引用，所引部分作品未能与原作者及时联系，在此谨表歉意并真诚致谢。限于编者水平，不足之处在所难免，恳请批评与建议，以备修订完善。

编　者

2015 年 8 月

目　　录

第一模块　应用写作必备基础训练 ··· 1

　　一、应用写作文体基础 ·· 1
　　二、应用写作语体基础 ·· 1
　　三、应用写作语文基本素养 ·· 2
　　四、应用写作与计算机 ·· 3
　　五、网络应用文的写作 ·· 4
　第一项任务：字形训练 ·· 4
　　一、硬笔楷书训练情景设定 ·· 4
　　二、作品展示与知识链接 ··· 5
　　三、常见问题 ··· 11
　　四、作业展示及评议 ·· 12
　第二项任务：标点训练 ··· 12
　　一、标点训练写作情景设定 ··· 12
　　二、作品展示与知识链接 ·· 13
　　三、常见问题 ··· 28
　　四、作业展示及评议 ·· 29
　第三项任务：改正错别字训练 ·· 29
　　一、错别字训练写作情景设定 ·· 29
　　二、作品展示与知识链接 ·· 30
　　三、常见问题 ··· 31
　　四、作业展示及评议 ·· 46
　第四项任务：语法训练 ··· 47
　　一、语法训练写作情景设定 ··· 47
　　二、作品展示与知识链接 ·· 47
　　三、常见问题 ··· 64
　　四、作业展示及评议 ·· 64
　第五项任务：章法训练 ··· 64
　　一、章法训练写作情景设定 ··· 64
　　二、作品展示与知识链接 ·· 65
　　三、常见问题 ··· 68
　　四、作业展示及评议 ·· 68
　第六项任务：敬语训练 ··· 68

一、敬语训练写作情景设定 ……………………………………………… 68
二、作品展示与知识链接 ………………………………………………… 69
三、常见问题 ……………………………………………………………… 71
四、作业展示及评议 ……………………………………………………… 71

第七项任务：文章修改训练 …………………………………………… 72
一、修改训练写作情景设定 ……………………………………………… 72
二、作品展示与知识链接 ………………………………………………… 72
三、常见问题 ……………………………………………………………… 73
四、作业展示及评议 ……………………………………………………… 73

第二模块 文面训练 …………………………………………………… 74

第一项任务：白纸情景写作 …………………………………………… 74
一、白纸写作情景设定 …………………………………………………… 74
二、习作讨论与知识链接 ………………………………………………… 75
三、常见错误 ……………………………………………………………… 77
四、作业展示及评议 ……………………………………………………… 78

第二项任务：横格纸情景写作 ………………………………………… 79
一、横格纸写作情景设定 ………………………………………………… 79
二、习作讨论与知识链接 ………………………………………………… 79
三、常见错误 ……………………………………………………………… 80
四、作业展示及评议 ……………………………………………………… 80

第三项任务：稿纸情景写作 …………………………………………… 80
一、稿纸写作情景设定 …………………………………………………… 80
二、习作讨论与知识链接 ………………………………………………… 81
三、常见错误 ……………………………………………………………… 82
四、作业展示及评议 ……………………………………………………… 82

第四项任务：展示板情景写作 ………………………………………… 83
一、展示板写作情景设定 ………………………………………………… 83
二、习作讨论与知识链接 ………………………………………………… 83
三、常见错误 ……………………………………………………………… 85
四、作业展示及评议 ……………………………………………………… 85

第五项任务：PPT情景写作 …………………………………………… 85
一、PPT写作情景设定 …………………………………………………… 85
二、习作讨论与知识链接 ………………………………………………… 86
三、常见错误 ……………………………………………………………… 88
四、作业展示及评议 ……………………………………………………… 89

第六项任务：计算机打字输出情景写作 ……………………………… 89
一、计算机打字输出情景设定 …………………………………………… 89
二、习作讨论与知识链接 ………………………………………………… 90

三、常见错误 ………………………………………………………… 95
　　四、作业展示及评议 ………………………………………………… 95
  第七项任务：网络资讯编辑情景写作 ………………………………… 95
　　一、资讯收集与整理写作情景设定 ………………………………… 95
　　二、习作讨论与知识链接 …………………………………………… 96
　　三、常见错误 ………………………………………………………… 103
　　四、作业展示及评议 ………………………………………………… 103

第三模块　话语训练 …………………………………………………… 104

  第一项任务：语音训练 …………………………………………………… 104
　　一、情景设定 ………………………………………………………… 104
　　二、知识链接 ………………………………………………………… 104
　　三、常见问题 ………………………………………………………… 106
　　四、训后评议 ………………………………………………………… 117
  第二项任务：说话须知 …………………………………………………… 117
　　一、情景设定 ………………………………………………………… 117
　　二、知识链接 ………………………………………………………… 117
　　三、常见问题 ………………………………………………………… 123
　　四、训后评议 ………………………………………………………… 123
  第三项任务：朗读训练 …………………………………………………… 124
　　一、情景设定 ………………………………………………………… 124
　　二、知识链接 ………………………………………………………… 124
　　三、常见问题 ………………………………………………………… 127
　　四、训后评议 ………………………………………………………… 128
  第四项任务：朗诵训练 …………………………………………………… 128
　　一、情景设定 ………………………………………………………… 128
　　二、知识链接 ………………………………………………………… 128
　　三、常见问题 ………………………………………………………… 132
　　四、训后评议 ………………………………………………………… 133
  第五项任务：主持训练 …………………………………………………… 133
　　一、情景设定 ………………………………………………………… 133
　　二、知识链接 ………………………………………………………… 133
　　三、常见问题 ………………………………………………………… 135
　　四、训后评议 ………………………………………………………… 140
  第六项任务：命题演讲训练 ……………………………………………… 140
　　一、情景设定 ………………………………………………………… 140
　　二、知识链接 ………………………………………………………… 140
　　三、常见问题 ………………………………………………………… 142
　　四、训后评议 ………………………………………………………… 142

第七项任务：即兴演讲训练 ·· 142
    一、情景设定 ·· 142
    二、知识链接 ·· 143
    三、常见问题 ·· 145
    四、训后评议 ·· 145

第八项任务：交谈训练 ·· 145
    一、情景设定 ·· 145
    二、知识链接 ·· 145
    三、常见问题 ·· 148
    四、训后评议 ·· 148

第九项任务：面试训练 ·· 148
    一、情景设定 ·· 148
    二、知识链接 ·· 149
    三、常见问题 ·· 151
    四、训后评议 ·· 152

第十项任务：谈判训练 ·· 152
    一、情景设定 ·· 152
    二、知识链接 ·· 152
    三、常见问题 ·· 156
    四、训后评议 ·· 157

第十一项任务：辩论训练 ·· 157
    一、情景设定 ·· 157
    二、知识链接 ·· 157
    三、常见问题 ·· 162
    四、训后评议 ·· 163

附录一　国家职业汉语能力测试 ·· 164

附录二　中办、国办联合下发党政机关公文处理工作条例 ······················ 169

附录三　学术论文参考文献有关规定 ·· 175

附录四　出版物上数字用法的规定 ·· 178

附件五　出版物汉字使用管理规定 ·· 184

附录六　外文字母用法规定 ·· 186

主要参考书目 ·· 188

第一模块

应用写作必备基础训练

一、应用写作文体基础

鉴于应用写作文体的特殊意义，其范文格式具有重要的模仿价值。因此，选择优秀例文进行案例教学与模拟优秀例文进行应用写作就显得格外重要。对于教师来说，选择例文要特别注意例文的格式细节，务求尽善尽美；对于学生来说，仿写例文也要特别注意例文的格式细节，务求形神俱肖。如果说应用文写作教学经常事倍功半，那么原因之一就在于没有意识到文体格式的重要性。教师应该集中精力讲清各种应用文文体格式，使学生在面临相类文体写作时能够做到格式正确。

二、应用写作语体特征

应用写作是我们现代社会劳动者应该掌握的一项基本技能。要学会写作各种应用文，就必须研究其语言特征，了解并掌握其语体。文体相对稳定，语体比较活跃，常随社会的发展变化而变化，必须时时关注并学习。

那么，应用写作语体特征是什么呢？

（一）平实性

就其本质而言，应用文是一种实用性的文体。它宣传政策，是为了让人们去实践；它负载信息，是为了让人们有所行动；它传播知识，是为了让人们对事物有所了解。总之，人们撰写应用文，是要人一看就明白、一听就懂得，而不是让人去仔细推敲、揣摩字里行间隐藏的所谓"潜台词"。应用写作有别于文学创作，它不需要运用大量描绘性和抒情性的生动语言去塑造形象、抒发情感，它所要求的是通俗平实。而所谓平实，就是运用平易、自然、大众化的语言，如实地表现事物的本来面目，使人一看就懂，因此，应用写作语体的首要特征就是平实性。

应用写作语体的平实性，首先，要求在语词的选用上避免那些带描述性的词语，而尽量使用陈述性的词语。其次，在语句的选用上，要多用陈述句，不用或尽量少用描写句，以便人们在三言两语中就能清楚要干什么、怎么干，而不必花费精力去猜测揣摩要他去干什么。最后，在文章的结构上，要尽可能简洁，无论是怎样安排结构，都应该简洁清楚，适应语境的要求，让人一目了然。

（二）准确性

语言的准确性是任何文体都需要的，但对于应用文来说，这一点尤为重要。因为应用文具有很强的实用性，只有准确地表达内容，才能准确无误地完成实际工作。尤其是公文类应用文，具有极强的强制性、政策性，对工作有指挥、指导作用，如果语言稍有差错，就可能给公务活动带来极大损失。所以，准确性是应用文最基本的特征和最起码的要求。要做到这一点，就应该字斟句酌，细心辨析词义范围的大小、语意的轻重、感情的褒贬，如"聪明"与"狡猾"感情色彩不同，"批评"与"批判"语义轻重不同，"战争"与"战役"范围大小不同，等等。在应用写作中用语精准非比寻常。

（三）程式性

程式性，是指人们在长期使用应用文的过程中形成的一种惯用的、相对固定的、规范的语言特性。这种特性是应用文区别于其他文体的又一显著标志。掌握并恰当运用这些程式性语言，可使文章语言简明，格式规范，行文庄重得体。

在应用写作中，常见的程式性口头用语有"根据、按照、为了"等，称谓用语有"我、本（第一人称），贵、你（第二人称），该、其（第三人称）"，期请用语有"请、敬请、拟请"等，征询用语有"当否、可否"等，表态用语有"同意、照办、原则同意、按此办理、暂不执行"等，综述用语有"为此、对此、综上所述"等。

此外，应用写作的程式性，还表现在开头与结尾的写作上。应用文的开头大多具有程式性，如"根据式开头"常用"根据、遵照、按照"等词语，"原因、目的式"开头常用"为了、由于、鉴于"等词语。同样，应用文的结尾，也不似文学作品那样要求意味深长、耐人寻味，而是追求简洁明了、干净利落。特别是公文，不同文种都有相对固定的结尾用语，如请求批示、批准和批复的，所使用的结尾用语就不同。因此应用写作语体的程式性显而易见。

（四）概括性

概括性，是指用极其简明的语言将具体事物的本质属性表达出来。这种概括性体现在多个方面：记事要概括，叙述要概括，说明也要概括。因为应用文是要解决实际问题的，所以写作时要让人一看就能抓住要领，从而提高办事的效率。

在应用写作实践中，为突出语体概括性这一特点，可适当运用概括性较强的成语、谚语和群众语言。恰当运用数概与节缩词，也有概括的作用，如"五讲四美三热爱""两个文明""农转非""严打"等等。

应用写作语体特征只有在写作实践中细细体会，才能心有所得。

三、应用写作语文基本素养

（一）语文素养的特点

1. 基础性

语文是工具性和人文性相统一的学科，它是学习各学科的基础，也是人生发展的基础。母语学习的重要性深刻而又长远，现在高校教育中对英语的重视远远高于对母语的重视，这是值得深思的。

2. 综合性

语文素养的内涵是非常丰富的，它以语文知识和语文能力为主干，至少包括语文知识、语文能力、一般智力、社会文化常识和情商五个要素。提高语文素养就是要实现这五个要素的辩证统一，使这五个要素得到全面、和谐、充分的发展。学习语文知识，训练语文能力，感受先进文化，开发智力，培养情商，构成了提高语文素养的基本内涵。

3. 阶段性

语文素养的培养有一个"变通域"，即有一个很大的层次空间和范围，为此，必须对语文素养从量上进行规定，即"量化"。所谓"量化"，就是用客观、具体的数字来规定学生在各个学习阶段实现语文素养所要求达到的最低标准。比如，在小学阶段，学生应该掌握至少2 800个单字，高中阶段应该会背50篇古诗文，等等。大学阶段也应该做类似的明确规定。只有规定了这样一个最低标准，大学生语文素养的提高才更有保障。

（二）学生语文素养现存问题

在批改大学生尤其是理工科大学生的应用文习作时，经常可以发现以下几方面问题：

①标点不清晰、形状及占位不正确。
②错别字较多，字形不美观。
③语句不通顺，语病多。
④句群、篇章条理不清晰，逻辑性差。
⑤语体意识淡薄，相关问题严重。
⑥文面形式意识淡薄，相关问题严重。

传统的应用写作教学并没有特别重视上述问题。这些问题一直被掩盖着，光是讲一些文体格式，即使学生掌握了这些"知识"，但上述六个方面的问题不解决，也搞不好应用写作，写出的文章也就不可能令人满意。

这就说到了应用写作语文素养问题。这些问题表面看是语文素养问题，实则显示了人格教养的粗疏，反映了情感教育与理性教育的不足，必须对其给予足够的重视。好在社会也开始重视这类问题。据悉，广东高考作文评卷"每错一个字扣一分"，这就要求语文教师要引导学生重视错别字问题，加强同音字、形似字的对比和鉴别训练，使他们不写错别字，并引导学生努力提高书写质量。

（三）语文素养问题解决方法

其实，这些问题也并不是积重难返。只要正视它们，重视它们，就能把问题解决掉。
①高度重视。
②专题训练。
③严格考核。

四、应用写作与计算机

众所周知，计算机写作所产生的稿件文面整齐美观、便于修改、易于复制和保存，这些优势已经得到越来越多写作者的广泛认同。其实，把计算机当作书写工具来用，这仅是计算机功能中很小的一部分。计算机还有很多有助于写作的功能未被使用，如上网查找写作资料，用电子邮件写文稿，在计算机上收发传真及其他信息，等等。每个写作者不仅要顺应时代潮流学会计算机写作，而且要早日适应计算机网络——数字化时代的生活方式。

五、网络应用文的写作

什么是网络应用文？就是在计算机网络新媒体上生存的应用文。这是从媒体视角所作的文体界定。宽泛地说，它可以包括三种情况：一是传统应用文的电子化或网络化形态，这是纸质媒体的应用文转化为电子文本的应用文。二是在计算机网络上写作、传播和阅读的应用文，具有网络媒体的新技巧和新方法，如超文本和超级链接。它不仅包括传统应用文，还涵盖计算机网络新产生的文体，如电子邮件、网上聊天、网页、手机短信、帖子、网上注册等。三是泛指计算机网络上具有应用色彩、使用频率较高的相关文体，除了传统意义上的应用文之外，像网络新闻、网络评论等，都可以看作广义的网络应用文。这里主要是指第二种情况。

网络应用文与传统应用文有着明显的文体差异。这是由不同媒体的性质决定的。无论是在计算机网络上写作的应用文，还是传统应用文的网络化形态，它们的传播和阅读方式都发生了重要变化，完全不同于纸质的传统应用文。网络媒体的非线性方式、信息表达的多媒体形态、时空被压缩为零、超文本的开放性辐射、读者与文本的互动等新思维、新观念和新特性，给网络应用文带来了全新的文体特征。

网络应用文是一个新的领域，研究的空间很大。比如网络应用文的科学界定和文体特征，网络应用文与传统应用文的文体差异，网络应用文的表现技巧和结构方式，网络应用文的语言风格和审美规范，网络应用文的新兴种类和各自特征，网络应用文的写作方法和阅读策略，网络应用文的传播途径和操作技术，等等。由于网络应用文的边缘性，其研究将横跨众多学科，具有某种综合性。

网络应用文作为前沿知识，应该纳入应用写作的正式课程之中。应用写作已经逐渐成为各类学校写作课程的主体，而网络应用文也将成为应用写作的重要内容。网络应用文的理论和实践，应该尽快地补充到应用写作的教材中去。不仅如此，计算机网络写作的理论和实践，也将逐渐成为写作学的支柱和主体。

第一项任务：字形训练

训练内容：硬笔楷书入门。学时：2学时。

一、硬笔楷书训练情景设定

结合学生实际情况，充分发挥想象力，设计能够引起学生参与硬笔楷书训练兴趣的导入方式，使授课内容生活化，使学生自主学习。要求：

一是教师要自始至终认真管理。

二是循序渐进：先学笔画，再学偏旁，最后学结构。

二、作品展示与知识链接

（一）作品展示

> 夫以數切諫不得久留內遷為東海太守黯
> 學黃老之言治官理民好清靜擇丞史而
> 任之其治責大指而已不苛小黯多病臥閨閣
> 內不出歲餘東海大治稱之上聞召以為主爵
> 都尉列於九卿治務在無為而已弘大體不拘
> 文法黯為人性倨少禮面折不能容人之過合
> 己者善待之不合己者不能忍見士亡以此不
> 附焉然好學游俠任氣節內行脩絜好直
> 諫數犯主之顏色常慕傅柏袁盎之為人也
> 善灌夫鄭當時及宗正劉棄以數直諫不
> 得久居位當時太后弟武安侯蚡為丞相中
> 二千石來拜謁蚡不為禮然黯見蚡未嘗拜常

说明：这张小楷作品出自我国元代著名书法家赵孟頫书写的《汲黯传》，可作为硬笔书法临帖作品。

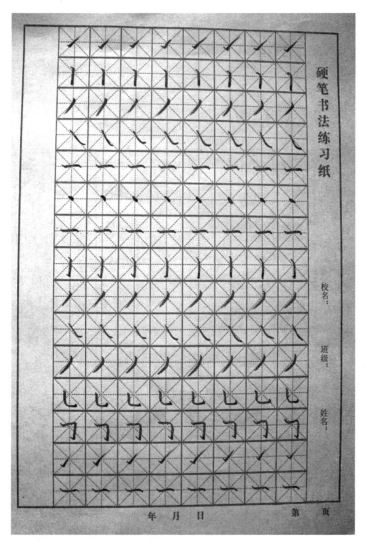

说明：此为学生习作，请同学点评。

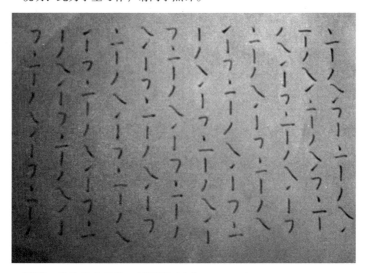

说明：此为学生习作，请同学点评。

(二) 知识链接

1. 工具

练习钢笔字的主要工具有钢笔、墨水和纸张。

（1）钢笔

钢笔的种类和型号很多。根据钢笔笔尖的成分不同，可分为金笔、铱金笔两种。金笔的笔尖含金量高，笔尖较软，弹性较小，书写时笔尖流畅，手感舒适。但金笔的价格昂贵，且笔尖软，不好掌握，初学者不宜使用。铱金笔的笔尖含金量少，笔尖较硬，弹性好，经久耐用，而且物美价廉，是初学写硬笔字者比较合适的工具。

挑选钢笔时要看笔尖是否圆滑和流畅，这可通过试笔检验，即将新笔蘸上墨水在纸上写些笔画及阿拉伯数字，如笔尖不拉纸，出水均匀，那么笔尖就是圆滑、流畅的，合乎使用要求的。钢笔的笔尖有粗细之分，练字时应使用笔尖稍粗一些的钢笔。如果需要写字形较小的钢笔字，可挑选笔杆上注有"特细"字样的钢笔书写。

钢笔要注意保养。写字时，应在纸下垫一些稿纸，以增强笔尖的弹性，减少摩擦。不要在金属等硬质材料上进行书写，以防损坏笔尖。钢笔每一个月左右应清洗一次，保持墨水下水流畅。钢笔如长期不用，应洗净保存。

这里需要说一下，有一种笔杆上注有"硬笔书法"字样的弯头钢笔，具有书写笔画粗细变化较大的特点。使用时，笔杆压低些，笔画就粗，可写稍大的字；笔杆竖起来一些，笔画就细，可写稍小的字。这种笔的表现力较普通钢笔要强，常用来书写信封等较大的字体。但使用这种钢笔写字有一定难度，初学者不宜用它练字。

（2）墨水

墨水的常用颜色有红、黑和蓝黑三种。红墨水一般用来批改作业，使用范围较小。蓝黑墨水颜色深沉庄重，不易褪色，书写流畅，是人们学习和工作中使用较为普遍的一种墨水。黑墨水以碳素墨水最为理想，黑墨水有浓度、有光泽，写在纸上黑白分明，十分醒目，用来写钢笔字或钢笔书法作品，效果最好。

墨水要使用同一牌号、同一颜色的，不能混用，否则，会引起化学反应，产生沉淀，不利书写。每次书写完之后，应及时套上笔帽，否则，笔尖上的墨水会被晾干，再次书写时下水就不畅。如果要换一种墨水使用，应先将笔洗净晾干再灌注新的墨水。

（3）纸张

钢笔字书写用纸一般以不洇不滑、略有涩感的为好。太薄、质地较松的纸容易划破，还会出现洇化现象；纸张太厚、太光滑，书写时笔尖易打滑，不便表现笔锋。因此，书写钢笔字一般以70克或80克书写纸、绘图纸、复印纸为佳。练习楷书字体时，最好在打好格子的纸上书写，以便把字写得大小相仿和结构匀称，增强练字的效果。

2. 笔画

同毛笔书法一样，硬笔楷书也需着力于八种基本点画的练习，即点、横、竖、撇、捺、钩、挑、折。

（1）点法

点，历来都被人们比喻为眼睛，是传神之笔。点写得好，就能"画龙点睛"，写得不好，就会如美女失一目，留下遗憾。点的重要特点是：形虽小，但运用广泛，变化丰富。在不同的字中，点画如能随心所欲，依境而变，通过形态和出锋，就可以产生呼应之姿、顾盼之情，使整个字意态天然，生动活泼。

点画书写得好坏，直接影响字的表现效果，犹如房子的好坏与否，跟一砖一瓦的用料有直接关系。因此，练习书法切不可轻看这一点的基本功。元代书法家赵孟頫所说"用笔千古不易"就是这个道理。但是每一点又有不同类型，因此书写方法也不尽一致。

1）侧点

侧点又称俯点，有左右点之分。这种点多用于一字之首，具体写法是：凌空取势，向左（右）下方做切线运动，由轻入重，笔尖落低即顿，然后向右（左）上方收笔。书写侧点，下笔部位要准，收笔要利落，方能出神。

2）仰点

仰点应侧锋下笔，向下行笔，稍停，然后由重入轻，向上出隆收笔，呈上仰之势。仰点的出锋往往与下一笔相呼应。

3）顾盼点

顾盼点应写出呼应之态，其左点与仰点同，右点借左点向上挑动的笔势落笔右仰，然后向下撇出，形成呼应之势。

4）连三点

第一点似侧点，写法呈俯势，往往收笔出锋；第二点承上点之势落笔，但位置要在第一点左下侧；第三点接第二点下贯之势，略顿向右上轻挑出锋，但三点的关键是要注重三点之间的内在呼应。

5）学头点

学头点又称"连挑点"，由仰点和顾盼点组成。书写时要求连贯疾速行笔，慢则失神。

6）波状点

波状点又称"火字点""排点"。第一点侧锋切入向左扣，重按转笔向右提起收笔；第二点顺势落笔下按即向右挑出，呈仰点状，第二点挑势与第三点呼应；第三点、第四点连写，其方法同"顾盼点"。

（2）横法

汉字中几乎"无字不横"，字中的横画能起到平衡、稳定重心的作用，因此，钢笔写横画时，除注意起笔、运笔、收笔外，还要注意实和重，不可写得太软弱纤细。

1）短横

短横一般用在字的上中部，又称仰头横。一般在字的中间的短横落笔要轻，行笔渐渐加重及收笔，中段呈凹弧状，收笔笔势向上仰。但在字的左旁或上部的短横要用力稍重些，粗短有力。

2）长横

长横又称俯横，长横是汉字使用最频繁的笔画。书写方法是，侧势轻按落笔，运笔要实，由轻渐重，收笔时向左回锋。

（3）竖法

竖画与横画一样，作用很大。在字中，竖画起支柱作用，所以竖画必须写得坚挺有力，行笔宜快捷沉着。

1）垂露竖

起笔向右下斜势轻按，顺势实写，收笔稍顿笔向上回锋，使笔画末端呈露珠凝聚状，给人以上轻下垂的厚实感。

2）悬针竖

起笔重按，顺势向下，行笔时力量由重渐轻，笔降自然拖出，使笔画像一根悬着的针，恰恰与垂露竖相反，给人以上重下轻的感觉。

3）短斜竖

短斜竖一般用于"口"字、扁形"口"字框的字。落笔要轻，收笔略重，稍向右下倾斜。

（4）撇法

一个字有了横竖就有了骨架。如"十"字，如果在"十"字上再加上一撇一捺，即为"木"，"木"比"十"仅多了两画，就显得有欹有正、有骨有肉，舒展开朗多了。所以"撇"是字的肉，字有没有神，撇的技术关系很大。撇画的书写难度大于横竖，写撇画：一要肯定果敢；二要长度适度；三要遒劲舒展。

1）短撇

短撇又叫平撇。短撇颇像啄木鸟的尖嘴，写时要掌握"平、短、快"的要领。起笔要先向右下方落笔重按，然后转笔向左迅速撇出。

2）长撇

长撇又称斜撇。起笔稍按，然后顺势向左下方撇出。行笔要慢而实，笔力要送至末尾，收笔轻轻出锋，此画在字中的部位不尽相同，有的需要一定弧度，但以不失力度为准。

3）竖撇

横势之笔，然后转笔左下，运笔上重下轻，至末尾时放轻出锋。

（5）捺法

在字中，撇与捺对称，撇向左取势，捺向右生姿。

一般情况捺比撇要略长些，但不能过长过放，要送得出、收得住，楷书捺画收笔以出锋收笔居多。

1）斜捺

顺其斜势轻落笔，运笔力度由轻渐重，倾斜沉底稍顿，又由重到轻向右自然出锋收笔，但锋不宜太长。整画略呈波状、弧势，切忌平板僵直。

2）平捺

多见于字的底部，具有承托上部笔画之功能，犹如水之载舟，又能协调态体，平添情趣。平捺用笔与斜捺几乎一致，须懂得运笔中的一波三折之势，又不能写成明显的一波三折。

3）反捺

书写时落笔稍轻，行笔力度渐渐加重，向右下方重按回锋收笔，笔势不外泄，取含蓄之态，反捺的线条向右上方略呈弧状。

（6）折法

楷书写折，必须均以方折为之，使所写的字轮廓清晰，凸显骨力。

1）横折

横折是横画过渡到竖画转折处的写法。轻下笔，向右上徐进并于转折处稍停顿，向上略提然后迅速下行回锋收笔。忌出现尖角、圆角、塌肩。

2）竖折

竖折是竖画过渡到横画转折处的写法。先写竖画到转折，稍停顿，调整笔锋，然后迅速右行。

（7）钩法

钩画在楷书中不仅变化多，而且使用频率较高。钩画如能写得钩提果断、强劲有力，往往可以与竖折共同增强字的"骨气"。

1）横钩

横画行笔到位后，稍顿，转笔向左下方迅速钩出。钩的角度要适中，一般在45°左右。

2）竖钩

先写竖，至竖末端时蓄势向左钩出，出钩的角度约为45°。

3）斜钩

斜钩又叫"戈钩"。斜钩是钩画中书写难度最大的笔画。书写时，行笔至末端，稍停顿提锋出钩。斜钩的线条应呈弧势，这样才显得有弹性。但弯曲幅度不能过大，过大则无力。出钩也要果断灵动，不可尖过长、拖泥带水。

4）竖弯钩

先做竖，自然转为横画，由轻渐重，至末端向右上方果断出锋钩出。

5）卧钩

卧钩多用于字的底部，书写时可大弧度行笔，出锋成钩要迅速。

6）抛背钩

写好抛背钩可以增加字的气势。先写横，然后向左斜转笔锋，用力减轻，转而向右下顺势导出，至末端果断向左上方挑去。

（8）挑法

挑又叫"提"，在八类主要点画中变化较少，容易掌握一些。挑的重要用笔特点是：用笔果断、迅捷、硬朗，不能写弯曲。

1）长挑

落笔较重，稍按向上长挑出，呈斜势，不能写平。

2）短挑

重落笔，略顿向右上迅速挑出，不能写得太长。

3. 结构

写好钢笔楷书的关键是掌握结构。要想掌握好结构，首先应该能够比较准确规范地把握住笔画的长短、角度、偏旁的位置，然后需要了解总的书写原则。因为楷书法度严谨，规矩多，如不遵循一定的规则，容易把字形写大或写小，把字的中心写不端正。因此，最好从以下几个方面去认识楷书结构书写原则。

第一，汉字从结构上分，有独体字和合体字两大类。独体字是一个整体，由笔画组成。合体字是由两个或两个以上的独体字或笔画组成。根据其结构搭配比例关系，分为左右、上下、左中右、上中下、半包围、全包围、多部位等形式。从汉字形态上分，还可以大致归纳在矩形、三角形、梯形、平行四边形、菱形、圆形等几何形状中。这就要求我们书写时注意分析每个字的外形、特征、关系，下笔之前做到心中有数。

第二，笔画之间的距离一定要均匀，不要粘连在一起或者有疏有密，平行的笔画最好方向也要一致。简单地说，就是要坚持"平行等距"的原则，因为楷书属于工整字体，只有做到平行等距，写出来的字才会整齐、美观，否则，给人的感觉就会是杂乱无章，没有秩序。可以这样说，楷书的第一要求就是整齐、干净。

第三，找准字的中心，尽量使笔画向中心靠拢，形成一种向心力。在中心紧凑的基础上，根据字形的不同变化适当地伸长主要笔画，因为不可能把每一笔画都充满格写，所有的笔画也不可能写得同样长。没有中心的紧凑，就没有四周的伸展。只有把次要的笔画写短，主要的笔画才能写长。一般的书写原则是：上半部收缩（写短），下半部伸展（写长）；左半部收缩，右半部伸展。简单地说，叫作"中心收紧，四周伸展；上紧下松，左紧右松"。当然，这不是绝对的、一成不变的原则。有的字要上松下紧，或左松右紧，具体的字应具体分析，不能一概而论。

第四，写字也应像为人处世一样，讲求"礼让"。尤其是合体字，它是由两部分或两部分以上的独体字或点画组成的，为照顾每部分之间的关系，某一部分就要留出一定的空间，让另一部分介入或占据，有的要写长，有的要缩短、穿插、避让、互相照顾。只有合理布置，才能使字形端正、中心紧凑。

汉字结构千变万化，楷书风格各呈异态，以上这四个方面远不能将其概括，只能是就一般的书写原则泛泛而谈，使大家在未进门之前先了解一些"规则""须知"之类的东西，有个大致的印象。

4. 相关教学课件索引

硬笔楷书教学课件：《青少年学写字硬笔书写教程》。主讲人：袁强。

三、常见问题

（一）从结构开始练习

急于书写大量以间架结构为主的汉字是无益的。清代书法家朱履贞所著《书学捷要》序中明确指出："凡学书，须求工于一笔之内，使一笔之内棱侧起伏，书法俱备。而后逐笔求工，则一字俱工；一字既工，则一行俱工；一行既工，则全篇皆工，断不可凑合成字。"练字从笔画开始，应该是正确的。

（二）笔画形态不准确

形态准确表现在每一种笔画的书写过程中。

首先是大笔画的书写。如横、竖、撇、捺这类笔画，要横则横，要竖则竖，不可出现横歪竖斜、撇直捺硬等明显的问题。特别是在几种笔画交叉书写时，更要强调形态准确。例如"大"字中的一撇，应该是竖弯撇，而不是简单的斜撇，要求是先写短竖，然后顺势写撇。然而有的学生却写成了斜撇，还有的是撇无尖，直挺挺的，似乎是画斜线，这些都是不正确的。

其次，点画书写时尤其要注意。点的形体小，类似这样的小笔画，则要求小巧而精，入笔有尖，顿笔丰满，形态优美。对于钩和提的书写则要求锐利、挺拔，横折笔画书写则要求横竖平展，折处顿笔有力。

（三）笔画不平稳

笔画舒展、自然、平稳是检验书写者书写程度的一把尺子，这就要求书写楷书切忌笔画僵硬、上下抖动、左右歪斜等一切不正确笔画。笔画平稳主要表现在横、竖、撇、捺等框架笔画上，特别是横竖两笔，尤其要平稳。

（四）书写不到位

书写到位是写好楷书笔画的重要要求。在每一笔画的书写过程中，无论是大笔画还是小笔画，都要力争做到书写到位。就大笔画来说，若横与竖交叉，则要求横左右适当展开，竖写在横的中央；若写撇捺笔画则要求此笔画都要有笔尖，不能写成没尖的斜线。

（五）提按缺乏变化

提按变化即轻重变化。提笔书写则笔画轻，按笔书写则笔画重，将这些轻重变化了的笔画结合于字中，就给楷书书写增添了许多光彩。需要指出的是，提按有变化只是强调笔画书写中有轻重，绝不是一味地强调提按。

加强基本笔画的训练，并不是说让学生在很长时间里光跟点、横、竖、撇、捺、钩、挑、折等八种基本笔画打交道。这样枯燥、单调的练习，会使他们很快产生厌倦情绪。练笔画，最好的办法是当学生初步掌握一些笔画要领后，即可转入硬笔楷书的练习——摹帖，但必须仍然注重于笔画。让学生在临摹的过程中强化笔画练习，我国传统的"永"字八法教学，就是一个很好的范例。

四、作业展示及评议

第二项任务：标点训练

训练内容：准确运用标点，写一篇没有任何标点问题的500字作文。学时：3学时。

一、标点训练写作情景设定

结合学生实际情况，充分发挥想象力，设计能够引起学生参与标点训练兴趣的导入方式，使授课内容生活化，让学生在使用中学习。要求：

一是教师要讲清标点书写规范，特别注意例外情况。

二是教师要依照标点书写规范严格管理，真正做到一丝不苟。

二、作品展示与知识链接

（一）作品展示

张老师印象

时间不等人啊！转眼间大一半学年的校园生活就要结束了，在这半学期的学习生活里，我学会了很多很多。令我高兴的是上应用文课，我是一名文科生，从小就特别喜欢语文课。但是现在我不仅喜欢上应用文课，更想看张老师讲课。说起张老师，我就给大家小小的介绍一下吧！

他是一位个头中等，但不乏男人风度；表面平凡，但不乏文化修养的老帅哥。每次上他的课，心情非常澎湃。而且每次课上的都非常有意义。他让我学会了如何演讲，如何练字，如何使自己懂得更多，学的更好。他不是三言两语就能够形容的，我只想对他说："你是我从小学到现在最让我敬佩的第二位恩师，张老师，您辛苦了！"

物流0901班王

2009年12月18日

说明：此为学生习作，请同学就其内容与形式的优缺点做出点评。

（二）知识链接

中华人民共和国国家标准 GB/T 15834—2011
标点符号用法

前言

本标准按照 GB/T 1.1—2009 给出的规则起草。

本标准代替 GB/T 15834－1995。与 GB/T 15834—1995 相比，主要变化如下：

——根据我国国家标准编写规则（GB/T 1.1—2009），对本标准的编排和表述做了全面修改；

——更换了大部分示例，使之更简短、通俗、规范；

——增加了对术语"标点符号"和"语段"的定义（2.1/2.5）；

——对术语"复句"和"分句"的定义做了修改（2.3/2.4）；

——对句末点号（句号、问号、叹号）的定义做了修改，更强调句末点号与句子语气之间的关系（4.1.1/4.2.1/4.3.1）；

——对逗号的基本用法做了补充（4.4.3）；

——增加了不同形式括号用法的示例（4.9.3）；

——省略号的形式统一为六连点"……"，但在特定情况下允许连用（4.11）；

——取消了连接号中原有的二字线，将连接号形式规范为短横线"－"、一字线"—"和浪纹线"～"，并对三者的功能做了归并与划分（4.13）；

——明确了书名号的使用范围（4.15/A.13）；

——增加了分隔号的用法说明（4.17）；

——"标点符号的位置"一章的标题改为"标点符号的位置和书写形式"，并增加了使用中文输入软件处理标点符号时的相关规范（第5章）；

——增加了"附录"：附录 A 为规范性附录，主要说明标点符号不能怎样使用和对标点符号用法加以补充说明，以解决目前使用混乱或争议较大的问题。附录 B 为资料性附录，对功能有交叉的标点符号的用法做了区分，并对标点符号误用高发环境下的规范用法做了说明。

本标准由教育部语言文字信息管理司提出并归口。

本标准主要起草单位：北京大学。

本标准主要起草人：沈阳、刘妍、于泳波、翁姗姗。

本标准所代替标准的历次版本发布情况为：

——GB/T 15834—1995。

标点符号用法

1 范围

本标准规定了现代汉语标点符号的用法。

本标准适用于汉语的书面语（包括汉语和外语混合排版时的汉语部分）。

2 术语和定义

下列术语和定义适用于本文件。

2.1 标点符号 punctuation

辅助文字记录语言的符号，是书面语的有机组成部分，用来表示语句的停顿、语气以及标示某些成分（主要是词语）的特定性质和作用。

注：数学符号、货币符号、校勘符号、辞书符号、注音符号等特殊领域的专门符号不属于标点符号。

2.2 句子 sentence

前后都有较大停顿、带有一定的语气和语调、表达相对完整意义的语言单位。

2.3 复句 complex sentence

由两个或多个在意义上有密切关系的分句组成的语言单位，包括简单复句（内部只有一层语义关系）和多重复句（内部包含多层语义关系）。

2.4 分句 clause

复句内两个或多个前后有停顿、表达相对完整意义、不带有句末语气和语调、有的前面可添加关联词语的语言单位。

2.5 语段 expression

指语言片段，是对各种语言单位（如词、短语、句子、复句等）不做特别区分时的统称。

3 标点符号的种类

3.1 点号

点号的作用是点断，主要表示停顿和语气。分为句末点号和句内点号。

3.1.1 句末点号

用于句末的点号，表示句末停顿和句子的语气。包括句号、问号、叹号。

3.1.2 句内点号

用于句内的点号，表示句内各种不同性质的停顿。包括逗号、顿号、分号、冒号。

3.2 标号

标号的作用是标明，主要标示某些成分（主要是词语）的特定性质和作用。包括引号、括号、破折号、省略号、着重号、连接号、间隔号、书名号、专名号、分隔号。

4 标点符号的定义、形式和用法

4.1 句号

4.1.1 定义

句末点号的一种，主要表示句子的陈述语气。

4.1.2 形式

句号的形式是"。"

4.1.3 基本用法

4.1.3.1 用于句子末尾，表示陈述语气。使用句号主要根据句段前后有较大停顿、带有陈述语气和语调，并不取决于句子的长短。

示例1：北京是中华人民共和国的首都。

示例2：（甲：咱们走着去吧？）乙：好。

4.1.3.2 有时也可以表示较缓和的祈使语气和感叹语气。

示例1：请你稍等一下。

示例2：我不由地感到，这些普通劳动者也同样是很值得尊敬的。

4.2 问号

4.2.1 定义

句末点号的一种，主要表示句子的疑问语气。

4.2.2 形式

问号的形式是"？"。

4.2.3 基本用法

4.2.3.1 用于句子末尾，表示疑问语气（包括反问、设问等疑问类型）。使用问号主要根据语段前后有较大停顿、带有疑问语气和语调，并不取决于句子的长短。

示例1：你怎么还不回家去呢？

示例2：难道这些普通的战士不值得歌颂吗？

示例3：（一个外国人，不远万里来到中国，帮助中国的抗日战争。）这是什么精神？这是国际主义的精神。

4.2.3.2 选择问句中，通常只在最后一个选项的末尾用问号，各个选项之间一般用逗号隔开。当选项较短且选项之间几乎没有停顿时，选项之间可不用逗号。当选项较多或较长，或有意突出每个选项的独立性时，也可每个选项之后都用问号。

示例1：诗中记述的这场战争究竟是真实的历史描述，还是诗人的虚构？

示例2：这是巧合还是有意安排？

示例3：要一个什么样的结尾：现实主义的？传统的？大团圆的？荒诞的？民族形式的？有象征意义的？

示例4：（他看着我的作品称赞了我。）但到底是称赞我什么：是有几处画得好？还是什么都敢画？抑或只是一种对于失败者的无可奈何的安慰？我不得而知。

示例5：这一切都是由客观的条件造成的？还是由行为的惯性造成的？

4.2.3.3 在多个问句连用或表达疑问语气加重时，可叠用问号。通常应先单用，再叠用，最多叠用三个问号。在没有异常强烈的情感表达需要时不宜叠用问号。

示例：这就是你的做法吗？你这个总经理是怎么当的？？你怎么竟敢这样欺骗消费者？？？

4.2.3.4 问号也有标号的用法，即用于句内，表示存疑或不详。

示例1：马致远（1250？—1321），大都人，元代戏曲家、散曲家。

示例2：钟嵘（？—518），颍川长社人，南朝梁代文学批评家。

示例3：出现这样的文字错误，说明作者（编者？校者？）很不认真。

4.3 叹号

4.3.1 定义

句末点号的一种，主要表示句子的感叹语气。

4.3.2 形式

叹号的形式是"！"。

4.3.3 基本用法

4.3.3.1 用于句子末尾，主要表示感叹语气，有时也可表示强烈的祈使语气、反问语气等。使用叹号主要根据语段前后有较大停顿、带有感叹语气和语调或带有强烈的祈使、反问语气和语调，并不取决于句子的长短。

示例1：才一年不见，这孩子都长这么高啦！

示例2：你给我住嘴！

示例3：谁知道他今天是怎么搞的！

4.3.3.2 用于拟声词后，表示声音短促或突然。

示例1：咔嚓！一道闪电划破了夜空。

示例2：咚！咚咚！突然传来一阵急促的敲门声。

4.3.3.3 表示声音巨大或声音不断加大时，可叠用叹号；表达强烈语气时，也可叠用叹号，最多叠用三个叹号。在没有异常强烈的情感表达需要时不宜叠用叹号。

示例1：轰！！在这天崩地塌的声音中，女娲猛然醒来。

示例2：我要揭露！我要控诉！！我要以死抗争！！！

4.3.3.4 当句子包含疑问、感叹两种语气且都比较强烈时（如带有强烈感情的反问句和带有惊愕语气的疑问句），可在问号后再加叹号（问号、叹号各一）。

示例1：这么点困难就能把我们吓倒吗?！

示例2：他连这些最起码的常识都不懂，还敢说自己是高科技人才?！

4.4 逗号

4.4.1 定义

句内点号的一种，表示句子或语段内部的一般性停顿。

4.4.2 形式

逗号的形式是"，"。

4.4.3 基本用法

4.4.3.1 复句内各分句之间的停顿，除了有时用分号（见4.6.3.1），一般都用逗号。

示例1：不是人们的意识决定人们的存在，而是人们的社会存在决定人们的意识。

示例2：学历史使人更明智，学文学使人更聪慧，学数学使人更精细，学考古使人更深沉。

示例3：要是不相信我们的理论能反映现实，要是不相信我们的世界有内在和谐，那就不可能有科学。

4.4.3.2 用于下列各种语法位置：

a) 较长的主语之后。

示例1：苏州园林建筑各种门窗的精美设计和雕镂功夫，都令人叹为观止。

b) 句首的状语之后。

示例2：在苍茫的大海上，狂风卷集着乌云。

c) 较长的宾语之前。

示例3：有的考古工作者认为，南方古猿生存于上新世至更新世的初期和中期。

d) 带句内语气词的主语（或其他成分）之后，或带句内语气词的并列成分之间。

示例4：他呢，倒是很乐观地、全神贯注地干起来了。

示例5：（那是个没有月亮的夜晚。）可是整个村子——白房顶啦，白树木啦，雪堆啦，全看得见。

　　e）较长的主语中间、谓语中间和宾语中间。

　　示例6：母亲沉痛的诉说，以及亲眼看到的实事，都启发了我幼年时期追求真理的思想。

　　示例7：那姑娘头戴一顶草帽，身穿一条绿色的裙子，腰间还系着一根橙色的腰带。

　　示例8：必须懂得，对于文化传统，既不能不分青红皂白统统抛弃，也不能不管精华糟粕全盘继承。

　　f）前置的谓语之后或后置的状语、定语之前。

　　示例9：真美啊，这条蜿蜒的林间小路。

　　示例10：她吃力地站了起来，慢慢地。

　　示例11：我只是一个人，孤孤单单的。

4.4.3.3　用于下列各种停顿处：

　　a）复指成分或插说成分前后。

　　示例1：老张，就是原来的办公室主任，上星期已经调走了。

　　示例2：车，不用说，当然是头等。

　　b）语气缓和的感叹语、称谓语和呼唤语之后。

　　示例3：哎哟，这儿，快给我揉揉。

　　示例4：大娘，您到哪儿去啊？

　　示例5：喂，你是哪个单位的？

　　c）某些序次语（"第"字头、"其"字头及"首先"类序次语）之后。

　　示例6：为什么许多人都有长不大的感觉呢？原因有三：第一，父母总认为自己比孩子成熟；第二，父母总要以自己的标准来衡量孩子；第三，父母出于爱心而总不想让孩子在成长的过程中走弯路。

　　示例7：《玄秘塔碑》所以成为书法的范本，不外乎以下几方面的因素：其一，具有楷书点画、构体的典范性；其二，承上启下，成为唐楷的极致；其三，字如其人，爱人及字，柳公权高尚的书品、人品为后人所崇仰。

　　示例8：下面从三个方面讲讲语言的污染问题：首先，是特殊语言环境中的语言污染问题；其次，是滥用缩略语引起的语言污染问题；再次，是空话和废话引起的语言污染问题。

4.5　顿号

4.5.1　定义

　　句内点号的一种，表示语段中并列词语之间或某些序次语之后的停顿。

4.5.2　形式

　　顿号的形式是"、"。

4.5.3　基本用法

4.5.3.1　用于并列词语之间。

　　示例1：这里有自由、民主、平等、开放的风气和氛围。

　　示例2：造型科学、技艺精湛、气韵生动，是盛唐石雕的特色。

4.5.3.2　用于需要停顿的重复词语之间。

　　示例：他几次三番、几次三番地辩解着。

4.5.3.3 用于某些序次语（不带括号的汉字数字或"天干地支"类序次语）之后。

示例1：我准备讲两个问题，一、逻辑学是什么？二、怎样学好逻辑学？

示例2：风格的具体内容主要有以下四点，甲、题材；乙、用字；丙、表达；丁、色彩。

4.5.3.4 相邻或相近两数字连用表示概数通常不用顿号。若相邻两数字连用为缩略形式，宜用顿号。

示例1：飞机在6 000米高空水平飞行时，只能看到两侧八九公里和前方一二十公里范围内的地面。

示例2：这种凶猛的动物常常三五成群地外出觅食和活动。

示例3：农业是国民经济的基础，也是二、三产业的基础。

4.5.3.5 标有引号的并列成分之间、标有书名号的并列成分之间通常不用顿号。若有其他成分插在并列的引号之间或并列的书名号之间（如引语或书名号之后还有括注），宜用顿号。

示例1："日""月"构成"明"字。

示例2：店里挂着"顾客就是上帝""质量就是生命"等横幅。

示例3：《红楼梦》《三国演义》《西游记》《水浒传》，是我国长篇小说的四大名著。

示例4：李白的"白发三千丈"（《秋浦歌》）、"朝如青丝暮成雪"（《将进酒》）都是脍炙人口的诗句。

示例5：办公室里订有《人民日报》（海外版）、《光明日报》和《时代周刊》等报刊。

4.6 分号

4.6.1 定义

句内点号的一种，表示复句内部并列关系分句之间的停顿，以及非并列关系的多重复句中第一层分句之间的停顿。

4.6.2 形式

分号的形式是"；"。

4.6.3 基本用法

4.6.3.1 表示复句内部并列关系的分句（尤其当分句内部还有逗号时）之间的停顿。

示例1：语言文字的学习，就理解方面说，是得到一种知识；就运用方面说，是养成一种习惯。

示例2：内容有分量，尽管文章短小，也是有分量的；内容没有分量，即使写得再长也没有用。

4.6.3.2 表示非并列关系的多重复句中第一层分句（主要是选择、转折等关系）之间的停顿。

示例1：人还没看见，已经先听见歌声了；或者人已经转过山头望不见了，歌声还余音袅袅。

示例2：尽管人民革命的力量在开始时总是弱小的，所以总是受压的；但是由于革命的力量代表历史发展的方向，因此本质上又是不可战胜的。

示例3：不管一个人如何伟大，也总是生活在一定的环境和条件下；因此，个人的见解总难免带有某种局限性。

示例4：昨天夜里下了一场雨，以为可以凉快些；谁知没有凉快下来，反而更热了。

4.6.3.3 用于分项列举的各项之间。

示例：特聘教授的岗位职责为：一、讲授本学科的主干基础课程；二、主持本学科的重大科研项目；三、领导本学科的学术队伍建设；四、带领本学科赶超或保持世界先进水平。

4.7 冒号

4.7.1 定义

句内点号的一种，表示语段中提示下文或总结上文的停顿。

4.7.2 形式

冒号的形式是"："。

4.7.3 基本用法

4.7.3.1 用于总说性或提示性词语（如"说""例如""证明"等）之后，表示提示下文。

示例1：北京紫禁城有四座城门：午门、神武门、东华门和西华门。

示例2：她高兴地说："咱们去好好庆祝一下吧！"

示例3：小王笑着点了点头："我就是这么想的。"

示例4：这一事实证明：人能创造环境，环境同样也能创造人。

4.7.3.2 表示总结上文。

示例：张华上了大学，李萍进了技校，我当了工人：我们都有美好的前途。

4.7.3.3 用在需要说明的词语之后，表示注释和说明。

示例1：（本市将举办首届大型书市。）主办单位：市文化局；承办单位：市图书进出口公司；时间：8月15日—20日；地点：市体育馆观众休息厅。

示例2：（做阅读理解题有两个办法。）办法之一：先读题干，再读原文，带着问题有针对性地读课文。办法之二：直接读原文，读完再做题，减少先入为主的干扰。

4.7.3.4 用于书信、讲话稿中称谓语或称呼语之后。

示例1：广平先生：……

示例2：同志们、朋友们：……

4.7.3.5 一个句子内部一般不应套用冒号。在列举式或条文式表述中，如不得不套用冒号时，宜另起段落来显示各个层次。

示例：第十条遗产按照下列顺序继承：

第一顺序，配偶、子女、父母。

第二顺序，兄弟姐妹、祖父母、外祖父母。

4.8 引号

4.8.1 定义

标号的一种，标示语段中直接引用的内容或需要特别指出的成分。

4.8.2 形式

引号的形式有双引号""""和单引号"''"两种。左侧的为前引号，右侧的为后引号。

4.8.3 基本用法

4.8.3.1 标示语段中直接引用的内容。

示例：李白诗中就有"白发三千丈"这样极尽夸张的语句。

4.8.3.2 标示需要着重论述或强调的内容。

示例：这里所谓的"文"，并不是指文字，而是指文采。

4.8.3.3 标示语段中具有特殊含义而需要特别指出的成分，如别称、简称、反语等。

示例1：电视被称作"第九艺术"。

示例2：人类学上常把古人化石统称为尼安德特人，简称"尼人"。

示例3：有几个"慈祥"的老板把捡来的菜叶用盐浸浸就算作工友的菜肴。

4.8.3.4 当引号中还需要使用引号时，外面一层用双引号，里面一层用单引号。

示例：他问："老师，'七月流火'是什么意思？"

4.8.3.5 独立成段的引文如果只有一段，段首和段尾都用引号；不止一段时，每段开头仅用前引号，只在最后一段末尾用后引号。

示例：我曾在报纸上看到有人这样谈幸福：

"幸福是知道自己喜欢什么和不喜欢什么。……"

"幸福是知道自己擅长什么和不擅长什么。……"

"幸福是在正确的时间做了正确的选择。……"

4.8.3.6 在书写带月、日的事件、节日或其他特定意义的短语（含简称）时，通常只标引其中的月和日；需要突出和强调该事件或节日本身时，也可连同事件或节日一起标引。

示例1："5·12"汶川大地震

示例2："五四"以来的话剧，是我国戏剧中的新形式。

示例3：纪念"五四运动"90周年

4.9　括号

4.9.1　定义

标号的一种，标示语段中的注释内容、补充说明或其他特定意义的语句。

4.9.2　形式

括号的主要形式是圆括号"（）"，其他形式还有方括号"［］"、六角括号"〔〕"和方头括号"【】"等。

4.9.3　基本用法

4.9.3.1 标示下列各种情况，均用圆括号：

a）标示注释内容或补充说明。

示例1：我校拥有特级教师（含已退休的）17人。

示例2：我们不但善于破坏一个旧世界，我们还将善于建设一个新世界！（热烈鼓掌）

b）标示订正或补加的文字。

示例3：信纸上用稚嫩的字体写着："阿夷（姨），你好！"。

示例4：该建筑公司负责的建设工程全部达到优良工程（的标准）。

c）标示序次语。

示例5：语言有三个要素：（1）声音；（2）结构；（3）意义。

示例6：思想有三个条件：（一）事理；（二）心理；（三）伦理。

d）标示引语的出处。

示例7：他说得好："未画之前，不立一格；既画之后，不留一格。"（《板桥集·题画》）

e）标示汉语拼音注音。

示例8："的（de）"这个字在现代汉语中最常用。

4.9.3.2 标示作者国籍或所属朝代时，可用方括号或六角括号。

示例1：［英］赫胥黎《进化论与伦理学》

示例2：〔唐〕杜甫著

4.9.3.3 报刊标示电讯、报道的开头，可用方头括号。

示例：【新华社南京消息】

4.9.3.4 标示公文发文字号中的发文年份时，可用六角括号。

示例：国发〔2011〕3号文件

4.9.3.5 标示被注释的词语时，可用六角括号或方头括号。

示例1：〔奇观〕奇伟的景象。

示例2：【爱因斯坦】物理学家。生于德国，1933年因受纳粹政权迫害，移居美国。

4.9.3.6 除科技书刊中的数学、逻辑公式外，所有括号（特别是同一形式的括号）应尽量避免套用。必须套用括号时，宜采用不同的括号形式配合使用。

示例：〔茸（róng）毛〕很细很细的毛。

4.10 破折号

4.10.1 定义

标号的一种，标示语段中某些成分的注释、补充说明或语音、意义的变化。

4.10.2 形式

破折号的形式是"——"。

4.10.3 基本用法

4.10.3.1 标示注释内容或补充说明（也可用括号，见4.9.3.1；二者的区别另见B.1.7）。

示例1：一个矮小而结实的日本中年人——内山老板走了过来。

示例2：我一直坚持读书，想借此唤起弟妹对生活的希望——无论环境多么困难。

4.10.3.2 标示插入语（也可用逗号，见4.4.3.3）。

示例：这简直就是——说得不客气点——无耻的勾当！

4.10.3.3 标示总结上文或提示下文（也可用冒号，见4.7.3.1、4.7.3.2）。

示例1：坚强，纯洁，严于律己，客观公正——这一切都难得地集中在一个人身上。

示例2：画家开始娓娓道来——

数年前的一个寒冬，……

4.10.3.4 标示话题的转换。

示例："好香的干菜，——听到风声了吗？"赵七爷低声说道。

4.10.3.5 标示声音的延长。

示例："嘎——"传过来一声水禽被惊动的鸣叫。

4.10.3.6 标示话语的中断或间隔。

示例1："班长他牺——"小马话没说完就大哭起来。

示例2："亲爱的妈妈，你不知道我多爱您。——还有你，我的孩子！"

4.10.3.7 标示引出对话。

示例：——你长大后想成为科学家吗？

——当然想了！

4.10.3.8 标示事项列举分承。

示例：根据研究对象的不同，环境物理学分为以下五个分支学科：

——环境声学；

——环境光学；

——环境热学；

——环境电磁学；

——环境空气动力学。

4.10.3.9 用于副标题之前。

示例：飞向太平洋——我国新型号运载火箭发射目击记

4.10.3.10 用于引文、注文后，标示作者、出处或注释者。

示例1：先天下之忧而忧，后天下之乐而乐。——范仲淹

示例2：乐浪海中有倭人，分为百余国。——《汉书》

示例3：很多人写好信后把信笺折成方胜形，我看大可不必。（方胜，指古代妇女戴的方形首饰，用彩绸等制作，由两个斜方部分叠合而成。——编者注）

4.11 省略号

4.11.1 定义

标号的一种，标示语段中某些内容的省略及意义的断续等。

4.11.2 形式

省略号的形式是"……"。

4.11.3 基本用法

4.11.3.1 标示引文的省略。

示例：我们齐声朗诵起来："……俱往矣，数风流人物，还看今朝。"

4.11.3.2 标示列举或重复词语的省略。

示例1：对政治的敏感，对生活的敏感，对性格的敏感，……这部是作家必须要有的素质。

示例2：他气得连声说："好，好……算我没说。"

4.11.3.3 标示语意未尽。

示例1：在人迹罕至的深山密林里，假如突然看见一缕炊烟，……

示例2：你这样干，未免太……！

4.11.3.4 标示说话时断断续续。

示例：她磕磕巴巴地说："可是……太太……我不知道……你一定是认错了。"

4.11.3.5 标示对话中的沉默不语。

示例："还没结婚吧？"

"……"他飞红了脸，更加忸怩起来。

4.11.3.6 标示特定的成分虚缺。

示例：只要……就……

4.11.3.7 在标示诗行、段落的省略时，可连用两个省略号（即相当于十二连点）。

示例1：从隔壁房间传来缓缓而抑扬顿挫的吟咏声——

床前明月光，疑是地上霜。

…………

示例2：该刊根据工作质量、上稿数量、参与程度等方面的表现，评选出了高校十佳记者站。还根据发稿数量、提供新闻线索情况以及对刊物的关注度等，评选出了十佳通讯员。

....

4.12 着重号

4.12.1 定义

标号的一种，标示语段中某些重要的或需要指明的文字。

4.12.2 形式

着重号的形式是"．"标注在相应文字的下方。

4.12.3 基本用法

4.12.3.1 标示语段中重要的文字。

示例1：诗人需要表现，而不是证明。

示例2：下面对本文的理解，不正确的一项是：……

4.12.3.2 标示语段中需要指明的文字。

示例：下边加点的字，除了在词中的读法外，还有哪些读法？

着急、子弹、强调。

4.13 连接号

4.13.1 定义

标号的一种，标示某些相关联成分之间的连接。

4.13.2 形式

连接号的形式有短横线"－"、一字线"—"和浪纹线"～"三种。

4.13.3 基本用法

4.13.3.1 标示下列各种情况，均用短横线：

a）化合物的名称或表格、插图的编号。

示例1：3－戊酮为无色液体，对眼及皮肤有强烈刺激性。

示例2：参见下页表2－8、表2－9。

b）连接号码，包括门牌号码、电话号码，以及用阿拉伯数字表示年月日等。

示例3：安宁里东路26号院3－2－11室

示例4：联系电话：010－88842603

示例5：2011－02－15

c）在复合名词中起连接作用。

示例6：吐鲁番－哈密盆地

d）某些产品的名称和型号。

示例7：WZ－10直升机具有复杂天气和夜间作战的能力。

e）汉语拼音、外来语内部的分合。

示例8：shuōshuō－xiàoxiào（说说笑笑）

示例9：盎格鲁－撒克逊人

示例10：让－雅克·卢梭（"让－雅克"为双名）

示例11：皮埃尔·孟戴斯－弗朗斯（"孟戴斯－弗朗斯"为复姓）

4.13.3.2 标示下列各种情况，一般用一字线，有时也可用浪纹线：

a）标示相关项目（如时间、地域等）的起止。

示例1：沈括（1031—1095），宋朝人。

示例2：2011年2月3日—10日

示例3：北京—上海特别旅客快车

b）标示数值范围（由阿拉伯数字或汉字数字构成）的起止。

示例4：25～30 g

示例5：第五～八课

4.14 间隔号

4.14.1 定义

标号的一种，标示某些相关联成分之间的分界。

4.14.2 形式

间隔号的形式是"·"。

4.14.3 基本用法

4.14.3.1 标示外国人名或少数民族人名内部的分界。

示例1：克里丝蒂娜·罗塞蒂

示例2：阿依古丽·买买提

4.14.3.2 标示书名与篇（章、卷）名之间的分界。

示例：《淮南子·本经训》

4.14.3.3 标示词牌、曲牌、诗体名等和题名之间的分界。

示例1：《沁园春·雪》

示例2：《天净沙·秋思》

示例3：《七律·冬云》

4.14.3.4 用在构成标题或栏目名称的并列词语之间。

示例：《天·地·人》

4.14.3.5 以月、日为标志的事件或节日，用汉字数字表示时，只在一、十一和十二月后用间隔号；当直接用阿拉伯数字表示时，月、日之间均用间隔号（半角字符）。

示例1："九一八"事变 "五四"运动

示例2："一·二八"事变 "一二·九"运动

示例3："3·15"消费者权益日 "9·11"恐怖袭击事件

4.15 书名号

4.15.1 定义

标号的一种，标示语段中出现的各种作品的名称。

4.15.2 形式

书名号的形式有双书名号"《》"和单书名号"〈〉"两种。

4.15.3 基本用法

4.15.3.1 标示书名、卷名、篇名、刊物名、报纸名、文件名等。

示例1：《红楼梦》（书名）

示例2：《史记·项羽本纪》（卷名）

示例3：《论雷峰塔的倒掉》（篇名）

示例4：《每周关注》（刊物名）

示例5：《人民日报》（报纸名）

示例6：《全国农村工作会议纪要》（文件名）

4.15.3.2 标示电影、电视、音乐、诗歌、雕塑等各类用文字、声音、图像等表现的作品的名称。

示例1：《渔光曲》（电影名）

示例2：《追梦录》（电视剧名）

示例3：《勿忘我》（歌曲名）

示例4：《沁园春·雪》（诗词名）

示例5：《东方欲晓》（雕塑名）

示例6：《光与影》（电视节目名）

示例7：《社会广角镜》（栏目名）

示例8：《庄子研究文献数据库》（光盘名）

示例9：《植物生理学系列挂图》（图片名）

4.15.3.3 标示全中文或中文在名称中占主导地位的软件名。

示例：科研人员正在研制《电脑卫士》杀毒软件。

4.15.3.4 标示作品名的简称。

示例：我读了《念青唐古拉山脉纪行》一文（以下简称《念》），收获很大。

4.15.3.5 当书名号中还需要书名号时，里面一层用单书名号，外面一层用双书名号。

示例：《教育部关于提请审议〈高等教育自学考试试行办法〉的报告》

4.16 专名号

4.16.1 定义

标号的一种，标示古籍和某些文史类著作中出现的特定类专有名词。

4.16.2 形式

专名号的形式是一条直线，标注在相应文字的下方。

4.16.3 基本用法

4.16.3.1 标示古籍、古籍引文或某些文史类著作中出现的专有名词，主要包括人名、地名、国名、民族名、朝代名、年号、宗教名、官署名、组织名等。

示例1：孙坚人马被刘表率军围得水泄不通。（人名）

示例2：于是聚集冀、青、幽、并四州兵马七十多万准备决一死战。（地名）

示例3：当时乌孙及西域各国都向汉派遣了使节。（国名、朝代名）

示例4：从咸宁二年到太康十年，匈奴、鲜卑、乌桓等族人徙居塞内。（年号、民族名）

4.16.3.2 现代汉语文本中的上述专有名词，以及古籍和现代文本中的单位名、官职名、事件名、会议名、书名等不应使用专名号。必须使用标号标示时，宜使用其他相应标号（如引号、书名号等）。

4.17 分隔号

4.17.1 定义

标号的一种，标示诗行、节拍及某些相关文字的分隔。

4.17.2 形式

分隔号的形式是"/"。

4.17.3　基本用法

4.17.3.1　诗歌接排时分隔诗行（也可使用逗号和分号，见4.4.3.1/4.6.3.1）。

示例：春眠不觉晓/处处闻啼鸟/夜来风雨声/花落知多少。

4.17.3.2　标示诗文中的音节节拍。

示例：横眉/冷对/千夫指，俯首/甘为/孺子牛。

4.17.3.3　分隔供选择或可转换的两项，表示"或"。

示例：动词短语中除了作为主体成分的述语动词之外，还包括述语动词所带的宾语和/或补语。

4.17.3.4　分隔组成一对的两项，表示"和"。

示例1：13/14次特别快车

示例2：羽毛球女双决赛中国组合杜婧/于洋两局完胜韩国名将李孝贞/李敬元。

4.17.3.5　分隔层级或类别。

示例：我国的行政区划分为：省（直辖市、自治区）/省辖市（地级市）/县（县级市、区、自治州）/乡（镇）/村（居委会）。

5　标点符号的位置和书写形式

5.1　横排文稿标点符号的位置和书写形式

5.1.1　句号、逗号、顿号、分号、冒号均置于相应文字之后，占一个字位置，居左下，不出现在一行之首。

5.1.2　问号、叹号均置于相应文字之后，占一个字位置，居左，不出现在一行之首。两个问号（或叹号）叠用时，占一个字位置；三个问号（或叹号）叠用时，占两个字位置；问号和叹号连用时，占一个字位置。

5.1.3　引号、括号、书名号中的两部分标在相应项目的两端，各占一个字位置。其中前一半不出现在一行之末，后一半不出现在一行之首。

5.1.4　破折号标在相应项目之间，占两个字位置，上下居中，不能中间断开分处上行之末和下行之首。

5.1.5　省略号占两个字位置，两个省略号连用时占四个字位置并须单独占一行。省略号不能中间断开分处上行之末和下行之首。

5.1.6　连接号中的短横线比汉字"一"略短，占半个字位置；一字线比汉字"一"略长，占一个字位置；浪纹线占一个字位置。连接号上下居中，不出现在一行之首。

5.1.7　间隔号标在需要隔开的项目之间，占半个字位置，上下居中，不出现在一行之首。

5.1.8　着重号和专名号标在相应文字的下边。

5.1.9　分隔号占半个字位置，不出现在一行之首或一行之末。

5.1.10　标点符号排在一行末尾时，若为全角字符则应占半角字符的宽度（即半个字位置），以使视觉效果更美观。

5.1.11　在实际编辑出版工作中，为排版美观、方便阅读等需要，或为避免某一小节最后一个汉字转行或出现在另外一页开头等情况（浪费版面及视觉效果差），可适当压缩标点符号所占用的空间。

5.2　竖排文稿标点符号的位置和书写形式

5.2.1　句号、问号、叹号、逗号、顿号、分号和冒号均置于相应文字之下偏右。

5.2.2　破折号、省略号、连接号、间隔号和分隔号置于相应文字之下居中，上下方向排列。

5.2.3　引号改用双引号"﹁""﹂"和单引号"﹃""﹄"，括号改用"︵""︶"，标在相应项目的上下。

5.2.4　竖排文稿中使用浪线式书名号"﹏"，标在相应文字的左侧。

5.2.5　着重号标在相应文字的右侧，专名号标在相应文字的左侧。

5.2.6　横排文稿中关于某些标点不能居行首或行末的要求，同样适用于竖排文稿。

三、常见问题

1. 滥用逗号

①连长让我，打电话通知小王来开会。

②他把门前的松树，移到房屋后。

两句的逗号都要删去。兼语句中动词短语与主谓短语之间不能用逗号隔开；由介词"被""把"组成的介宾短语做状语，不能用逗号与后面谓语隔开。

2. 滥用顿号

①他看上去十七、八岁，一副瘦骨伶仃的样子。

②中、小学生、大、专院校、公安干、警、解放军指、战员都来了。

"十七八岁"是相邻两个数字连用，表示大概年龄，概数之间不能用顿号；集合词语之间不用顿号。

3. 滥用问号

①这次考试，我的感觉不错，也想知道你考得怎样？

②为什么会犯这样的错误？值得思考。

两句都是陈述句，不能用问号。

4. 叹号位置不当

歌唱吧！为迎接2008年北京奥运会。

本句应把叹号改为逗号，句号改为叹号。倒装句中，叹号应该放在句末。

5. 冒号误用

①市委常委开会，讨论：如何迎接省卫生检查团。

②"明天一定赶到！"驾驶员肯定地说："绝对没问题。"

③毛泽东有两句诗："独有英雄驱虎豹，更无豪杰怕熊罴"，我从中感受到了共产党人的大无畏精神。

"讨论"后的冒号应该删去，没有比较大的停顿，不用冒号；"驾驶员肯定地说"后面的冒号应改为逗号，"××说"之类放在引用的话的中间，用逗号；"毛泽东有两句诗"后面的冒号应改为逗号，冒号一般管到句终。

6. 滥用破折号

单位为我们代扣了"三金"——即医疗保险金、养老保险金、住房公积金。

本句中的破折号与"即"意思重复，把破折号改为逗号，或者删去"即"。

7. 后半引号与点号错位

①李白的诗多豪迈:"君不见黄河之水天上来,奔流到海不复回"。
②写文章要做到"平字见奇,常字见险,陈字见新,朴字见色。"

两句后半引号与句号对调。引文独立成句,意思完整,句末点号放在引号内;引文不完整或者说引文作为自己话的一部分,句末点号(问号、感叹号除外)放在引号的外面。

8. 省略号与"等"连用

我校有春晖楼、朝阳楼、科技楼……等六幢教学大楼。
省略号就表示"等"的意思,省略号后就不必再用"等"。

9. 括号与点号连用时错位

①一般图书馆与资料室都备有各种卡片箱,里面盛着目录卡片,(分类卡片、书名卡片、著作者卡片)供人查找。
②他入宫时,看见长公主被崇祯皇帝砍得半死,闷倒在地,还曾叹息"上太忍",令扶还本宫调理(《甲申传信录》)。

"目录卡片"后面的逗号应移到"供人查找"前,"(《甲申传信录》)"后面的句号移到"调理"后面。

四、作业展示及评议

第三项任务:改正错别字训练

训练内容:规范使用汉字。将课文所列错别字全部改正,要求其差错率低于百分之二。学时:6 学时。

一、错别字训练写作情景设定

结合学生实际情况,充分发挥想象力,设计能够引起学生参与错别字训练兴趣的导入方式,使授课内容生活化,让学生在使用中学习。要求:
一是教师要讲清错别字出现的原因,尤其要讲清形旁与字义的联系。
二是常见的错别字着重讲。

二、作品展示与知识链接

（一）作品展示

说明：此为学生习作，请同学就其内容与形式的优缺点做出点评。

（二）知识链接

1. 因字形相似而误

如"盲"与"肓"，"沏"与"彻"，"沓"与"杳"，"缀"与"辍"，"徙"与"徒"，"炙"与"灸"，"侯"与"候"，"剌"与"刺"，"祟"与"崇"，等等。

这类字字形仅有极小的差别，但读音意义完全不同。要辨别这类错别字，一般来说，只要从读音入手，都可以比较轻松地辨别出来。

2. 因字形相似、读音相同或相近而误

如"装帧"误作"装祯"，"辩驳"误作"辨驳"，"味同嚼蜡"误作"味同嚼腊"，"脱颖而出"误作"脱颖而出"，"插科打诨"误作"插科打浑"，等等。

这类错别字由于字形相似，读音相同或相近，辨别有一定的难度。要从这类字的形旁（义符）来分析，从意义上加以判断。

3. 因音同或音近而误

如"惆怅"误作"愁怅","诬陷"误作"污陷","耽搁"误作"担搁","徇私"误作"殉私","金碧辉煌"误作"金壁辉煌","以逸待劳"误作"以逸代劳","不计其数"误作"不记其数","无耻谰言"误作"无耻滥言","融会贯通"误作"融汇贯通",等等。

这类错别字的辨别也主要是从词义的角度入手。

4. 因义同或义近而误

如"照相"不能写作"照像",而"画像""摄像"不能写作"画相""摄相","销声匿迹"不能写作"消声匿迹","丰富多彩"不能写作"丰富多采","四季常青"不能写作"四季长青","理屈词穷"不能写作"理屈辞穷","一刹那"不能写成"一霎那",同样,"霎时"也不能写成"刹时"。

这类字读音相似,意义也相近。它们之间不能混写的主要原因是约定俗成,很难从道理上讲清楚为什么只能这样写而不能那样写。好在这类字并不多,尽可能把它们牢牢记住即可。

三、常见问题

(一) 常见错别字病因辨析

A

①"安装"不要写成"按装"。
②"安详"不要写作"安祥"。
③"艾滋病"不要写成"爱滋病"。
④"黯然"不要写作"暗然"。

B

⑤"按部就班"不要写作"按步就班","按部就班"的"部"指门类。"三部曲"不要写作"三步曲","三部曲"的"部"指部分。
⑥在表达埋怨这个意思的时候,不要把"抱怨"写成"报怨"。
⑦"报道"与"报导"读音不同,提倡用"报道"。
⑧"爆发"与"暴发"。"爆发"指因爆炸而发生,如"火山爆发";"暴发"指突然发作,多用于山洪、大水、疾病等。非典作为一种急性流行病,应用"暴发"。另外,在用于社会事物时,"爆发"指像爆炸一样突然发生,多用于抽象事物,如革命、起义、运动等,又用于表示力量、情绪等。"暴发"也指突然得势或发财,多含贬义。
⑨"辨"与"辩"。凡与区别、辨别、分辨有关的,用"辨"不用"辩";凡与言辞、辩论、辩解有关的,用"辩"。如"分辩率"应为"分辨率","被告辨护律师"应为"被告辩护律师"。"辨明"与"辩明""辨证"与"辩证"等含义不同,适用对象也不同,如"辨明是非"是指辨别清楚是与非,"辩明事理"是指辩论清楚道理。中医所说的"辨证施治"(区别病人的不同征候进行治疗)显然不能用"辩证"。
⑩"表明"一般指把思想感情显示出来;"标明"指做出记号或写出文字。

⑪"表率"一般不写作"表帅"。做动词时,用"统率"不用"统帅";做名词时,用"统帅"不用"统率"。

⑫"部署"不要写作"布署"。

⑬"备加""倍加""备受""倍受"都是可用的词,其中"倍"与"备"主要区别在所表示的程度不同。"倍"指加倍,有更加、格外的意思,如"信心倍增""倍感亲切""倍思亲"。"备"是表示完全,有极而言之的意思,如"艰苦备尝""关怀备至""备受欢迎""备受青睐"。

⑭"倍"字不能用于表示减少的场合。"减少了一倍"是错误的用法,应写作"减少了一半""减少了50%""减少了五成"。

⑮"薄"与"簿"。如"接警记录薄"应为"接警记录簿","对薄公堂"应为"对簿公堂"。"薄"指单薄;也指轻视、看不起,如厚此薄彼;也可指迫近,如日薄西山。"簿"指本子、账本,如发文簿。"练习簿"不能写作"练习薄"。

⑯"拨"与"拔"字形差异不大,容易出错。如"财政拨款"应为"财政拨款","拨通电话"应为"拨通电话"。

⑰"板"与"版"。"板"特指较硬的片状物体,如板凳、板车,也可引申用来形容呈片状的物体,如"板块";"版"本义指文字或图形的供印刷用的底子,主要用于印刷、出版。如"经济板块"不要写作"经济版块","雕版"不要写作"雕板"。

⑱"完璧归赵""珠联璧合"不要写作"完壁归赵""珠联壁合"。"璧"是古代的一种玉器。

⑲"淡泊名利"不要写作"淡薄名利"。

⑳"博弈"是指下棋,"博弈论"由此意引出,这个词里没有对打的意思,"博"不能写作"搏"。

c

㉑"长年累月"不要写作"常年累月"。

㉒"差强人意"的"差"是指大略、稍微,这个成语是指大体使人满意,不要误用为表示"不合主观意愿"。

㉓"彩"与"采",都是多义词,应根据不同的义项加以辨别。一般来说,在表示具体事物时用"彩",如"节目精彩""剪彩""彩排";在表示抽象意义时用"采",如"神采""兴高采烈"。

㉔"窜改"与"篡改"。"窜改"是指改动、删改,被窜改的一般是具体的书面材料,如成语、文件、古书等。"篡改"是指用作伪的手段改动和曲解真实的、正确的东西,被篡改的往往是重大、比较抽象的东西,如经典、理论、政策等。

㉕现在多用"人才",不用"人材"。

㉖"成规"与"陈规"。"成规"指所有久已通行的现成规矩;"陈规"则指陈旧的、不适用于现实情况的老规矩,如"陈规陋习"。

㉗"不耻"与"不齿"。"不耻"指不以……为可耻,如"不耻下问";"不齿"则指羞与为伍、不愿意提到,表示极端瞧不起,如"人所不齿"。

㉘"侦察"与"侦查"。"侦察"常用于军事、作战等方面;"侦查"常用于公安、检

察、司法等部门以及与破案有关的方面。"侦察"着重于察看，从观察中来了解情况；"侦查"着重于调查，从检查中来了解情况。

D

㉙"的""地""得"。最常见的是滥用"的"字。"的"用在定语后边，表示修饰、领属关系，如"可爱的家园"；"地"用在状语后边，修饰限定动词或形容词，如"高兴地说"；"得"用在补语前，如"跑得非常快"。

㉚"订"与"定"。"订"大多指经过商讨而订下，商讨的成分很大，有的不是最后确定，如合同、条约、规章等用"制订"。如果是可以确定而且确定了的，用"定"。"制订发展规划"，这个规划制订后可以不是确定了的；"制定发展规划"，这个规划制定后是确定了的。"协定"虽然如同"条约"，但是用"定"。没有"签定"这个词，应该用"签订"。

㉛"度"与"渡"。这两个字都含有"通过"的意思，在使用中，用于与时间相关的意义时，一般用"度"，如"度过这段时光""欢度国庆""虚度年华"；用于与空间相关的意义时，用"渡"如"渡江""渡河"。如用于有人为因素的意义，用"渡"，如"引渡回国"。"渡过难关""过渡时期"的"渡"有"由此到彼"的引申义，带有比喻的性质，所以用"渡"。"度汛"，是指度过"汛期"这个时段，所以用"度"。

㉜"摄氏度"三字不拆开用。表示温度时，用"25摄氏度""零下25摄氏度"，不能用"摄氏25度""零下摄氏25度"。

㉝"迭"与"叠"。按1986年重新发表的《简化字总表》的调整，"叠"不再作为"迭"的繁体字处理，"重叠""叠床架屋""峰峦叠翠"的"叠"不能写作"迭"。"高潮迭起"的"迭"不要写作"叠"。

㉞涉及汽车的"换挡、挂挡"中的"挡"不能写作"档"。

㉟"第一""第二"不能写作"第1""第2"。

㊱"偶尔"不能写作"偶而"。

F

㊲"翻番"与"加倍"。"翻番"是两倍两倍地增加，如果基数是3，翻1番就是6，翻2番就是12，翻5番就是96。"翻几番"就是基数乘以几个2。"加倍"表示某数的几倍，就是用几去乘以某数。如3的1倍是3，3的2倍是6，3的5倍是15。"翻番"比"加倍"的增长要快得多。

㊳"法人"并不是人，不要把厂长、经理等担任"法人代表"的负责人写成"法人"。"法人"与"自然人"相区别，是指法律上具有民事权利能力和民事行为能力，依法独立享有民事权利和承担民事义务的组织。它包括企业、事业单位、社会团体等。"法人代表"是代表法人行使职权的负责人，是"法人"的法定代表人。

㊴"蜂拥"不能写作"蜂涌"。

㊵现在不少人常将"分"写成"份"。如"份内事"应为"分内事"，"有着特殊的份量"应为"有着特殊的分量"，"犯罪份子"应为"犯罪分子"。"身分"是符合字义的词，但因为公安部门发放证件时使用了"身份证"，这个词使用频率较大，《现代汉语词典》按

约定俗成的原则，收入了“身份”这个词。但与此同义的“本分”“缘分”“成分”等仍用“分”。“县份”“省份”“年份”“月份”用“份”不用“分”。

㊶“肤浅”与“浮浅”。二者的侧重点不一样，“肤浅”强调不深入、不深刻，止于表面，多与表示人的认识活动的词语搭配，比“浮浅”用得多。“浮浅”则强调浅薄、轻浮，重在表示缺乏某种知识、修养。

㊷“扶养”与“抚养”。“扶养”的意思就是“养活”，其对象既可以是长辈，也可以是平辈或晚辈。“抚养”的意思是“爱护并教养”，其对象多是晚辈。

㊸“复”不是“覆”的简化字。凡有“遮盖”“翻转过来”意思的词语都用“覆”，如“覆盖”“覆灭”等，不用“复”。

㊹“副”与“幅”。对字画习惯用“幅”，而对联因为成双，只能用“副”，如“一副对联”。用于脸部表情，用“一副笑脸”。表示中药的汤药时，用“一服药”。

㊺“伏法”与“服法”。“伏法”指罪犯被执行死刑，不能用在被判死缓及以下的罪犯身上；如果指罪犯认罪，可用“伏罪”。“服法”是指服从法院判决，如“认罪服法”。

㊻“赋予”与“付与”。“赋予”中的赋予者应是尊长高贵的一方，如“人民、宪法、历史、时代、组织、大自然”等。“付与”指给予、交给，所给的对象多是一般人或具体事物，所付的东西也多指钱款和具体物品。

G

㊼“竿”“杆”“秆”。“竿”指竹竿，所组词汇与竹子原料有关。“钓竿”现在多用塑料来做，但仍沿用“竿”字。“杆”是指细长的棍状物。“秆”是指某些植物的茎，“秸秆”“麦秆”不要写作“秸杆”“麦杆”。

㊽“冈”与“岗”。“冈”指较低而平的山脊，构词有“山冈”“井冈山”“黄冈”“云冈石窟”。表示岗位、岗哨要用“岗”。但有的地方土坡、不高的山也用“岗”，如“黄土岗”。

㊾“功夫”与“工夫”。经常通用，但是，在表示占用的时间或空闲时，习惯用“工夫”；表示工作、学习所花的精力及时间时，表示本领和造诣等义项时，习惯用“功夫”。

㊿“该”。如“该工厂”“该学校”中的“该”，是旧时的公文用语，现代的公文已很少用，发稿中提倡使用“这个工厂”“那所学校”这样的通俗写法。

(51)“贯穿”与“贯串”。有时可通用，但“贯串”大多用于较抽象的事物，“贯穿”不仅用于较抽象的事物，还能用于较具体的事物。“贯穿”用得更多一些。

H

(52)“合龙”与“合拢”。“合龙”特指修筑堤坝或桥梁等，因为施工中的桥梁或堤坝的中间一段称作“龙口”，所以这种接合工作叫“合龙”。“合拢”可指堤坝、桥梁以外一般事物的闭合。

(53)“宏大”与“洪大”。“宏大”指规模巨大、志向宏伟，如“规模宏大”“志愿宏大”。“洪大”一般指声音和具体的情状，如“钟声洪大”“水势洪大”。

(54)“候”（音四声）与“侯”（音二声）。如“等侯”应为“等候”，“侯选人”应为“候选人”，“那时侯”应为“那时候”。“侯”字只有两个义项：a. 姓；b. 古代贵族的一种爵位，如“诸侯”“封侯”。

(55)“划”与“画”。凡是指用手、脚或物做出某种动作时，一般用“画”字，如“画十字”“指天画地”“指手画脚”；“规划”“计划”等写“划”。

(56)“会合”与“汇合”。“会合”含有相会、见面的意思，如“两军会合”；“汇合”没有相会、见面的意思，而且多用于水流聚集或类似的喻义，如“三江汇合”“人民的意志汇合成巨大力量”。

(57)“化妆”与“化装”。“化妆”一般指用脂粉等使容貌美丽，也有“美化”的比喻义。“化装”一般指演员为扮演角色而加以修饰；也指因特殊需要而改变装束、容貌，如“化装成特务”。

(58)“荟萃”是指英俊的人物聚集或精美的东西汇集，不要写作“荟翠”。

(59)“轰然”与“哄然”。“轰然”形容声响巨大，如“旧楼轰然倒塌”；“哄然”形容人声又多又大，如“哄然发笑”。

(60)“憾”是指失望、不满足。“震撼”不要写作“震憾”。这个词经常用作“震撼人心”，不要因为与“人心”有关就写成“震憾”。

J

(61)“竟然”不要写作“竞然”。

(62)“竣工”不要写作“峻工”，没有“峻工”这个词。

(63)“一年之计在于春”不要写作“一年之季在于春”。“计”在这里指计划、安排、打算。

(64)“简朴”与“俭朴”。“简朴”除了指生活方面外，还指语言、文笔。

(65)“接合”与“结合”。“接合”所用的对象比较具体，如“城乡接合部”；“结合”比较抽象，如“理论结合实际”。“接合”的各部分基本上还是各自独立的，只是相接触的部分连在一起，“结合”的各部分合成整体，是相互融合的。

(66)“截止”“截止到”与“截至”。“截止”“截止到”是某过程停止、终止；“截至”是到某过程的某个时候。“截止今天”是错误的用法，正确的用法是“截至今天”或“截止到今天”。

(67)“界限”与“界线”。“界限”主要用于抽象事物，表示限度、尽头；“界线”主要用于具体事物。

(68)“几率”和“概率”是一个意思，也不要写作“机率”。

(69)“决不”与“绝不”。“决不”含有决心不、一定不的意思，多强调主观态度，如“决不让步”；“绝不”则含有“绝对不”的意思，多强调客观上必定不，如“绝不允许”。

(70)“即”与“既”。“即”指“靠近”的意思，如“可望而不可即”；也有“就”的意思，如“一触即跳”；“即使”的“即”有假设的意思。“既”指已经达到、已经过去，如“既然如此”“既往不咎”。

(71)“记”与“纪”。“纪实”是指记录事实，也指记录真实情况的文字（多用于标题），一般不写作“记实”。“纪行”一般不写作“记行”。

(72)“忌妒”和“嫉妒”是同义词，现在常用“忌妒”。“嫉”本身就有“忌妒”的意思。不要把“嫉贤妒能”写成“忌贤妒能”。

⑦③"家具"不能写成"家俱"。

⑦④"请柬"的"柬"不要写作"简"。

⑦⑤"精简"一般不写作"精减"。

⑦⑥"娇纵"与"骄纵"。"娇纵"指娇养放纵，动词，可带宾语，如"娇纵孩子"。"骄纵"则指骄傲放纵，形容词，不能带宾语，如"骄纵惯了"。

⑦⑦"巳""已""己"字形差异微小，尤其是使用字形输入法打字时出错后不易分辨。如"目前巳成为"应为"目前已成为"，"事不关已"应为"事不关己"。"巳"指地支中的第六位，"巳时"指上午9点到11点；"已"指罢了、已经、后来、过分等；"己"指自己本身，也指天干的第六位。

⑦⑧"键"与"健"。如"成败的关健"应为"成败的关键"，"强键体魄"应为"强健体魄"。"健"从人字旁，指形体强健，如"健康""健美"；"键"从金字旁，指管住车轮不脱离车轴的铁棍，引申为重要的部分，如"关键"。

⑦⑨"界"与"届"。政协委员中，有"届"的概念，如"本届委员""上届委员"；又有"界"的概念，是在同一届中不同社会职业人士的区别。学校里常有"级"与"届"的用法，"级"按入学年份确定，"届"则按毕业年份确定，如"七八届"。

⑧⑩"浆"与"桨"。"桨"指划船的用具；"浆"指比较浓的液体，如纸浆。"螺旋桨"不要写作"螺旋浆"。

⑧①"间谍"是指为敌方或别国进行刺探、窃取情报工作的人，而不专指别国。

K

⑧②对"空穴来风"，有了洞穴才有风进来，比喻消息和传说不是完全没有原因的，现多用来指消息和传说没有根据。

L

⑧③"厉害"与"利害"。"厉害"有难以对付的意思，"利害"则有利益和损害两个方面的意思，不要把"这个人很厉害"写成"这个人很利害"。

⑧④"再接再厉"的"厉"不要写作"励"。"厉"古通"砺"，意为磨快，引申为奋勉。

⑧⑤"俩"是"两""个"两字的合音词，"俩"字后面不能再接"个"或其他量词。

⑧⑥"连"和"联"。"连"侧重相接，"联"侧重相合。连日、连续、连接、牵连的"连"不能写作"联"；联合、联邦、联欢、对联、三联单的"联"不能写作"连"。

⑧⑦"瞭望"不要写作"了望"。

⑧⑧"了了"与"寥寥"。"了了"指清楚、明白，如"心中了了"；也指聪明，如"小时了了"。"寥寥"指很少。如"了了数件"应为"寥寥数件"，"了了无几"应为"寥寥无几"。没有"廖廖"这个词。"廖"字仅用于姓氏。

⑧⑨"另"不是"零"的简化字。"零件""零售""零散""零碎"的"零"不要简写成"另"。

⑨⑩"啰"与"罗"。"啰唆"的"啰"不要写成"罗"。

⑨①"练"与"炼"。"练"字与丝有关，如"简练""洗练"是指文字像白绸子一样干净、没有杂物。"炼"与火有关，与加热有关，如"修炼"原来就与炼丹有关。"练字"有练习的意思；"炼字"是指创作诗文时用心思琢磨用字。"精练"指文字简洁，"精炼"有

精心提炼的意思。"体育锻炼"不能写作"体育锻练"。

㊈"澜"与"斓"。"波澜"不能写作"波斓","斑斓"不能写作"斑澜"。

㊊没有"美仑美奂"和"美伦美奂",只有"美轮美奂"。"轮"指轮囷,古代圆形高大的谷仓,在这个成语中指高大;"奂"指众多。"美轮美奂"多形容建筑物的高大、众多而华美。

㊋"不利"与"不力"。"不利"指不顺利、有害处,如"出师不利";"不力"指不尽力或不得力,如"领导不力"。

㊌"权利"和"权力"的含义不完全相同。"权力"经常做"行使""使用"等的宾语,而"权利"经常做"享受""享有"等的宾语,二者不能互换。"权力"可构成"权力机关""权力部门",而"权利"则不能。

㊍"临"与"邻"。如"相临的吧街"应为"相邻的吧街","邻街建筑"应为"临街建筑"。"临"指到来或挨着的意思,如"身临其境""临河";"邻"指接近、附近,如"邻居"。

M

㊎"迈"是"英里"的音译词,不是指公里。

㊏"谜团"不要写作"迷团"。"一个谜"不要写成"一个迷"。

㊐"哈密瓜"是因"哈密"地名而得名,不要因为它如蜜一样甜而联想写作"哈蜜瓜"。

㊑成语"明日黄花"出自苏轼在九月初九重阳节写的《九日次韵王巩》"相逢不用忙归去,明日黄花蝶也愁",说菊花明天就要过节令了,要珍惜今天的相逢。这里的"明日"是相对写诗的"今日"而言。后来,"明日黄花"所指范围扩大,由"过季""过时令"的意思引申为"过时的事物"。"昨日黄花"是误用。但有的语言学者认为,典故性成语会朝着表意明确、通俗的方向发展,据此预测"昨日黄花"会越来越流行。(类似的情况有:庄子中的"每下愈况"原比喻"越往下越明显",而后来此成语意义变化,指"情况越来越差",宋代开始就有了"每况愈下"的用法,逐渐流行。鲁迅曾嘲笑以保存国粹为己任的章士钊在文章中也不用"每下愈况"而使用"每况愈下"了)

㊒"明"与"名"。邮政用途的"明信片",不要写作"名信片";人与人互相介绍身份、联系办法时用的"名片",不要写作"明片";"明星"不要写作"名星"。

N

㊓关于"年"的写法。书面语中,年份一般不要简写。近年流行的一种年份简写法如"99",是从英文出版物引进的,一般限于某项活动标题式的名称中使用,如 99 全国足球比赛。"我公司 99 出口较多"属于不当用法,应使用"我公司 1999 年出口较多"。

㊔"哪里"常常错为"那里"。"那"是指示代词,"那里"指示比较远的处所。"哪"是疑问代词,"哪里"有一个词义是泛指任何处所。"首长指向哪里,我们就打到哪里"不能写成"首长指向那里,我们就打到那里"。

P

⑭"蓬"与"篷"。不要把"帐篷""顶篷""遮阳篷"中的"篷"写成"蓬"。"篷"是用竹篾、苇席、布等做成的,张盖在上面遮日光挡风雨的东西;"蓬"是一种草本植物,引申为散乱。这种情况在其他地方也存在,如"篮子"多以竹篾编成,即使是草编的也不能写为"蓝子"。

Q

⑮"青"与"轻"。"年轻力壮"中的"轻"不要用"青";"青年"中的"青"不要用"轻"。

⑯"起用"与"启用"。"起用"多用于与人有关,如"起用新人";"启用"一般用于与物有关,如"新船闸启用"。"起航""启航"都可以用,但现在一般多写作"启航"。

⑰"气"与"汽"。凡与自然状态下的各种气体有关的词语,一般用"气"。凡与非自然状态下的各种气体有关的词语,一般用"汽"。液体变成气体叫"汽化",不能写作"气化"。"气化"是中医学的专门术语,指人体三焦之气的运行变化。"蒸汽"指水蒸气,"蒸气"指的是液体或固体因蒸发、沸腾或升华而变成的气体,如"水蒸气"。"暖气"指把蒸汽或热水通过管道输送到建筑物内的散热器中,散出热气,使室温增高。"汽暖"则是指上述供暖方式。把煤气压缩成液体,称"液化气";"汽水""汽酒"却用"汽"。这几种情形,并不合字的本义,是人们使用中约定俗成的。

⑱"情结"与"情节"。"情结"是指内心的情感纠葛,一般用在人身上,如"乡土情结""文学情结"。"情节"是指故事的发生、演变和经过,一般用在事情上。

⑲"七月流火"中的"火"是星名,即心宿。每年农历五月间黄昏时心宿在中天,六月以后,渐渐偏西,这时暑热开始减退。这个成语表示"天气快凉了",不要误用它来表示"暑热难熬"。

R

⑳"熔""融""溶"。"熔"指固体受热变成液体;"融"特指冰雪等受热变成液体;"溶"是指物质在液体里化开。

㉑"尽如人意"中的"如"是指符合的意思,"尽"是指程度。"不尽如人意"有时被误用成"不尽人意",这里的"如"字不可省,使用时应写全;如果不强调如意的程度,也可把"尽"字省去,写作"不如人意"。

㉒"困扰"不要写作"困绕"。

S

㉓"手",买股票时使用的一个最低的整数单位。如现在深沪证券交易所股票交易每100股为1手。

㉔"启事"与"启示"。面向公众说明某项事情的文字,应该用"启事",如"招领启事";"启示"则指启发指点,使有所认识。

㉕"国是"与"国事"。"国是"指国家大计,多用于书面语,使用范围比较窄,如

"共商国是"。"国事"指国家的大事、政事，如"国事访问""关心国事"。

⑯"擅长"不要写作"善长"，没有"善长"这个词。

⑰"生"与"身"。"终生"多用在事业上，如"终生当医生""终生禁驾"；"终身"多指切身的事，如"终身受益"。"亲生"指有生育关系的，如"亲生子女"；"亲身"指自己，如"亲身经历"。"出生"指生下来，如"出生于1995年"；"出身"指个人早期的经历和身份，如"出身农民家庭"。

⑱"事迹"不要写作"事绩"。没有"事绩"这个词。

⑲"首当其冲"不是指"首要位置""领头作用"等意思，而是指最先受到攻击或遭遇灾难，如"洪水袭来，这个村首当其冲"是正确的；"在文化建设方面，北京首当其冲"这种说法是错误的。

⑳"树立"与"竖立"。"树立"是建立的意思，多指抽象的东西，如"树立榜样"；"竖立"多指具体的东西，如"竖立着纪念碑"。

㉑"诵读"不能写作"颂读"。没有"颂读"这个词。

㉒"凇"是水汽、云雾、雨露的凝结物或冻结物，"雾凇""雨凇"的"凇"字不要写作"淞"。"淞"字平常只用于江苏、上海的"淞江（吴淞江）"。

㉓"无所适从"不能写作"无所是从"。没有"无所是从"这个成语。

㉔"拴"与"栓"。"栓"是名词，如"消火栓""枪栓"等；"拴"是动词，指用绳子系，如"拴马"。

㉕"授权"与"受权"这是一组相对的词汇，其差别在于"授权"意在给予，"受权"意在接受。如"人大常委会授权新华社播发这部法律""新华社受权播发这部法律"。

T

㉖石油产销中经常使用计量单位"桶"，7.3桶为一吨。使用时一般不用换算成吨。

㉗"通信"与"通讯"。不论采用何种手段传递信息，都叫"通信"。而"通讯"的意思，一是指利用电码传递消息，如"通讯社""通讯网"；二是指一种新闻体裁。"通讯员"指报刊、电台等约请为其经常写作新闻报道的非专业人员；"通信员"指部队、机关中传送公文信件的人员。

W

㉘"骛"是指纵横奔驰，古通"务"，意指追求。"鹜"是指鸭子。"好高骛远"中的"骛"下边是"马"；"趋之若鹜"中的"鹜"下面是"鸟"。

㉙"惟妙惟肖"这个成语也有人写作"唯妙唯肖""维妙维肖"。作为语气助词，"维""惟""唯"本可通用，但这个成语规范的写法是"惟妙惟肖"。

㉚"位"作为量词用于人时，含有敬意，因此，不能用于坏人、罪犯、敌对势力等场合；因为自称多用谦词，因此"位"不用于第一人称的场合，如"我们两位来主持会议"的说法是不合适的。

㉛"诬蔑"与"污蔑"。"诬"有"讠"旁，指捏造事实损害别人名誉，如"造谣诬蔑"。"污"原指浑浊的水，后来泛指脏东西。如果说"污蔑好人"，所指的重点不在于"捏造事实"，而在于使用"污辱性的言语"。

X

⑬"像"和"象"的混淆有一个特殊的历史过程。1964年中国文改会颁发的《简化字总表》中确认"像"简化为"象",但又说在"像"与"象"意义可能混淆时仍用"像",这样实际上成了让用字者自行决定该用哪个字。"象……一样"在20世纪80年代中期之前是通行的规范用法,胡乔木同志1986年建议将它统一改为"像……一样",国家语委在1986年重新发表的《简化字总表》中将"象"与"像"彻底分开,"象……一样"以及类似的用法从此就不正确了。

(二) 六组消灭错别字练习及答案

第 一 组

1. 呼朋引半　　2. 名付其实　　3. 想入菲菲　　4. 别出新裁　　5. 不可救要　　6. 老脯花黄
7. 人迹罕致　　8. 置之渡外　　9. 湿故知新　　10. 蹉驼岁月　11. 专心至志　12. 拾金不味
13. 垂垂慕老　14. 分到扬镳　15. 瘁不及防　16. 众目癸癸　17. 忐志不安　18. 无原无故
19. 阿史奉承　20. 忍骏不禁　21. 囫囵舌枣　22. 心安里得　23. 故弄弦虚　24. 扶老携幻
25. 人声鼎拂　26. 琅琅上口　27. 扑塑迷离　28. 血气放刚　29. 横七树八　30. 了了无几
31. 声泪具下　32. 淹淹一息　33. 不能自己　34. 不言而渝　35. 呕心历血　36. 感慨良深
37. 随生附和　38. 忘下断语　39. 曲尊纡贵　40. 大失所忘　41. 无动于衷　42. 俯首贴耳
43. 无精打彩　44. 暗然失色　45. 废尽心思　46. 绿草如荫　47. 悔人不倦　48. 孰能生巧
49. 手足无错　50. 叛若两人　51. 穷困缭倒　52. 惊荒失措　53. 眷眷之心　54. 虚无漂缈
55. 骄世变俗　56. 讳疾嫉医　57. 心矿神怡　58. 宠然大物　59. 同仇敌气　60. 暮天席地
61. 与日具增　62. 呐呐半晌　63. 灰谐幽默　64. 胃然长叹　65. 曲指可数　66. 与世隔决
67. 改过自信　68. 抑扬顿挫　69. 磕然长逝　70. 天网灰灰　71. 戎马倥偬　72. 衣衫褴缕
73. 玩乎职守　74. 邪门斜道　75. 莫不关心　76. 琳朗满目　77. 阿那多姿　78. 依希可见
79. 蓬头诟面　80. 饥肠漉漉　81. 绿绿无为　82. 追名遂利　83. 明察秋豪　84. 豪不介意
85. 贻神悦目　86. 振聋发溃　87. 贫践不移　88. 曲突徒薪　89. 狼狈不勘　90. 泱泱不快
91. 快快大国　92. 一口同声　93. 莫然置之　94. 锱珠必较　95. 世外桃园　96. 耳闻目睹
97. 病入膏盲　98. 好高鹜远　99. 查无消息　100. 才华横益

第 二 组

1. 敝帚自珍　　2. 一意弧行　　3. 鞠躬尽粹　　4. 怀材不遇　　5. 纵横绝荡　　6. 不可明状
7. 扣人心肺　　8. 并行不脖　　9. 扶遥直上　10. 再再不绝　11. 微不足到　12. 五彩班斓
13. 涛涛不绝　14. 缕见不鲜　15. 万惯家私　16. 自命不繁　17. 荼毒生灵　18. 引谕失义
19. 坦荡如坻　20. 行影不离　21. 离玄之箭　22. 执迷不吾　23. 津津有昧　24. 头机取巧
25. 斩钉截铁　26. 不醒人事　27. 虚张生势　28. 声色具历　29. 才疏学贱　30. 举一返三
31. 山肴野籁　32. 富丽堂黄　33. 炯乎不同　34. 诧紫嫣红　35. 巧夺天功　36. 风靡一时
37. 小心冀冀　38. 扣人心玄　39. 劳而无工　40. 不屑置辨　41. 今非昔此　42. 仗事欺人
43. 精神矍砾　44. 深居俭出　45. 终南捷境　46. 苟全性命　47. 觥筹交措　48. 妙手隅得

49. 旁逸邪出	50. 千投万绪	51. 改斜归正	52. 错踪复杂	53. 鄙夷不肖	54. 谈笑风声
55. 略见一班	56. 郑重其实	57. 殉情枉法	58. 老当益状	59. 挑拔离间	60. 冲耳不闻
61. 疾心痛首	62. 循序惭进	63. 招事搬非	64. 绝不类同	65. 就地取才	66. 错落有至
67. 小题大作	68. 张牙舞瓜	69. 洋洋自德	70. 穷形尽象	71. 题心吊胆	72. 声名狼籍
73. 为富不人	74. 夜朗自大	75. 简以养德	76. 绝路蓬生	77. 爱幕虚荣	78. 无稽之谈
79. 不知所错	80. 堰旗息鼓	81. 首当其充	82. 任劳任怨	83. 魂消肠断	84. 天翻地复
85. 辩伪去妄	86. 杉杉有理	87. 巧妙绝轮	88. 得意忘行	89. 甘败下风	90. 包罗万像
91. 忘自菲薄	92. 不功自破	93. 百费俱兴	94. 自吹自雷	95. 忘自尊大	96. 取义成人
97. 相题并论	98. 脍灸人口	99. 大声急呼	100. 契而不舍		

第 三 组

1. 默守成规	2. 雷霆万钧	3. 清秀园润	4. 桀鹜不驯	5. 怪诞不经	6. 层峦迭嶂
7. 峨冠搏带	8. 神妙漠测	9. 中流坻柱	10. 游目聘怀	11. 广有羽翼	12. 暗然泪下
13. 谍谍不休	14. 损身不恤	15. 挥汉如雨	16. 刻不容援	17. 不遣余力	18. 风驰电挚
19. 立杆见影	20. 迥迥有神	21. 济寒振贫	22. 失魄落魂	23. 披荆薪棘	24. 长篇累椟
25. 民生凋弊	26. 满目创痍	27. 冠冕堂黄	28. 礼上往来	29. 残羹冷灸	30. 脖然大怒
31. 故不自封	32. 故若金汤	33. 故计重演	34. 过忧不及	35. 推阵出新	36. 一倍千金
37. 一枕黄粱	38. 虎居龙盘	39. 笑容可局	40. 明年善睐	41. 梦昧以求	42. 附庸风稚
43. 末马厉兵	44. 童心未民	45. 暇不掩瑜	46. 前距后恭	47. 未雨绸谬	48. 刎到之交
49. 怒发冲寇	50. 门廷若市	51. 流连妄返	52. 完壁归赵	53. 胶柱鼓琴	54. 睚眦毕报
55. 针贬时弊	56. 大吹大雷	57. 饱经苍桑	58. 忘加揣测	59. 如座春风	60. 藕段丝连
61. 铜墙铁壁	62. 拔山涉水	63. 一丘之貉	64. 尾尾动听	65. 虚寒问暖	66. 不是稼穑
67. 走头无路	68. 养精畜锐	69. 养奠处优	70. 煞废心机	71. 毫不悭吝	72. 磨肩接踵
73. 化为鸟有	74. 不绝如屡	75. 窥豹一班	76. 纷繁无杂	77. 卓有成效	78. 毫不隐晦
79. 实是求事	80. 大相颈庭	81. 含混悔涩	82. 舍本逐末	83. 粗技大叶	84. 娇揉造作
85. 美琴之献	86. 国秦民安	87. 责无旁贷	88. 色厉内任	89. 广茅无垠	90. 暇思迩想
91. 艰贞不渝	92. 干戈优攘	93. 自惭行秽	94. 膛目结舌	95. 为虎作胀	

第 四 组

1. 浴猴而冠	2. 饿浮遍野	3. 姑息养奸	4. 华众取宠	5. 否极秦来	6. 盛气陵人
7. 不可一事	8. 宏福齐天	9. 一视同人	10. 祸起箫墙	11. 良秀不齐	12. 天花乱堕
13. 凤毛鳞角	14. 粉末登场	15. 改投换面	16. 飞扬拔扈	17. 刚复自用	18. 余音绕梁
19. 水乳交溶	20. 牵强付会	21. 一愁莫展	22. 研媸毕露	23. 不句一格	24. 昏馈无能
25. 情头意合	26. 寡不乱众	27. 师矿之聪	28. 引亢高歌	29. 胜卷在握	30. 迫在眉捷
31. 不明一钱	32. 素味平生	33. 只尺天涯	34. 一杯黄土	35. 狡兔三窟	36. 切齿付心
37. 有条不絮	38. 沽名钩誉	39. 风流如雅	40. 退辟三舍	41. 暴珍天物	42. 真知勺见
43. 殚精竭虚	44. 以儆效优	45. 功亏一篑	46. 推心知腹	47. 动辄得咎	48. 不经而走
49. 运筹帷幄	50. 非夷所思	51. 米珠薪贵	52. 毁家抒难	53. 宵衣肝食	54. 鸠占鹊巢
55. 菲然成章	56. 哀声叹气	57. 安部当车	58. 卑宫野史	59. 不落巢白	60. 不详之兆

61. 搬门弄斧	62. 报打不平	63. 并驾齐驱	64. 出奇致胜	65. 大献身手	66. 耳儒目染
67. 分决离去	68. 惩前必后	69. 大事大非	70. 得不赏失	71. 吊以轻心	72. 断章取意
73. 风尘扑扑	74. 峰芒毕露	75. 浮想连翩	76. 蛊惑人心	77. 鬼鬼崇崇	78. 怙恶不俊
79. 集披成裘	80. 见风驶舵	81. 蜂涌而入	82. 鬼蜮技俩	83. 架轻就熟	84. 见义思迁
85. 进退唯谷	86. 经纬分明	87. 精雕细琢	88. 开门缉盗	89. 若心孤诣	90. 烂竽充数
91. 良晨美景	92. 鳞次节比	93. 流言诽语	94. 落绎不绝	95. 毛骨辣然	

第 五 组

1. 美轮美涣	2. 迷天大谎	3. 糜糜之音	4. 明撤见底	5. 莫终一是	6. 接锺而来
7. 禁若寒蝉	8. 开源接流	9. 礼仪之帮	10. 历行节约	11. 了若星辰	12. 买犊还珠
13. 瞑思苦想	14. 弄巧成茁	15. 漂泊天崖	16. 破斧沉舟	17. 如法泡制	18. 循规蹈距
19. 食不裏腹	20. 擢擢童山	21. 坐收鱼利	22. 消除隔核	23. 臻于至治	24. 候门似海
25. 俯拾既是	26. 按排	27. 安捺	28. 斑澜	29. 拌倒	30. 包函
31. 抱欠	32. 报怨	33. 暴燥	34. 笨绌	35. 蔽病	36. 编篡
37. 辩认	38. 鳖气	39. 憋进	40. 搏取	41. 怆皇	42. 参予
43. 沧茫	44. 单联	45. 安份	46. 遨翔	47. 白晰	48. 扳脸
49. 褒砭	50. 辈份	51. 边垂	52. 鞭鞑	53. 憋扭	54. 频临
55. 舶位	56. 布署	57. 残骇	58. 侧隐	59. 叉路	60. 馋言
61. 尝还	62. 沉腼	63. 坦城	64. 澄色	65. 称杆	66. 驰聘
67. 瞳憬	68. 稠怅	69. 惆测	70. 船泊	71. 窗棱	72. 纯仆
73. 导至	74. 花芯	75. 抵肖	76. 沾污	77. 钩鱼	78. 蝶血
79. 徒坡	80. 堵气	81. 堵绝	82. 对恃	83. 恶运	84. 恶梦
85. 发泻	86. 烦锁	87. 方园	88. 防碍	89. 制肘	90. 呈强
91. 迟顿	92. 船玄	93. 坠学	94. 搓跎	95. 大慨	96. 怠堕
97. 抵毁	98. 巅倒				

第 六 组

1. 吊消	2. 斗蓬	3. 豆付	4. 睹博	5. 隋性	6. 恶耗
7. 发楞	8. 法码	9. 烦燥	10. 繁涣	11. 范筹	12. 防犯
13. 飞弛	14. 裴然	15. 分岐	16. 坟莹	17. 幅射	18. 符会
19. 付业	20. 复盖	21. 干予	22. 高吭	23. 千灭	24. 估息
25. 关健	26. 光茫	27. 鬼丽	28. 诡辨	29. 海蛰	30. 寒喧
31. 焊卫	32. 浩翰	33. 准河	34. 焕散	35. 浑沌	36. 加宾
37. 愤满	38. 佛晓	39. 付食	40. 赋于	41. 复没	42. 慨念
43. 歌午	44. 勾消	45. 股分	46. 鼓燥	47. 冠免	48. 规距
49. 鬼域	50. 海棉	51. 函养	52. 和霭	53. 晃子	54. 悔气
55. 浑号	56. 羁判	57. 简漏	58. 教悔	59. 接恰	60. 痉孪
61. 隽刻	62. 倔起	63. 刻薄	64. 腊烛	65. 房钱	66. 脉脖
67. 冒然	68. 涵怀	69. 瞄摹	70. 模形	71. 母指	72. 教梭

73. 敞配	74. 决择	75. 峻工	76. 揩书	77. 苦脑	78. 跨台
79. 拉扰	80. 蓝球	81. 联抉	82. 脉胳	83. 漫廷	84. 糜烂
85. 决别	86. 纱茫	87. 默挈	88. 暮蔼	89. 盘跚	90. 膨涨
91. 飘渺	92. 切搓	93. 磐石	94. 劝戒	95. 荣汇	96. 闪砾
97. 响午	98. 熟炼	99. 撕杀	100. 松驰	101. 瘐孟	102. 眷写
103. 通宵	104. 褪化	105. 委糜	106. 冼练	107. 陷井	108. 销磨
109. 协从	110. 竭见	111. 袅挪	112. 沤吐	113. 陪偿	114. 皮气
115. 强焊	116. 清冽	117. 驱势	118. 佬恕	119. 揉蹦	120. 搔动
121. 杀戳	122. 山拗	123. 商摧	124. 尝罚	125. 纵恿	126. 贪焚
127. 慰籍	128. 巫告	129. 戍戌	130. 消遥	131. 熏淘	132. 烟卤
133. 引伸	134. 遭蹋	135. 瞻养	136. 真缔	137. 壮严	138. 自栩
139. 意测	140. 萤光屏	141. 扎记	142. 针灸	143. 慎密	144. 震憾
145. 竹芋	146. 装钉	147. 自侍	148. 怂容	149. 嘴咒	

第一组错别字练习答案

1. 半—伴	2. 付—符（副）	3. 菲—非	4. 新—心	5. 要—药
6. 脯—圃	7. 致—至	8. 渡—度	9. 湿—温	10. 驼—跎
11. 至—致	12. 味—昧	13. 慕—暮	14. 到—道	15. 瘁—猝
16. 癸—睽	17. 忐忑—忐忑	18. 原—缘	19. 臾—谀	20. 骏—俊
21. 舌—吞	22. 里—理	23. 弦—玄	24. 幻—幼	25. 拂—沸
26. 琅—朗	27. 塑—朔	28. 放—方	29. 树—竖	30. 了—寥
31. 具—俱	32. 淹—奄	33. 己—已	34. 渝—喻	35. 历—沥
36. 概—慨	37. 生—声	38. 忘—妄	39. 曲—屈	40. 忘—望
41. 衰—衷	42. 贴—帖	43. 彩—采	44. 暗—黯	45. 废—费
46. 荫—茵	47. 悔—海	48. 孰—熟	49. 错—措	50. 叛—判
51. 缭—潦	52. 荒—慌	53. 眷—拳	54. 漂—剽	55. 骄—矫
56. 嫉—忌	57. 矿—旷	58. 宠—庞	59. 气—忾	60. 暮—幕
61. 具—俱	62. 呐—讷	63. 灰—诙	64. 胃—喟	65. 曲—屈
66. 决—绝	67. 信—新	68. 杨—扬	69. 磕—溘	70. 灰—恢
71. 戒—戎	72. 缕—楼	73. 乎—忽	74. 邪—歪	75. 莫—漠
76. 朗—琅	77. 阿那—婀娜	78. 希—稀	79. 诟—垢	80. 潞—辘
81. 绿—碌	82. 遂—逐	83. 豪—毫	84. 豪—毫	85. 贻—怡
86. 溃—聩	87. 践—贱	88. 新—薪	89. 勘—堪	90. 泱—快
91. 快—决	92. 一—异	93. 莫—漠	94. 珠—铢	95. 园—源
96. 赌—睹	97. 盲—肓	98. 鹜—鹜	99. 查—查	100. 益—溢

第二组错别字练习答案

1. 敞—敞	2. 弧—孤	3. 粹—瘁	4. 材—才	5. 绝—决
6. 明—名	7. 肺—扉	8. 脖—悖	9. 遥—摇	10. 再—冉

11. 到—道	12. 班—斑	13. 涛—滔	14. 缕—屡	15. 惯—贯
16. 繁—凡	17. 茶—茶	18. 谕—喻	19. 坻—砥	20. 行—形
21. 玄—弦	22. 吾—悟	23. 昧—味	24. 头—投	25. 载—截
26. 醒—省	27. 生—声	28. 具历—俱厉	29. 贱—浅	30. 返—反
31. 歉—歉	32. 黄—皇	33. 炯—迥	34. 诧—姹	35. 功—工
36. 糜—靡	37. 冀—翼	38. 玄—弦	39. 工—功	40. 辨—辩
41. 此—比	42. 事—势	43. 砾—铄	44. 俭—简	45. 境—径
46. 荀—苟	47. 措—错	48. 隅—偶	49. 邪—斜	50. 投—头
51. 斜—邪	52. 踪—综	53. 肖—屑	54. 声—生	55. 班—斑
56. 实—事	57. 殉—徇	58. 状—壮	59. 拔—拨	60. 冲—充
61. 疾心痛首—痛心疾首	62. 惭—渐	63. 事—是	64. 类—雷	65. 才—材
66. 至—致	67. 作—做	68. 瓜—爪	69. 德—得	70. 象—相
71. 题—提	72. 籍—藉	73. 人—仁	74. 朗—郎	75. 简—俭
76. 蓬—逢	77. 幕—慕	78. 秸—稽	79. 错—措	80. 堰—偃
81. 充—冲	82. 恕—怨	83. 消—销	84. 复—覆	85. 辩—辨
86. 杉—彬	87. 轮—伦	88. 行—形	89. 败—拜	90. 像—象
91. 忘—妄	92. 功—攻	93. 费—废	94. 雷—擂	95. 忘—妄
96. 人—仁	97. 题—提	98. 灸—炙	99. 急—疾	100. 契—锲

第三组错别字练习答案

1. 默—墨	2. 钩—钧	3. 园—圆	4. 鹜—骛	5. 涎—诞
6. 迭—叠	7. 搏—博	8. 漠—莫	9. 坻—砥	10. 聘—骋
11. 冀—翼	12. 暗—黯	13. 谍—喋	14. 损—殒	15. 汉—汗
16. 援—缓	17. 遣—遗	18. 擎—掣	19. 杆—竿	20. 迥—炯
21. 振—赈	22. 魄—魂 魂—魄	23. 崭—斩	24. 楼—胰	25. 弊—敝
26. 创—疮	27. 黄—皇	28. 上—尚	29. 灸—炙	30. 脖—勃
31. 不—步	32. 故—固	33. 计—伎	34. 忧—犹	35. 阵—陈
36. 偌—诺	37. 梁—粱	38. 居—踞	39. 局—掬	40. 牟—眸
41. 昧—寐	42. 稚—雅	43. 末—秣	44. 民—泯	45. 暇—瑕
46. 踞—倨	47. 谬—缪	48. 到—颈	49. 寇—冠	50. 廷—庭
51. 妄—忘	52. 壁—璧	53. 琴—瑟	54. 毕—必	55. 贬—砭
56. 雷—擂	57. 苍—沧	58. 忘—妄	59. 座—坐	60. 段—断
61. 璧—壁	62. 拔—跋	63. 貂—貉	64. 尾—娓	65. 虚—嘘
66. 是—事	67. 头—投	68. 畜—蓄	69. 奠—尊	70. 废—费
71. 喑—喏	72. 磨—摩	73. 鸟—乌	74. 屡—缕	75. 班—斑
76. 无—芜	77. 郊—效	78. 晦—讳	79. 是—事 事—是	80. 颈—径
81. 悔—晦	82. 未—末	83. 技—枝	84. 娇—矫	85. 琴—芹
86. 秦—泰	87. 货—贷	88. 任—荏	89. 茅—茅	90. 暇—遐
91. 艰—坚	92. 优—扰	93. 行—形	94. 膛—瞠	95. 胀—伥

第四组错别字练习答案

1. 浴—沐
2. 浮—孚
3. 研—妍
4. 华—哗
5. 秦—泰
6. 陵—凌
7. 事—世
8. 宏—洪
9. 人—仁
10. 箫—萧
11. 秀—莠
12. 堕—坠
13. 鳞—麟
14. 末—墨
15. 投—头
16. 拔—跋
17. 复—愎
18. 梁—粱
19. 溶—融
20. 付—附
21. 愁—筹
22. 研—妍
23. 句—拘
24. 馈—聩
25. 头—投
26. 乱—敌
27. 矿—旷
28. 亢—吭
29. 卷—券
30. 捷—睫
31. 明—名
32. 味—昧
33. 只—咫
34. 杯—抔
35. 窿—窟
36. 付—拊
37. 絮—紊
38. 钩—钓
39. 如—儒
40. 辟—避
41. 珍—殄
42. 勺—灼
43. 虚—怵
44. 优—尤
45. 黄—篁
46. 知—置
47. 咨—咨
48. 经—胫
49. 握—幄
50. 非—匪
51. 贵—桂
52. 抒—纾
53. 肝—旰
54. 鸠—鸠
55. 菲—斐
56. 哀—唉
57. 部—步
58. 卑—稗
59. 巢—窠
60. 详—祥
61. 搬—班
62. 报—抱
63. 躯—驱
64. 致—制
65. 献—显
66. 儒—濡
67. 决—袂
68. 必—毖
69. 事—是
70. 赏—偿
71. 吊—掉
72. 意—义
73. 扑—仆
74. 峰—锋
75. 连—联
76. 盅—盎
77. 祟—崇
78. 俊—悛
79. 披—胺
80. 驶—使
81. 涌—拥
82. 技—伎
83. 架—驾
84. 义—异
85. 唯—维
86. 伟—纬
87. 啄—琢
88. 缉—揖
89. 若—苦
90. 烂—滥
91. 晨—辰
92. 节—栉
93. 诽—蜚
94. 落—络
95. 竦—悚

第五组错别字练习答案

1. 涣—奂
2. 迷—弥
3. 糜—靡
4. 辙—澈
5. 终—衷
6. 锤—捶
7. 禁—噤
8. 接—节
9. 帮—邦
10. 历—厉
11. 了—寥
12. 挟—楔
13. 暝—冥
14. 苗—拙
15. 崖—涯
16. 爷—釜
17. 泡—炮
18. 距—矩
19. 裹—果
20. 擢—濯
21. 鱼—渔
22. 核—阂
23. 至—郅
24. 候—侯
25. 既—即
26. 按—安
27. 安—按
28. 澜—斓
29. 拌—绊
30. 函—涵
31. 久—歉
32. 报—抱
33. 燥—躁
34. 绌—拙
35. 蔽—弊
36. 篡—纂
37. 辩—辨
38. 蹩—憋
39. 憋—蹩
40. 搏—博
41. 怆—仓
42. 予—与
43. 沧—苍
44. 单—蝉
45. 份—分
46. 遨—翱
47. 晰—皙
48. 扳—板
49. 砭—贬
50. 份—分
51. 垂—陲
52. 辙—轶
53. 憋—别
54. 频—濒
55. 舶—泊
56. 布—部
57. 骇—骸
58. 侧—恻
59. 叉—岔
60. 馋—谗
61. 尝—偿
62. 腼—涵
63. 城—诚
64. 澄—橙
65. 称—秤
66. 聘—骋
67. 瞳—懂
68. 稠—惆
69. 惴—揣
70. 泊—舶
71. 棱—楞
72. 仆—朴
73. 至—致
74. 芯—蕊
75. 肖—消
76. 沾—玷
77. 钩—钓
78. 蝶—喋
79. 徙—陡
80. 堵—赌

81. 堵—杜	82. 恃—峙	83. 恶—厄	84. 恶—噩	85. 泻—泄
86. 锁—琐	87. 园—圆	88. 防—妨	89. 制—掣	90. 呈—逞
91. 顿—钝	92. 玄—舷	93. 坠—缀	94. 搓—蹉	95. 慨—概
96. 堕—惰	97. 抵—诋	98. 巅—颠		

第六组错别字练习答案

1. 消—销	2. 蓬—篷	3. 付—腐	4. 睹—赌	5. 隋—惰
6. 恶—噩	7. 楞—愣	8. 法—砝	9. 燥—躁	10. 溽—缛
11. 筹—畴	12. 犯—范	13. 驰—弛	14. 裴—斐	15. 岐—歧
16. 莹—莛	17. 幅—辐	18. 符—附	19. 付—副	20. 复—覆
21. 予—预	22. 吭—亢	23. 千—歼	24. 估—姑	25. 健—键
26. 茫—芒	27. 鬼—瑰	28. 辨—辩	29. 蛰—蜇	30. 喧—暄
31. 焊—捍	32. 翰—瀚	33. 准—谁	34. 焕—涣	35. 浑—混
36. 加—嘉	37. 满—懑	38. 佛—拂	39. 付—副	40. 于—予
41. 复—覆	42. 慨—概	43. 午—舞	44. 消—销	45. 分—份
46. 燥—噪	47. 免—冕	48. 距—矩	49. 域—蜮	50. 棉—绵
51. 函—涵	52. 霭—蔼	53. 晃—幌	54. 悔—晦	55. 浑—诨
56. 判—绊	57. 漏—陋	58. 悔—诲	59. 恰—洽	60. 李—荸
61. 隽—镌	62. 倔—崛	63. 簿—薄	64. 腊—蜡	65. 房—搦
66. 膊—搏	67. 冒—贸	68. 洇—缅	69. 瞄—描	70. 形—型
71. 母—拇	72. 梭—唆	73. 配—佩	74. 决—抉	75. 峻—竣
76. 揩—楷	77. 脑—恼	78. 跨—垮	79. 扰—拢	80. 蓝—篮
81. 抉—袂	82. 胳—络	83. 廷—延	84. 靡—糜	85. 决—诀
86. 纱—渺	87. 挈—契	88. 蔼—霭	89. 盘—蹒	90. 涨—胀
91. 飘渺—缥缈	92. 搓—磋	93. 馨—磬	94. 戒—诫	95. 荣—融
96. 砾—烁	97. 响—晌	98. 炼—练	99. 撕—厮	100. 驰—弛
101. 孟—孟	102. 眷—誊	103. 霄—宵	104. 褪—退	105. 委—萎
106. 冼—洗	107. 井—阱	108. 销—消	109. 协—胁	110. 竭—渴
111. 挪—娜	112. 沤—呕	113. 陪—赔	114. 皮—脾	115. 焊—悍
116. 洌—冽	117. 驱—趋	118. 佞—饶	119. 揉—蹂	120. 摇—骚
121. 戳—戮	122. 拗—坳	123. 摧—榷	124. 尝—惩	125. 纵—怂
126. 焚—婪	127. 籍—藉	128. 巫—诬	129. 戍—戌	130. 消—逍
131. 淘—陶	132. 卤—鲁	133. 伸—申	134. 遭—糟	135. 瞻—赡
136. 缔—谛	137. 壮—庄	138. 栩—诩	139. 意—臆	140. 萤—荧
141. 扎—札	142. 灸—炙	143. 慎—缜	144. 憾—撼	145. 芊—竿
146. 钉—订	147. 侍—恃	148. 容—恿	149. 嘴—诅	

四、作业展示及评议

第四项任务：语法训练

训练内容：准确判断七类常见语法结构问题，写一篇没有此类语法问题的 500 字作文。学时：4 学时。

一、语法训练写作情景设定

结合学生实际情况，充分发挥想象力，设计能够引起学生参与语法训练兴趣的导入方式，使授课内容生活化，让学生在使用中学习。要求：

一是要从结构上讲清七类常见语法错误。

二是设法引起学生高度重视。

二、作品展示与知识链接

（一）作品展示

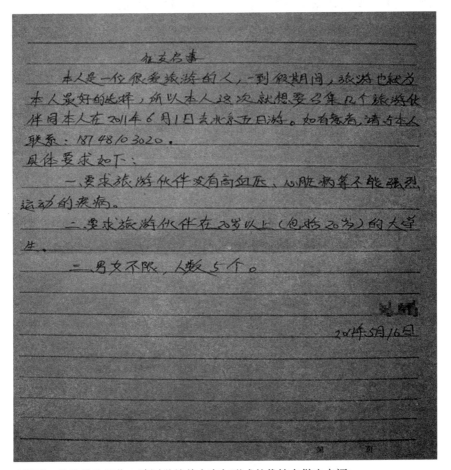

说明：此为学生习作，请同学就其内容与形式的优缺点做出点评。

（二）知识链接

1. 病句示例

（1）语序不当

语序不当主要有下列类型：

1）名词附加语的多项定语次序不当

A. 这是一位优秀的有20多年教学经验的国家队的篮球女教练。

（正确次序：这是国家队的一位有20多年教学经验的优秀的篮球女教练。）

B. 许多附近的妇女、老人和孩子都跑来看他们。

（"附近的"移到"许多"前面。）

C. 在新中国的建设事业上，他们发挥着无穷的蕴藏着的力量。

（"蕴藏着的"移到"无穷的"前面。）

D. 里面陈列着各式各样列宁过去所使用的东西。

（"列宁过去所使用的"移到"各式各样"前。）

E. 夜深人静，想起今天一连串发生的事情，我怎么也睡不着。

（把"一连串"移到"事情"前）

F. 这种管子要不要换，在领导和群众中广泛地引起了讨论。

（"广泛地"应移到"讨论"前，且"地"改为"的"）

G. 他把我们几个团的负责干部叫到一起。

（"几个"应放在"负责干部"前）

H. 工作者的多数是农村来打工的。

（"多数"移到"工作者"之前，去掉"的"）

I. 新中国成立前，约有百分之七十的中国农业人口是贫雇农。

（"中国农业人口"移到"约有"之前，去掉"的"。）

2）动词附加语的多项状语次序不当

A. 在休息室里许多老师昨天都同他热情地交谈。

（正确次序：许多老师昨天在休息室里都热情地同他交谈。）

B. 迎面吹来的寒风不禁使我打了个寒战。

（"不禁"应移到"打"的前面。）

C. 美国有十五个州禁止黑人在娱乐场所与白人享有平等的地位。

（"与白人"移到"平等"的前面）。

D. 这期研究班是全国职工教育管理委员会和国家经委联合于今年5月底举办的。

（表示时间的介词结构"于今年5月底"应提到表示情态的状语"联合"前边。）

3）虚词的位置安排得不恰当，特别是"把"字短语位置不当。

A. 留在幼儿园的孩子们，都一个一个甜蜜地睡在新钉起来的木板床上。

（表示范围的副词"都"应放到表示数量的"一个一个"后。）

B. 如果趁现在不赶快检查一下代耕工作，眼前地就锄不好。

（"不"应移到"趁现在"前。）

C. 要是一篇作品里的思想是有问题的，那么文字即使很不错，也是要不得的。

（"即使"应移到"文字"前。照原句断章取义，就变成只是文字要不得了。）

D. 他如果不能实事求是，事业就会受到损失。

（"他"应移到"如果"的后面。）

E. 苏联著名的生理学家巴甫洛夫整天忙于做动物的条件反射试验，把动物用绳子缚在试验的架子上。

（"把"字短语应紧挨动词中心语"缚"。）

（2）搭配不当

1）主谓搭配不当

A. 本世纪初，是我国实现进入 WTO 的目标。

（"本世纪初是目标"主谓搭配不当。应改为"进入 WTO 是我国本世纪初要实现的目标"。）

B. 中国人民的解放在民族关系起了基本的变化。

（"中国人民的解放"没有"起变化"。"起变化"的是"民族关系"。正确的表达应是个兼语句，要改"在"为"使"）

C. 我觉得这个答复，和对这些问题的调查处理，都是一种不负责任的态度。

（应该把"是"改做"表现出"。）

D. 我国棉花的生产，过去不能自给。

（不能自给的是"棉花"，不是"生产"。）

2）动宾搭配不当

A. 他多么渴望一个学习机会呀！

（"渴望"后缺少动词"有"。）

B. 新中国成立前，爸爸和哥哥两人挣来的钱还不够养活一家人的生活。

（"养活"的只能是人，不能是"生活"。）

C. 但也存在着几个缺点需要我们努力。

（我们所能"努力"的不是"缺点"，是"改正"。）

3）修饰语和中心语搭配不当

这次大会上，对工资问题交换了广泛意见。

（并不是意见广泛而是交换的范围广泛，应改做"广泛地交换了意见"。）

4）一面与两面搭配不当

A. 做好生产救灾工作，决定于干部作风是否深入。

（"做好"是一面性的，"是否深入"是两面性的。此外，"作风是否深入"也讲不通，应该是"干部是否深入群众"。这句话有两种改法：把第一个分句改为两面性的"生产救灾工作做得好不好，决定于干部是不是深入群众"。或第二分句改成一面性的，不过句子结构要调整为"干部深入群众是做好救灾工作的决定条件"。）

B. 艺人们过去一贯遭白眼，如今却受到人们的热切的青睐，就在这白眼和青睐之间，他们体味着人间的温暖。

（"白眼"和"青睐"指相反的两面，但底下的"温暖"只适用于一面。）

5）否定与肯定搭配不当

A. 我想这应该是不必叙述的，没有谁不会想象不出的。

("没有谁不会想象不出"等于说"谁都想象不出",推测原意应是"谁也想象得出"。)

B. 我们并不完全否认这首诗没有透露出希望,而是说这希望是非常渺茫的。

("不完全否认"等于"部分承认",基本上还是承认。因此这句话说"我们承认这首诗没有透露出希望",刚好和作者的本意相反。)

C. 会员家属除凭发出的入场券外,并须有家属徽章,无二者之一即不能入场。

("无二者之一即不能入场"从字面意思上推,可有"有二者之一即可入场"的意思。跟原意不符,应该说"二者缺一即不能入场"。)

(3) 成分残缺

1) 缺少主语

A. 由于她这样好的成绩,得到了老师和同学们的赞扬。

("得到"的主语是什么?改为"由于这样好的成绩,她得到了……")

B. 十月十四日,抱着向航空系学习的想法,我们的黑板报也创刊了。

("抱着"的主语显然是"我们",但后句的主语是"黑板报",不是"我们",应把后句改为"我们也办起了黑板报"。)

C. 通过这次学习,使我受到深刻的教育。

("使"的主语应是"学习",由于有"通过"这个介词,使主语丧失了。)

2) 缺少谓语

A. 可见对工人阶级的关心负责的态度到何等的薄弱程度。

("到"在这里不能做谓语的主要成分,只能将"薄弱"提上来,可"态度"是不能薄弱的,句子应改为"……的关心和负责薄弱到何种程度"。)

B. 最近又发动了全面的质量大检查运动,要在这个运动中建立与加强技术管理制度等一系列的工作。

(在"建立"前少了个谓语"完成"。)

3) 缺少宾语

A. 虽然每天工作很忙,但还是抓紧和同学研究或自己看书。

("抓紧"什么?"时间"一词不能省。)

B. 我们要尽一切力量使我国农业走上机械化、集体化。

("走上"要求有一个名词做它的宾语,"机械化""集体化"都是动词,句子应是"走上……的道路"。)

4) 缺少修饰成分

要想做出杰出的成就,就必须付出劳动。

("劳动"前应加"艰苦""辛勤"之类的修饰语,同时,前一分句又是"动宾不当"。)

(4) 成分赘余

1) 堆砌

A. 要考虑我国政治与文化环境的需要,发展我们的出版业。

("环境"应删去。)

B. 现在渔民自己选出了行政组长,负责掌握渔民的生活及生产的管理。

("掌握"应删去。)

2) 重复

A. 一年来，妇女工作已打下了相当的工作基础，获得了一定的工作经验。
（第二、第三个"工作"应删去。）

B. 其实这是过虑的想法。
（"虑"就是想，应删去"的想法"。）

3）可有可无

A. 不知不觉就走了 10 里路左右的距离。
（应删去"的距离"。）

B. 父亲逝世离现在已整整 9 年了。
（应删去"离现在"。）

4）应删去"的"字

A. 出人意料的，今年 3 月，物价的下跌，后来慢慢地稳定了。
（"物价"后加了"的"，句子转为短语，意思也变了，不是物价稳定，而是"下跌"稳定了。）

B. 由于历代动乱和气候的潮湿，几乎所有当时的绘画都遭受毁灭。
（为句子整齐，"气候"和"潮湿"中间不必加"的"。）

(5) 结构混乱

1）举棋不定

A. 多年来曾被计划经济思想束缚下的人们也觉悟起来。
（应该在"曾被……束缚……"和"在……束缚下的……"两种格式中选用一个。）

B. 这种慷慨悲歌的壮举的背后，还是自信心不够的表现。
（应该在"……的背后还是自信心不够"和"……壮举还是自信心不够的表现"里选用一个。）

2）藕断丝连

A. 我们向政府提意见是人民的责任。
（把"我们向政府提意见"和"向政府提意见是人民的责任"凑在一块儿，应该删去"我们"。）

B. 你可知道，要出版一本译作是要经过多少人的努力以后，才能与读者见面的。
（把"要出版……的努力"和"一本译作……见面的"分开，用哪一句都可以。）

3）中途易辙

A. 例如杜重远以《闲话天皇》这篇文章，认为是冒犯了日本皇帝，置之于狱，就是例子。
（应该改作"因为杜重远写了……文章，就认为他是……"。原句使不知道这件事始末的人误认为杜重远把别人送进监牢，非常不妥。）

B. 中国人民自从接受了马列主义思想之后，中国的革命就在毛泽东同志领导下大大改了样子。
（"中国人民……马列主义思想之后"就怎么样？作者不接下去说，却用"中国革命"另起一句。应该改为"自从中国人民……之后"。）

4）反客为主

A. 因此，匪徒们偷袭游击队的时候，被游击队反包围了，歼灭了无数匪军。

("被游击队反包围"的主语是"匪军",但"歼灭了无数匪军"的主语只能是游击队,作者却把它一气呵成,不加区分。应该把末一分句改作"被歼灭了一大部分"。)

B. 恐怖分子的阴谋活动是应当加以揭露,而且能够把它揭露的。

(就上半句说,谁"加以揭露",当然是"我们",但这个词隐而未现,正式主语应当是受揭露的"恐怖分子的阴谋活动"。可是下半句的"能够把它揭露的"主语就不可能还是"恐怖分子的阴谋活动",而只能是"我们"。这一句应该在"是应当"前加"我们"。)

5)结构含混

A. 真人真事的创作方法,近几年来曾提倡过,而且产生了许多写真人真事的作品。

(句中的"产生"可以算无主句,也要以拿"创作方法"做主语,作者的意思也许是第一种,那么上半句应该改作"近几年来曾倡导过真人真事的创作方法"。)

B. 在旧社会,他利用开当铺进行残酷的高利贷剥削人民。

(这句的错误是把"利用开当铺进行残酷的高利贷剥削"和"利用开当铺残酷地剥削人民"两种说法糅在一起,修改只留一种说法。)

(6)语意不明

1)费解

A. 到北京参观奥运村及新改造后的"地铁"是我这次旅行的归途。

("参观"怎么会是"归途"?作者的意思是说"到……地方"是"我"预定在归途中要做的事。)

B. 从60岁到99岁的老太太被特许坐着车子参加游行。

(从字面上看,好像59岁以下和100岁以上的都没有坐车参加游行的权利。作者的意思大概是"60岁以上的"。)

2)歧义

A. 一辆乳黄和深红色的电车飞驰过去。

(容易使人误会为两辆颜色不同的电车。应该把"和"字改为"夹"字,或者在"一辆"后面加"漆了"二字。)

B. 在几天时间里,我们的身体和精神都有很大的收获,体重逐日增加(最高的达5千克),精神非常愉快。

(很可能使人误会是逐日增加的量最高有5千克,这当然不是事实。应该把"逐日"改作"都有"。)

C. 现全渠已勘测完毕144千米。

(没说全渠有多长,如果全长144千米,那么该说"全渠144千米,现已勘测完毕";如果144千米只是全渠的一部分,那么不能说"完毕",该说"现全渠已勘测了144千米"。)

(7)不合逻辑

1)自相矛盾

A. 过了一会儿,汽车突然渐渐地停下来了。

("突然"和"渐渐"矛盾。)

B. 这增强了中国人民与侵略斗争的无比力量。

(既然已经"无比",如何还能"增强"?应删去"无比"。)

C. 他是多少个死难者中幸免的一个。

（既然"幸免"，自然是没有死，怎么能说是"死难中的一个"呢？应改为"多少人死难了，他是幸免的一个。"）

D. 我国有世界上没有的万里长城。

（"有"与"没有"矛盾，改"没有"为"唯一"）

2）范围不清

A. 从事业的发展上看，还缺乏各项科学专家与各项人才。

（各项人才包括科学家，不宜并列，该说"各学科的专家与其他人才"。）

B. 他们一面拼命地向上爬，一面又不免跌落深渊。

（"一面……，一面……"表示两件事同时进行，句中的两件事显然不是同时的，应改为"他们虽然拼命向上爬，但是终不免跌落深渊。"）

3）强加因素

A. 最近我这位朋友去了一趟南方回来，结果他的思想依然如故。

（去了南方回来思想变了，可以说是去了一趟南方的结果，现在"思想依然如故"怎么能说是去了一趟的结果呢？）

B. 因为他来自北方，思想根本上还是旧的一套。

（为什么来自"北方"思想就旧？且"北方"到底是相对什么而言的？）

4）主客倒置

A. 在那个时候，报纸与我接触的机会是很少的。

（应该是"我和报纸的接触"。）

B. 去年的学习情绪和今年比较起来大不相同。

（我们比较一先一后两件事，一般总是以后者为主体，应是"今年的学习成绩和去年……"。）

2. 改病句练习及答案

（1）改病句练习

1）下列没有语病的一项是（　　）。

A. 我市在西部大开发的战略规划中能否抓住机会，迅速发展，关键在于加速培养一批各行各业的人才。

B. 我国现行医疗制度、医患关系、病人权利以及医疗事故的鉴定仍然有许多亟待改进和完善。

C. 我国根据平等、互利、互相尊重主权和领土完整的原则同其他国家建立和发展外交关系。

D. 未来，必将是陆、海、空、电、网一体化的作战，而在这神秘的战场空间，国家意志将充分得到体现。

2）下列没有语病的一项是（　　）。

A. 那一排排矫健挺拔的大白杨，一片片随风摇曳的杨树林，一亩亩银花盛开的棉田，一垛垛刚刚收割的玉米和高粱堆得像小山。

B. 在新时期，每一个共产党员都要带头学政治，讲正气，树新风，不断提高和改进自己的思想水平和工作作风。

C. 信息技术的发展，使全人类的劳动方式发生了革命性的变化，开创了人类解放的新纪元。

D. 北京规模扩大了，外来人口增加了，但是道路和交通设施建设却落在了后面。

3）下列各句中，没有语病的一句是（　　）。

A. 各级各类教育要逐步形成一批高水平、能参与国际竞争和交流的重点学校和重点学科。

B. 他很后悔，不该和自己同过患难、共过生死的好朋友分道扬镳。

C. 古老的中国气功已经运用于竞技体育，它可以调节赛前运动员经常出现的紧张情绪。

D. 有的人在看问题的方法上是错误的。

4）下列没有表意不明的一项是（　　）。

A. 孟姜女的"贞"是忠于丈夫、一心不贰之贞，是中国老百姓历来信奉的高度道德标准。

B. 搜集史料不容易，鉴定、整理和运用史料更不容易。中国过去的大部分史学家，主要的功夫用在这方面。

C. 那位瘦瘦的女看守说来也怪，她似乎很听这位女人的话，她支使她，她差不多都能瞒过其他看守照着去办。

D. 司令部通知：连长、指导员马上到团部开会，其他连的干部集合部队，准备出发。

5）下列没有语病、句意明确的一项是（　　）。

A. 厂长严肃地说："我们应该节约用水，尽量减少不必要的浪费。"

B. 他设计了五年的防护林规划，由于对这个复杂地区的气候、水文和植被情况没有掌握清楚，最后还是失败了。

C. 观察员们关于可以提前结束这一地区的战争状态的《报告》是有根据的。

D. 这一仗最重要的是时间，谁能抢在前面，是决定我军胜利的关键。

6）下列表达准确、没有语病的一项是（　　）。

A. 中国的下岗职工再就业问题牵动着千千万万人的心，我们抱着非常同情的心搞了这次调查。

B. 那辆刚买来的面包车，最高时速可达100公里/小时。

C. 商品包装的进步本无可厚非，但消费者要买的真正是商品本身，而不是包装。

D. 我国向太平洋预定海域发射的首枚运载火箭在上星期获得圆满成功，极大地长了中国人民的志气。

7）下列没有语病的一项是（　　）。

A. 弘扬民族精神十分重要。如果把国家的发展、社会的进步比喻为打仗的话，弘扬民族精神就是占领制高点，比喻为人的躯体，这就是人的脊梁骨。

B. 今天是北京公厕实行免费使用的第一天，记者在人员最多的北京站前公厕门口看到，以前的收费窗口已是"门庭冷落"，再也看不到往日排长队的景象。

C. 大家一致认为，国务院决定批评石油部主要领导在成绩面前骄傲自满，是造成"渤海二号"事故的原因之一，这对我们河南也有教育意义。

D. 消费者一旦被认定受到经营者的精神损害，经营者将支付至少5万元以上的精神赔偿。

8）下列没有语病的一项是（　　）。
A. 去年以来，由于日方在对历史问题的认识和钓鱼岛的问题上接连采取错误的举措，使中日关系正常发展受到严重干扰。
B. 文章在讲述每个小故事的前后常有一些议论，这些议论是为了抒发作者对鲁迅的热爱之情。
C. 这次活动的宗旨是展现京剧艺术形成、发展的历史过程，并以此推动弘扬民族文化优秀传统和建设社会主义精神文明。
D. 我校在开展爱国主义教育活动中，注意对学生进行革命传统教育，引导和培养学生勤奋学习、遵守纪律的自觉性和主动性。

9）下列没有语病的一项是（　　）。
A. 郦老师对自己的教学严格要求，对年轻教师细心指导，所以我们选他作学科带头人是当之无愧的。
B. 合同上写得明明白白："李老柱欠杨井井500块砖钱。"
C. 《兰亭序》对后人的影响很大，被视为历代珍品，各朝各代都有人模仿。
D. 曹操用人不求全责备，他的"求贤令"说："士有偏短，庸可废乎？"承认每人都不可避免地会有缺点错误。

10）下列没有语病的一项是（　　）。
A. 美国总统布什对鲍威尔此行"非常满意"。从美方的角度看，鲍威尔的确不虚此行。但论公理、道义和实效，谁能不说鲍威尔不是白跑了一趟？
B. 能否解决"建设一个什么样的党，怎样建设这个党"的问题，关系到建设中国特色社会主义事业最终成功。
C. 谈话指出，在台湾问题上，决议称欧盟坚持一个中国政策是同"台湾问题和平解决""不能接受中国保留使用武力的权力"联系在一起的。
D. 网络技术的飞速发展与普及，除了给我们以崭新的视听享受以外，还创造了许多崭新的语辞，单由"因特网"，就生出了"网吧、网民、网友、网址、网恋、网页、网虫、网上书店"等等。

11）下面没有语病的一项是（　　）。
A. 规规矩矩的两条平行线，始终是两个可望而不可即的端点。
B. 如何迅速提高学生的语言表达能力，这是一个中学教师普遍关心的重要问题。
C. 这次考试不难，但由于他准备得不够充分，差点儿没及格。
D. 下面这段文章的横线上，应当填写的正确内容是什么？

12）下列没有语病且句意明确的一项是（　　）。
A. 最近一段时间，各种传媒、报纸、电视、广播、互联网大量地报道了美国在阿富汗进行的反对恐怖主义的战争。
B. 在活动中，许多胖哥胖姐认为，社会上对胖人有一些偏见，认为胖人笨、胖人智商低等等，主要是因为对胖人缺乏了解，他们希望能够举办一些活动，充分展示胖哥胖姐们的风采，让全社会对胖人有一个全新的认识。
C. 我们将读者来信转给了编辑部，因为来信太多，不能一一回复，因此写了这篇文章，向广大读者表示衷心的感谢。

D. 有些作品之所以缺点和错误屡屡出现,是因为作者思想水平低和文字功底差等原因造成的。

13) 下列没有结构混乱的一项是（　　）。
A. 神话乃是社会发展和艺术发展处于低级阶段的产物,现在就来看看这篇神话是产生在什么样的时代呢?
B. 当上级宣布我们摄制组成立并交给我们任务的时候,我们大家有既光荣又愉快的感觉是颇难形容的。
C. 李提摩太在"意见书"中说了一通"教民、养民、安民、新民"的漂亮话,把自己打扮成活像一个外国的康有为。
D. 由于现代科学技术的发明和大家庭制度的解体,中国的大宅院、欧洲的古城堡也都渐渐失去了它的作用。

14) 下列没有语病且句意明确的一项是（　　）。
A. 战胜洪水是关系到人民生命财产安全的重要任务,我们相信大家将克尽全力完成任务。
B. 大家都很泄气,连一向沉着镇静的编辑室主任也难免不产生类似情绪。
C. 这次图书展销会上,言情小说、武侠小说降了温,但科学技术方面的书,卖得还是不多。
D. 那路边算命的小老头,看样子就不厚道,我上去没费多少唇舌就给他弄懵了。

15) 下列没有语病的一项是（　　）。
A. 校领导对"减负"工作做了具体安排,全体教师对教委有关规定也引起了足够的重视。
B. 今年我市要确保城镇登记失业率控制在3.5%以内,年末在再就业托管中心的人数要比去年末减少1/3。
C. 足协采取有力措施,制止了球迷揭发少数裁判的黑哨、假哨的丑恶现象。
D. 达尔文学说认为,不仅一切生物都是进化来的,人也不是在地球上一下子出现的。

16) 下列没有语病的一项是（　　）。
A. 地震发生后,我们看到,许多紧急赶来的印度军人仅仅在脸上扎一块干布,就投入徒手挖掘遗体和幸存者之中。
B. 当前中西文化思想强烈碰撞的背景,二十来岁的青年人对于哪些是好的,哪些是不好的,看得并不成熟。
C. 中国消费者协会的药品说明书评论报告显示:在随机抽取的83份药品说明书中,有36份存有"只说不明""缺斤少两"的问题。
D. 正在审议中的《法官修正草案》规定法官的任职条件是,高等院校法律专业本科毕业和高等院校非法律专业本科毕业具有法律专业知识,从事法律工作满两年。

17) 下列成分完整、没有语病的一项是（　　）。
A. 看到老师们认真负责地工作,忘我地劳动,使我很受教育。
B. 小镇居民经过一个冬天的苦战,一道雄伟的拦河大坝巍然屹立起来。
C. 市民代表亲自参加了研究和制定全市开展工业技术培训和技术交流的计划。
D. 为什么厂领导对工人群众批评的厂内个别财会人员违反制度年终突击花钱的现象不

及时采取措施予以制止呢?

18) 下列没有语病的一项是（　　）。
A. 近来日本的金融风波一定程度上是以桥本为首的政府管理不力的结果，也是市场经济优胜劣汰运作的原因。
B. 一批对艺术十分钟情而又有高质量的运作水平的经纪人的出现，对艺术市场的发展以至画家的作品进入流通领域起到十分重要的桥梁和纽带作用。
C. 代表们在经济形势分析会上形成共识，要办好一个企业，仍旧需要充分发挥个人的才智、集体的力量和集思广益的效果。
D. 长期的睡眠不足，会使人体生物钟功能失调，正常的生活节奏发生紊乱，从而促人早衰和引起某些不必要的疾病。

19) 下列没有语病的一项是（　　）。
A. 我们听了方红霄英雄事迹报告以后，深受感动。
B. 我们要针对他离校远、家务重，想办法帮助他克服困难，提高学习成绩。
C. 谁违反这铁的法则，谁就要碰得头破血流，不管他地位多高，权势多大。
D. 当社会发展到一定的历史阶段，某种文字不能满足社会需要的时候，就可能举行文字改革。

20) 下列没有语病且句意明确的一项是（　　）。
A. 赵明下班从公司回到家里，看见哥哥赵清正和他的女朋友在客厅里聊天。
B. 南北朝时期，由于北方民族的大融合和工商业的发展，为隋朝的统一创造了有利条件。
C. 国务院决定免征关税和进口增值税的目的和意义，在于进一步扩大利用外资，鼓励引进国外的先进技术和设备，促进产业结构的调整，使其更趋完善。
D. 选择最恰当、最可靠的材料，对文章的成败，常常起着十分重要的作用。

21) 下列句子中语序合理的一项是（　　）。
A. 他有自己特殊的地方，既有深刻的对人世的看法，又有现实的对待生活的态度。
B. 夜深人静，想起今天一连串发生的事情，我怎么也睡不着。
C. 由于纺织工人努力提高产品质量，我国出口的棉布深受各国顾客的欢迎。
D. 这期研究班是全国职工教育管理委员会和国家经委联合于今年5月底举办的。

22) 下列句子中，语意不明、有语病的是（　　）。
① "有偿新闻"应当受到严肃批评，这是极其错误的，至少可以举出三点……
② 公安局掌握着北平暗藏特务的名单，优先抓捕这些暗藏的特务，发现一个抓一个。
③ 荆头山农场正确对待用户批评，实事求是，不以瑜掩瑕。
④ 限于技术设备，古生物遗骸不送到外国去鉴定，不仅耗时费钱，还得看人家脸色屈就。
A. ①③④　　　B. ②③④　　　C. ①②③　　　D. ①②③④

23) 下列没有语病的一项是（　　）。
A. 育珠的河蚌在地播养殖前，一定要在水层中垂吊十至十五天以上。
B. 报名者和录取者比例悬殊，用"百里挑一"来形容丝毫不过分。
C. 他对群众嘘寒问暖，和群众的苦难休戚与共，这正是他崇高品德的体现。

D. 鱼的鳞片中的色素细胞分化出不同的颜色，但尽管现代金鱼颜色多变，仍不外是黑色、橙色及淡蓝色三种色素细胞的排列组合。

24）下列数词使用正确的一项是（　　）。

A. 今年以来，全厂工人干劲十足，生产热情高涨，产量提高了20%～30%。

B. 这个炼钢车间，由十天开一炉，变为五天开一炉，时间缩短了一倍。

C. 我市每千户人家的录像机拥有量，从五年前的50台，至今年的200台，增加了4倍。

D. 东亭配件厂狠抓技术改造，每件产品的成本减少到原来的十分之八，即由100元压缩为20元。

25）下列合乎逻辑的一项是（　　）。

A. 作家鲜明的立场表现在作品里，那就是歌颂人民，诽谤敌人。

B. 领导的表扬对我们是极大的鞭策，我们一定要继续努力，再创辉煌。

C. 我班同学去年的情绪与今年比较起来大不相同。

D. 因为他来自古老的地方，思想根本上还是旧的一套。

26）下列没有语病的一项是（　　）。

A. 由于我们学习方面有偏科现象，因而对数理化不感兴趣。

B. 他不但对这家酒店的一切产生了很好的印象，而且对其服务方面也感到非常满意。

C. 在前进的道路上总会遇到许许多多的困难，但是需要我们去克服。

D. 这篇通讯稿未被采用，主要原因是没有真实地反映现实生活。

27）下列都是病句的一组是（　　）。

①说不清经过多少天的冥思苦想，我才弄明白他为什么要带我回来的原因。

②两位在中国日报社工作的美国人，日前完成了由北京至喀什的自行车旅行。看，在这张地图上，他们经过的足迹都盖有当地的邮戳。

③至于太阳本身，由于它具有丰富的物理内容和显而易见的重要性，已经形成一个独立的分支学科——太阳物理学。

④张大爷让儿子张明去找他的姐姐来商量分配家产的问题，张明很勉强地去了。

⑤给学生一杯水，教师就得有一桶水，只有一杯水的教师，怎么能把课讲好呢？

A. ①③⑤　　　B. ②③⑤　　　C. ①②③④　　　D. ②③④⑤

28）下列没有语病的一项是（　　）。

A. 上海文艺出版社出版的《生存》，出自一位蛰居海外二十多年的加拿大籍华裔之手。

B. 每一个有志青年将来都希望自己成为一个对社会主义建设事业有贡献的人。

C. 我有一个女儿，同许多年轻的妈妈一样，愿意把孩子打扮得漂亮些。

D. 每当回忆起和他朝夕相处的一段生活，他那循循善诱的教导和那和蔼可亲的音容笑貌，又重新出现在我的面前。

29）对下列病句分析最确切的一组是（　　）。

甲：经过刻苦努力，期末考试他的6门功课平均分都在90分以上。

乙：考试开始后，大约过了半小时，就有人陆续交卷了。

丙：他狠狠地咬了一下手背，以致在手背上留下了深深的齿痕。

①用词褒贬失当；②虚词运用不当；③语意自相矛盾；④用语位置错乱。

A. 甲③乙④丙②   B. 甲②乙④丙①   C. 甲③乙②丙④   D. 甲②乙①丙③。

30）下列句子中，没有语病的一句是（   ）。

A. 我们要在抓好经济建设的同时，努力抓好社会主义精神文明建设。

B. 中华民族再也不是一个支离破碎、四分五裂、任意被帝国主义列强践踏和掠夺的民族了。

C. 批评和自我批评是有效的改正错误、提高思想觉悟的方法。

D. 在社会主义现代化建设事业中，应当发挥广大知识分子充分的作用。

31）下列没有语病的一项是（   ）。

A. 在近些年中，我们对类似过程都已经不陌生，如小燕子热、金庸热、大辫子热、警察热、大话西游热、哈利·波特热，直至最近的《流星花园》热……包括美女作家、网络文学、雪村的走红乃至唐装热等；而且，这种狂热现象不限于哪个地区，具有世界性。

B. 当我们中国30个省份在同一时期的收入分别进行衡量时，我们发现其中有20个省的人均经济增长速度要快于世界上其他任何国家。

C. 在古代，这类音乐作品只有文字记载，没有乐谱资料，既无法演奏，也无法演唱。

D. 他突然想到阁楼上有条模型船，便根据描绘中的影片，亲手将它装饰成"泰坦尼克号"。

32）下列没有语病的一项是（   ）。

A. 改革开放以来，我们在经济体制方面采取了一系列有效的改革，取得了很大的成绩。

B. 被访者几乎都表示对北京不甚了解，但都认为北京是一个有着悠久历史的传统文化的城市。

C. 在适当的阶段对所学知识进行及时的总结，是陈晨同学取得优异成绩的一条成功经验。

D. 谁也不能否认家长的这种做法不能说是对孩子的关爱，但结果也许适得其反。

33）下列没有语病的一项是（   ）。

A. 事业、企业单位使用国家拨款或银行贷款从事技术改造、采购设备时，要优先考虑国产设备。

B. 严厉打击仿造伪劣产品的不法行为，是本季度财贸战线的中心任务。

C. 虽然成本增加了20%，但产品合格率却下降了一倍。

D. 如果贵公司不履行本协定的有关义务，那么又有谁能担保我们之间的贸易能顺利进行呢？

34）下列没有语病的一项是（   ）。

A. 语文教学要让学生创新，必须利用语文学科特有的优势和独特的能力结构，加强言语操作，创设大语文的学习环境，使学生动起来，在听说读写的训练中，培养他们的创新意识和能力。

B. 比利时诗人凡尔合仑的诗描绘了随着大都市的扩张许多农民濒于破产的景象，这对他这个来自农村的青年心中引起了强烈的共鸣。

C. 在哈尔滨举办的日本电影周以及后来在我国其他城市陆续上映的几部日本影片，都是近几年日本电影中具有民族特色的作品。

D. 随着法制的健全和社会意识的进步，脑死亡法的及早出台和安乐死法案的颁布和实施，都将是21世纪初叶的重要课题。

35）下列没有语病的一项是（　　）。
A. 县交通管理局决定，6月1日起凭新准运证上路，更换农用车辆准运证自5月8日起开始办理。
B. 对改革公费医疗制度、实行医疗保险的问题，文件从理论和政策上做了详细的规定和深刻的说明。
C. 街头摆摊零售无包装主食和其他熟食制品，违反了《食品卫生法》，为什么这种现象至今未能禁绝呢？
D. 微软拼音、双拼、全拼、五笔、智能ABC及郑码等输入法，是电脑用户中很受欢迎的中文输入法。

36）下列没有语病的一项是（　　）。
A. 《条例》对经济领域中的一些问题，从理论和政策上做了详细的规定和周密而深入的说明。
B. 对我来说，这件事包含着深刻的一种教训。
C. 这不是画，但比画更美；这不是诗，但比诗更激动人心。
D. 改革公费医疗制度，实施医疗保险的问题，对于广大人民群众并不是一下子就能愉快接受的，这需要政府部门做好宣传解释工作。

37）下列病句缺少宾语的一项是（　　）。
甲：可以预料，中国的电脑事业一定会成为21世纪的拳头产品。
乙：欧美等发达国家用了一百五十多年的时间，才建立起比较成熟的社会信用。
丙：改革公费医疗，实施医疗保险的问题，对于广大人民群众并不是一下子就能愉快接受的，这需要政府部门做好宣传解释工作。

38）下列没有语病且句意明确的一项是（　　）。
A. 责令工厂立即采取隔声措施，将噪声污染减至合格以下的标准。
B. 超微型电脑已经尽现了巨大的魅力，但研究人员认为，其微型特点还可发展到更高水平。
C. 这种教育是一种掠夺教育，无异于不管这块土地以后如何，先让它长了这茬庄稼再说。
D. 张涛最近这段时间可烦了，班里的同学谁也不搭理他。

39）下列没有语病的一项是（　　）。
A. 最近一次模拟考试中，全班同学的数学平均成绩都超过了80分。
B. 我不但支持他，而且连反对过他的人也支持他了。
C. 这种平等、团结、互助的社会主义民族关系已经确定。
D. 一些发达国家的建筑业，新技术应用之迅速，见效之广泛，都是我们所不及的。

40）下面是一则新闻，其中有四处文字欠妥，请找出并改正。
新华社北京12月23日电①外交部发言人章启月今天就日本海上保安厅在东海海域击沉、追逐一可疑船只事件回答了记者提问。②章启月说，中方一直密切跟踪事态发展。③据向有关部门证实，该船不是中国船只，④沉没地点在中国领海约260公里处。⑤中方对日方在东海海域使用武力表示关切，⑥对这起船只沉没和人员伤亡事件表示遗憾。⑦中方正在责令日方进一步通报有关情况。

_____处改法：_____

_____处改法：_____

_____处改法：_____

_____处改法：_____

41）下面一段话中的序号处都有毛病，请你逐一修改。

M股票交易所昨天的机器设备发生故障①，致使整个股票交易暂停一个小时②。这一故障发生在当地时间12时20分到13时20分时③，该股票交易所管理人员不得不宣布暂时停止股票交易。经过技术人员55分钟的抢修，设备恢复原状④，14时15分股票交易继续进行。

①_____

②_____

③_____

④_____

42）下面是某影院10月份工作汇报中的一段，在词语、语法等方面都有一些毛病。读后完成（1）、（2）两题。

10月份，我院精心组织了一届世界名著影片以及引进大片回顾展，为了照顾新老观众的要求，我院白天安排名片回顾展，每天晚上安排国际引进大片。这些组织和安排受到广大观众的一致好评，他们说："影院的工作，宗旨明确，服务周到，我们佩服。"据统计，10月份我院共放映名片大片45部，接待观众约9 000多人次，上座率比去年同期提高到28.6%。

（1）找出文中的毛病，在它们下面画上横线，并标出①②……序号。（2）把序号和改正结果填入表中。修改时不能改变原意。

序号	修改

43）下列各句中，没有语病的一句是（　　）。

A. 近日，首届中国曲艺节在天津举行，全国有20多个省市的代表参加，共表演了100多个节目。

B.《向极限挑战》这篇访谈文章，最大的遗憾是由文字表达转化为口头表达时，由于知识欠缺，导致内容有误。

C. 随着人们生活水平的提高，"厅"作为一种居室样式受到人们似乎越来越多的重视。

D. 在阐述创新教育的重要性时，他仅列举了一个例子，就使教师和家长点头称是。

（2）改病句练习答案

1）C（A"能否"是两面性的，"培养人才"是一面性的，在"加速"前加"能否"；B缺宾语，在由"完善"后加"的地方"；D状语"充分"位置不当，应移至"得到"后）

2）C（A前三句缺谓语；B双动宾搭配不当；D"交通设施"包括"道路"）

3）A（B用词不当，去掉"共过生死"，"同过患难"改为"共过患难"；C词序不当，"赛前"移至"运动员"后；D结构混乱，去掉"在"和"上"）

4）A（B项中的"这"指代不明；C项中的"她"指代不明；D项应为"连队的其他干部"）

5）C（A项的"减少不必要的浪费"有误；B项的"复杂"调至"情况"前；D项存在一面与两面的问题）

6）A（B"时速"与"小时"重叠；C"真正"移至"本身"前；D"火箭……获得……成功"搭配不当）

7）B（A表意不明；C主宾不搭配；D"至少"和"以上"去掉一个）

8）B（A缺主语，删"由于"；C"推动……文明"搭配不当；D语序颠倒，"遵守纪律"应为"自觉性"，"勤奋学习"应为"主动性"）

9）D（A是鄢老师当之无愧，而不是我们当之无愧；B有歧义，无法区别是500元钱，还是500块砖的钱；C应为"被历代视为珍品"）

10）C（A末尾一个意思说反了，去掉一个"不"；B前后说法不一致，在"成功"前加"能否"；D缺宾语中心语，应在末尾加"词汇"一词）

11）C（A"平行线是端点"主宾搭配不当；B项是"每一个中学教师"；D项"应当"与"正确"去掉一个）

12）B（A传媒包括报纸、电视，重复；C"感谢"应改为"歉意"，词不达意；D删去"原因"或者"等原因造成的"，重复）

13）D

14）B（"难免"意思是不容易避免，后面接肯定形式或否定形式的意思是一样的）

15）B（A施事和受事的关系混乱；C.表意反了；D"人"与"一切生物"是从属关系，不是并列关系）

16）C（A在"幸存者"后加"的活动"；B"对于"改为"对"；D将"和"改为"或"）

17）D（A缺主语，去掉"看到"或"使"；B把"经过"移至"小镇居民"前；C删去"参加了"）

18）B

19）C（A 去掉"以后"，"报告"前加"的"；B"家务重"后加"的情况"；D 宜把"举行"改为"进行"）

20）C（A 指代不明；B 缺主语，删去"由于"；D 前后对应不当）

21）C（A"深刻的"移至"看法"前，"现实的"移至"态度"前；B"一连串"移至"事情"之前；D"联合"移至"五月底"后）

22）D

23）B（A"十至十五"与"以上"不能同时用；C"的苦难"应删去；D 语序不当，第一句与第二句不构成转折关系，"但"应放在"仍不外"前面）

24）A（B 表降低、减少不用倍数，只用分数；C 改为"增加了3倍"；D"压缩为20元"错误）

25）B（A"诽谤"运用不当，改为"抨击"；C"今年"与"去年"位置对调，因主客倒置；D 两分句无因果关系）

26）D（A 去掉"由于""因而"；B 去掉"不但""而且"，在"对"前加"尤其"；C 去掉"但是"）

27）C

28）A（B"将来"移至"自己"之后；C"年轻的妈妈"有歧义，可比较"我"，也可比较"女儿"；D"教导"与"出现"搭配不当）

29）A（甲"平均分"就是确数，而"90分以上"是个约数，二者矛盾；乙"有人"和"陆续"两个词语位置颠倒；丙把"以致"改为"以至"）

30）A（B 状语"任意"应放在"列强"后；C 定语位置不当，"有效"应移到"方法"前；D 状语错置定语位置上，"充分"应移到"发挥"前）

31）A（B 缺虚词，在"我们"后加"把"；C 句意不明，无法演奏、无法演唱应指现代；D 把"描绘中的影片"改成"影片中的描绘"）

32）B（A 在"改革"后加上"措施"；C"成功"与"经验"重复，应删去"成功"；D 多重否定不当，删去"不能说是"中的"不能"）

33）D（A 缺少介词，应为"在使用……时"；B 应是"打击仿造名优产品的不法行为"；C 项中的"下降了一倍"语意不明）

34）A（B"对"改为"使"；C"电影周"与"作品"不搭配；D 去掉"和实施"，"重要课题"改成"应完成的重要内容"）

35）C（A 语序混乱，后两分句应调整顺序，位置对调；B"深刻"运用不妥，改为"深入"；D 结构混乱，改为"是很受电脑用户欢迎的中文输入法"）

36）C（A"详细的规定"和"周密而深刻的说明"对调；B 定语位置不当，"一种"应移到"深刻"的前面；D 主客体颠倒，改为"对于……问题""广大人民……"）

37）乙（甲"电脑事业"与"成为产品"不搭配；乙：成分残缺，在"信用"后补上"机制"；丙：主客体倒置，可改为"对于改革……的问题，广大人民群众……"）

38）C（A"减至合格以下的标准"表意不当，去掉"以下"；B"特点"不能发展到更高水平，改为"程度"；D 存在歧义，"张淘"是"同学不搭理他"的因还是果，没有交代清楚）

39）C（A 既是"平均成绩"，不可能都超过80分；B 关联词位置错误，"不但"放

"我"之前;D搭配不当,"应用之迅速"应改为"应用之广泛","见效之广泛"改为"见效之迅速")

40)(①处改法:"击沉"和"追逐"换位;③处改法:"证实"改为"核实";④处改法:"中国领海"后加"外"字;⑦处改法:"责令"改为"要求")

41)(①"昨天"应调至"设备"与"发生"之间;②处应改为:"暂停将近一个小时";③"12时20分"后必须加逗号或句号;④应改为"设备恢复正常")

42)(①"照顾新老观众"中"照顾"改为"满足";②"安排国际引进大片"中删去"国际";③"这些组织和安排"中的"这些"改为"这样";④"我们佩服"改为"我们满意";⑤删去"据统计";⑥删去"约";⑦"提高到"改为"提高了")

43)A(B"文字表达"与"口头表达"应对调;C"似乎"应移到"受到"前;D"仅""一个例子"与"列举"自相矛盾)

三、常见问题

常见的语法错误有以下七种:
①语序不当。
②搭配不当。
③成分残缺。
④成分赘余。
⑤结构混乱。
⑥语意不明。
⑦不合逻辑。

四、作业展示及评议

第五项任务:章法训练

训练内容:准确运用记叙、议论、说明这三种文体最一般的结构方法。学时:2学时。

一、章法训练写作情景设定

结合学生实际情况,充分发挥想象力,设计能够引起学生参与章法训练兴趣的导入方式,使授课内容生活化,让学生在使用中学习。要求:
一是讲清记叙、议论、说明这三种文体最一般的结构方法。
二是设法引起学生的高度重视。

二、作品展示与知识链接

(一) 作品展示

说明：此为学生习作，请同学就其内容与形式的优缺点做出点评。

(二) 知识链接

1. 结构的含义与作用

结构是指文章内部的组织和构造，是作者按照主题的需要，对材料所进行的有机组合和编排，又称谋篇布局。文章的结构具有两重含义：一是宏观结构，即文章的总体构思、大体框架；二是微观结构，即对文章的层次、段落、开头、结尾、过渡、照应和主次的具体设计。

结构在文章中的作用主要表现在以下几个方面：

①使文章言之有体。"体"指体裁。应用文在长期的写作实践过程中，大都形成了比较固定的结构形态，也叫程式。

②使文章言之有序。合理安排结构，就是根据一定的思路，将零散的材料组织起来，使之条理清楚，成为一个有机的整体。

③使文章言之成文。通过精心安排结构，可以增加文章的文采，从而增强其可读性。

2. 安排结构的原则

在对文章进行谋篇布局时要遵循以下原则：

（1）要服从表现主题的需要

主题是作者的写作目的、意图的体现，结构必须服从主题的需要，为表现主题、突出主题服务。例如怎样安排开头与结尾、怎样划分层次与段落、怎样设置过渡与照应、怎样确定主次与详略，等等，都要围绕主题进行。这样，才能使文章组成一个严谨周密、内容形式统一的有机整体。

（2）要正确反映客观事物的发展规律和内在联系

应用文是对现实生活、客观事物的反映，客观事物总有一个发生、发展、结局的过程，作者对它的认识也遵循一定的规律。这种规律性，也就表现为文章结构的基本形式。

（3）要适应不同文体的要求

文体不同，结构的样式和要求也会不同。应用文不同于文学作品，不同类型的应用文体结构方式也存在着区别。

3. 结构的要求

（1）严谨自然

严谨自然指文章结构精当严密，顺理成章。要求作者思路清晰，思维严密，以主旨贯穿全文始终，不蔓不枝。层次段落的划分要恰当，组织严密，联系紧凑，脉络畅通，行止自如。过渡和照应要自然，不能刻意地雕琢，更不能牵强拼凑。

（2）完整匀称

完整匀称指文章各部分要配置齐全，比例协调，详略得当，完整合理，重点突出，符合格式要求。如文章一般都有开头、主体和结尾三部分，三部分比例要协调，主体要内容充实，不能虎头蛇尾或尾大不掉；对并列内容的处理，要注意处理好详写和略写的关系，以保证结构的完整和匀称，使之浑然一体。

（3）清晰醒目

大多数应用文不要求行文曲折波澜，而要求纲举目张、清晰醒目，以便读者把握要领或贯彻执行，所以常采用加小标题、写段首提要、条目式等形式。这在一些法规性文体中最为明显。

4. 结构的内容

（1）层次与段落

层次是文章中作者表达主题的阶段和次序，是文章内容展开的次序。层次体现了事物发展的阶段，是问题的各个侧面和作者思维的过程，又称为"意义段""逻辑段""章""节"等。段落，又称"自然段"，是组成文章、表达思想的最基本、相对独立的最小单位。段落的形式是层次的再分割，是文章意思的间歇或转换，以换行为标志。两者有明显的区别，层次侧重于内容的划分，段落侧重于文字形式的表现。有时一个段落恰好是一个层次，有时几个段落表现一个层次或一个段落内有几个层次。安排层次有两种模式。

1）纵式

纵式，即思路纵向展开的结构方式。具体有两种类型：时间顺序式和逻辑顺序式。前者是按照事物的生产流程、事情或事件的发展过程或时间的先后顺序安排层次。需要注意的是，采用这种结构方式，不能事无巨细地记流水账，要抓住事物发展的关键环节。逻辑顺序是按照事理内在的逻辑顺序安排层次。这种逻辑关系表现为：现象—本质，原因—结果，宏观—微观，个别——一般，等等。按照这样的关系先后为序、环环相扣、层层递进地安排结构，就是逻辑顺序。

2）横式

横式，即思维横向发展的结构方式。表现在形式上，它是把整体划分为若干相对的层次，各层次之间互不交织、平等并列，从不同方面和角度共同揭示了事物的整体面貌和主旨，或按照空间方位的变换，或按照材料的不同性质和类型，或按照问题的不同侧面，等等。这种结构形式，在应用写作中运用很广泛，述职报告、调查报告、总结等均可采用。

（2）过渡与照应

过渡是指层次与段落之间的衔接与转换，在文章中起着承上启下、穿针引线的作用。照应是指文章内容的前后呼应和关照，可以使文章结构周密严谨，浑然一体，还能使某些关键内容得到强调，突出主题。

一般情况下，当内容由总到分或由分到总时、意思转换时以及表达方式变化时，需要安排过渡。过渡的形式有段落、句子或词语。如上下文空隙大，转折也很大，常用过渡段联结。上下文空隙小，多用提示性的句子，如公文中，常有"特此如下通告""现将有关事项告知如下""为此，特制定本条例"等作为过渡。在意思转折不大的情况下，多用关联词，如"因为""所以""但是"等作为过渡词。

在应用文中，常用的照应方法有：

①首尾照应，即在文章的结尾处，把开头交代的事或提出的问题再次提起，有的进一步加以概括、归纳、补充，如论文、总结、调查报告等。

②文题照应，即指在行文中时时照应标题，对主题加以强调、提示。如大多数公文标题中都包含着"事由"，文章内容自然要与标题相照应。

③文中照应，即文章自身前后内容间的照应，如某些细节和问题在行文中不断被提起，这样能强化印象，更好地实现作者的表达意图。

（3）开头与结尾

开头是全篇文章的第一步，可以起到统领全篇、展开全文的作用。结尾是全文的收束和结局，能帮助读者加深认识，把握全篇，达到预期的写作目的。

1）常见的开头方式

①目的式，就是将写作的目的和意义直接说明。一些公文常用这种方式，常用介词"为""为了"领起。

②根据式，就是开头阐明撰文的根据，或引据政策法令和规定指示，或引述全文，或引据事实和道理，常用"根据""按照""遵照"等领起下文。

③原因式，就是以交代行文的缘由作为开头，常用"由于""因""鉴于"等引出原因

或简述某种情况作为原因，再引出写作目的。

④概述式，就是在开头部分对文章内容的背景、基本情况、主要内容加以概述。采用这一方式，能起到提纲挈领的作用。

⑤结论式，就是将结论、结果先作交代，再由果溯因。

⑥提问式，就是开篇提出问题，然后引起下文，常见于调查报告的写作。

⑦引述式，常用于有具体规定格式的文体中，如"合同"；或引述下级来文、上级指示精神；或有关政策法规，以此作为撰文的依据，如批复、函等常用这种方式。

2）常见的结尾方式

①自然收尾式，就是在主体部分写完之后，事尽言止，自然收结。

②总结归纳式，指在主体写完后，对全文的主旨进行简要的概括，总结全文。

③强调说明式，是在应用文的结尾处，对全文的主旨意义、重要性进行强调，以引起读者的注意。

④希望号召式，就是在结尾部分提出希望，发出号召，展望未来，以鼓舞斗志。

⑤专门结尾用语式，就是在结尾处，采用特定的用语结束全文。

三、常见问题

在安排文章结构时常出现以下问题：

①结构冗长繁杂，层次不清。

②文章结构单一，程式化。

③文章"纵""横"无序，杂乱无章。

四、作业展示及评议

第六项任务：敬语训练

训练内容：敬语专题作文。学时：2学时。

一、敬语训练写作情景设定

结合学生实际情况，充分发挥想象力，设计能够引起学生参与敬语训练兴趣的导入方式，使授课内容生活化，让学生在使用中学习。要求：

一是讲清六种常用文体的特点，使学生能够准确仿写，做到注意仿写细节。

二是设法引起学生高度重视。

二、作品展示与知识链接

（一）作品展示

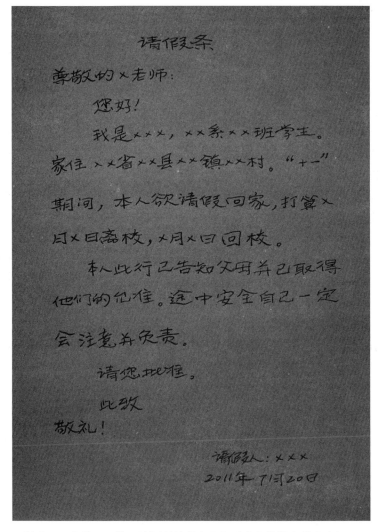

说明：此为学生习作，请同学就其内容与形式的优缺点做出点评。

（二）知识链接

人际感情能否沟通，关键取决于交际者的谈吐，取决于交际者用什么方式、什么感情交谈。美国哈佛大学前校长伊立特曾经说过："在造就一个有教养的人的教育中，有一种训练必不可少。那就是，优美、高雅的谈吐。"敬语是文雅谈吐的重要组成部分，是展示谈话人风度与魅力必不可少的基本要素之一。使用敬语，是尊人与尊己相统一的重要手段。

敬语，特别是常用敬语，主要在以下几个场景使用。

1. 相见道好

人们彼此相见时，开口问候："您好！""早上好！"在这里一个词至少向对方传达了三个意思：表示尊重；显示亲切；给予友情。同时也显示了自己三个特点：有教养、有风度、有礼貌。

2. 偏劳道谢

在对方给予帮助、支持、关照、尊重、夸奖之后，最简洁、及时而有效的回应就是由衷地说一声"谢谢"。

3. 托事道请

人生在世，不可能"万事不求人"。有求于他人时，言语中冠以"请"字，会赢得对方的理解、支持。

4. 失礼致歉

现代社会，人际接触日益频繁，无论你多么谨慎，也难免有失礼于人的时候。但倘若你在这类事情发生之后能及时真诚地说一声"对不起""打扰您了"，就会使对方趋怒的情绪得到缓解，化干戈为玉帛。

为方便掌握，还有下列敬语词例：

"令"字一族。用于对方的亲属或有关系的人。例如：令尊，尊称对方的父亲；令堂，尊称对方的母亲；令郎，尊称对方的儿子；令爱、令媛，尊称对方的女儿；令兄，尊称对方的兄长；令弟，尊称对方的弟弟；令侄，尊称对方的侄子。

"拜"字一族。用于自己的行为动作涉及对方。例如：拜读，指阅读对方的文章；拜辞，指告辞对方；拜访，指访问对方；拜服，指佩服对方；拜贺，指祝贺对方；拜识，指结识对方；拜托，指托对方办事情；拜望，指探望对方。

"奉"字一族。用于自己的动作涉及对方时。例如：奉达（多用于书信），指告诉，表达；奉复（多用于书信），指回复；奉告，指告诉；奉还，指归还；奉陪，指陪伴；奉劝，指劝告；奉送、奉赠，指赠送；奉迎，指迎接；奉托，指拜托。

"惠"字一族。用于对方对待自己的行为动作。例如：惠存（多用于送人相片、书籍等纪念品时所题的上款），请保存；惠临，指对方到自己这里来；惠顾（多用于商店对顾客），来临；惠允，指对方允许自己（做某事）；惠赠，指对方赠与（财物）。

"恭"字一族。表示恭敬地对待对方。例如：恭贺，指恭敬地祝贺；恭候，指恭敬地等候；恭请，指恭敬地邀请；恭迎，指恭敬地迎接；恭喜，指祝贺对方的喜事。

"垂"字一族。用于别人（多是长辈或上级）对自己的行动。例如：垂爱（都用于书信），称对方对自己的爱护；垂青，称别人对自己的重视；垂问、垂询，称别人对自己的询问；垂念，称别人对自己的思念。

"贵"字一族。称与对方有关的事物。例如：贵干，问人要做什么；贵庚，问人年龄；贵姓，问人姓；贵恙，称对方的病；贵子，称对方的儿子（含祝福之意）；贵国，称对方国家；贵校，称对方学校。

"高"字一族。称别人的事物。例如：高见，指高明的见解；高就，指人离开原来的职位就任较高的职位；高龄，称老人（多指六十岁以上）的年龄；高寿，用于问老人的年龄；高足，称呼别人的学生；高论，称别人的议论。

"大"字一族。尊称对方或称与对方有关的事物。例如：大伯，除了指伯父外，也可尊称年长的男人；大哥，可尊称与自己年龄相仿的男人；大姐，可尊称女性朋友或熟人；大妈、大娘，尊称年长的妇女；大爷，尊称年长的男子；大人（多用于书信），称长辈；大驾，称对方；大师父，尊称和尚；大名，称对方的名字；大庆，称老年人的寿辰；大作，称对方的著作；大札，称对方的书信。

"敬"字一族。用于自己的行动涉及别人。例如：敬告，告诉；敬贺，祝贺；敬候，等候；敬礼（用于书信结尾），表示恭敬；敬请，请；敬佩，敬重佩服；敬谢不敏，表示推辞做某件事。

"请"字一族。用于希望对方做某事。例如：请问，用于请求对方回答问题；请坐，请求对方坐下；请进，请对方进来。

"屈"字一族。例如：屈驾（多用于邀请人），委屈大驾；屈就（多用于请人担任职务），委屈就任；屈居，委屈地处于（较低的地位）；屈尊，降低身份俯就。

"光"字一族。表示光荣，用于对方来临。例如：光顾（多用于商家欢迎顾客），称客人来到；光临，称宾客到来。

"俯"字一族。公文书信中用来称对方对自己的行动。例如：俯察，称对方或上级对自己理解；俯就，用于请对方同意担任职务；俯念，称对方或上级体念；俯允，称对方或上级允许。

"华"字一族。称对方的有关事物。例如：华诞，称对方生日；华堂，称对方的房屋；华翰，称对方的书信；华宗，称人同姓。

"老"字一族。用来尊称别人，有时特指老年人。例如：老伯、老大爷、老太爷，可尊称老年男子；老前辈，尊称同行里年纪较大、资格较老、经验较丰富的人；老兄，尊称男性朋友。

"叨"字一族。例如：叨光（受到好处，表示感谢），沾光；叨教（受到指教，表示感谢），领教；叨扰（受到款待，表示感谢），打扰。

"雅"字一族。用于称对方的情意或举动。例如：雅教，称对方的指教；雅意，称对方的情意或意见；雅正（把自己的诗文书画等送给人时），指正批评。

"玉"字一族。用于对方身体或行动。例如：玉体，称对方身体；玉音（多用于书信），尊称对方的书信、言辞；玉照，称对方的照片；玉成，成全。

"芳"字一族。用于对方或与对方有关的事物。例如：芳邻，称对方的邻居；芳龄（多用于年轻女子），称对方的年龄；芳名（多用于年轻女子），称对方的名字。

"贤"字一族。用于平辈或晚辈。如贤弟，称自己的弟弟或比自己年龄小的男性；贤侄，称侄子。

此外还有：鼎力（用于请托或感谢），大力；足下，称对方；包涵，请人原谅；斧正，请人改文章；留步（用于主人送客时客人请主人不要送），止步；笑纳（用于请对方收下礼物），请接纳收下；府上，称对方房屋；指正（用于请人批评自己的作品或意见），指出错误，使之改正；赐教，给予指教；久仰（多用于初次见面），仰慕已久；璧还，归还物品；等等。

三、常见问题

缺少敬语意识，作文中敬语问题多表现为不用或错用敬语，最常见的是"希望"的滥用。

四、作业展示及评议

第七项任务：文章修改训练

训练内容：准确运用修改符号。学时：2学时。

一、修改训练写作情景设定

结合学生实际情况，充分发挥想象力，设计能够引起学生参与修改训练兴趣的导入方式，使授课内容生活化，让学生在使用中学习。要求：

一是讲清修改相关规范，使学生改掉修改陋习，规范使用编辑符号。

二是设法引起学生高度重视。

二、作品展示与知识链接

（一）作品展示

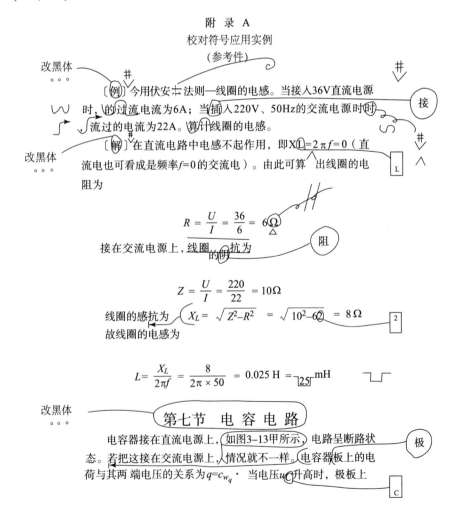

（二）知识链接

常用修改符：

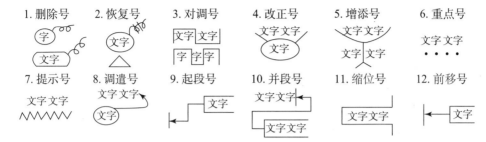

三、常见问题

不用修改符，随意涂抹勾画。

四、作业展示及评议

第二模块

文面训练

  文面，包括汉字书写、标点符号运用及行文格式的安排。具体来说，外在的文面格式美包括文章标题的设计是否美观，段落的划分是否匀称，字距、行距及纸面上下左右的留白是否合理，段落编排顺序是否正确等方面。根据国务院发布的《国家行政机关公文格式》的规定，我国现行行政公文文面的格式美，是通过各公文要素在公文文面的规范标识直接体现出来的，它给公文阅读者一种视觉上的愉悦，是一种视觉的美。

  从接受美学的角度看，在其他条件和因素相差无几的情况下，好的文面，使人赏心悦目，见之可爱，信息传递无障碍；差的文面，让人看不清，读不明，揣测良久，不明其意，无法正常传递信息。文面反映作者的文字基本功和写作态度。所以，不能把文面看成是小问题，它是一个人整体写作素质最直接的外化，不可轻视。

第一项任务：白纸情景写作

学时：2学时。

一、白纸写作情景设定

  结合学生实际情况，充分发挥想象力，设计能够引起学生参与白纸写作训练兴趣的导入方式，使授课内容生活化，让学生在使用中学习。要求：

  一是教师要讲清上下布白、左右边距、格式、行距、字距、字迹、字形、标点、敬语等相关要求。

  二是教师要依照上述相关要求严格管理，真正做到一丝不苟。

二、习作讨论与知识链接

（一）习作讨论

求职简历

尊敬的通铝公司领导：

　　您好！

　　我是内蒙古机电学院的应届毕业生，我真心希望加入贵公司，为贵公司的发出一份力量。

　　在大学里，凭借自身扎实的基础，经过三年的不断努力学习，在各方面取得了很好的发展。在专业知识的学习上，我本着务实的态度和求真的理念，努力培养自己的实践动手能力，综合学分在整个学院名列前茅，并取得优秀。

　　思想上我积极要求进步，在校期间我踊跃参加各项体育活动，以培养团结协作精神。我长期担任班级干部，设计并组织过多项活动，有一定的组织能力。这是年轻的我的真实写照，愿成为贵公司的一员，凭借我的才能为公司贡献一份力量。

2010年6月11日

说明：此为学生习作，请同学就其内容与形式的优缺点做出点评。

说明：此为学生习作，请同学就其内容与形式的优缺点做出点评。

（二）知识链接

文面包括文字书写、标点符号、行款格式、修改符号、字数控制以及字距、行距及纸面上下左右留白等内容。

1. 文字书写

字写得漂亮固然是好，但字的漂亮与否因人而异。书写时规规矩矩是每个人都能做到的，端正、清楚、规范是基本要求。

2. 标点符号

标点符号是文章的有机组成部分，学生熟练使用标点符号，是和使用文字一样重要的能力。使用标点符号须注意以下几点：第一，要熟悉各种标点的用法，注意标点的位置规范，不要在一行之首出现句号、逗号、问号、顿号、分号，可以将这些标点挤在上一行的末尾；省略号、破折号占两个格，不要简化成占一格，不能断开等。第二，不可随便点标点，如一个逗号到底，或者句号只是一个点。第三，注意表示停顿的层级，如由短到长的停顿，依次是顿号、逗号、分号、句号，不要随意点。使用标点符号还有表义表情方面的要求，写作时须注意。

3. 行款格式

题目位置要醒目居中，每段开头空两格写起，文中小标题要与正文有所区别，要符合特殊文体的格式要求。段落划分要匀称合理，既要避免整页的大段，也不要三句两句频繁地独立成段。

这里谈谈书信的格式及写作注意事项：

①称呼：第一行顶格写，后用冒号。称呼用语，可视收信人身份而定。

②正文：另起一行空两格写。一般先写问候语（如"您好"），再写主要内容。

③结尾：写祝颂语。这类用语应根据对方的身份、职业、写信的时令而定。"此致"应另起一行，空两格写；"敬礼""夏安"等类的敬语要另起一行顶格写。

④署名：写于另起一行的偏右处。亲朋好友之间写信，可在署名前面写上与称呼相应的自称。

⑤日期：写在署名下一行的右边。

4. 修改符号

文章尽量少修改，非改不可，要使用规范的修改符号，并讲究修改的位置，即使是在上下左右边框处增加的修改文字也应该整整齐齐自成局部的整体，给人以眉目清楚之感。修改画出的线条能直勿斜，能少勿多，切忌横竖交叉呈现蛛网状。更忌随意涂画，将文面搞得青一块紫一块。

5. 字数控制

一般以规定字数±50字为宜。

6. 字距、行距及纸面上下左右留白

使用稿纸时这方面问题不多，使用横格纸尤其是白纸时问题就比较严重。其实，只要写作时有相关意识，就能克服这方面问题。

三、常见错误

（一）文体

出现不必要的描写或进行不必要的抒情。

（二）文面

1. 纸张形状不标准、不规则

随便从本子上撕下一页纸，造成撕口不齐，使纸张形状不标准、不规则。以这样纸张的文件给人看，有失敬意。

2. 不注意上下布白与左右边距

通常是上下无布白，左右无边距，毫无布白意识。有的虽有布白意识，但或上下布白不平衡，或左右边距不等宽，往往还将姓名、班级写在上布白处。这些都会损害文件布白美。

3. 不注意格式

（1）标题问题

标题长则左右空格违规，标题短则机械遵行规则，导致空格左少右多标题不平衡。

（2）段首字空格问题

不知道空格，直接顶格写。虽然知道空格，但不知道应该空两格，导致空格不标准，空半格、一格、一格半，乃至空三格四格五六格。

4. 不注意行距，不遵守移行规则

行距问题主要有：或行距过窄，导致一片模糊；或书写倾斜，导致全文倾斜。移行问题主要有：不该移行而移行，该移行而不移行，都会导致边距不齐。

5. 不注意字距

字距经常出现的问题是：或过近，或过远，或不注意字之间的呼应而机械地保持字距。这些都会破坏文面美。

6. 不注意字形字迹

不注意字形美观和清晰，不注意字迹颜色和字号大小统一。

7. 不能正确使用标点

标点使用不正确、书写不清晰，占格、占位不正确。数字后面句号用法不规范。阿拉伯数字序号后面标点使用不规范。

8. 不能正确使用敬语

没有使用敬语的意识，或者敬语使用格式不正确。

9. 落款

落款位置不正确；作者与写作时间排列不均衡；时间书写不规范。

（三）文法

病句多。

（四）章法

1. 结构与层次

不知道标题与第一段的关系，不知道第一段与后面各段的关系，不知道首尾呼应的本意；文章主体部分每段没有段首语。

2. 序号

不清楚序号标示规定，混用两种标识系统。

四、作业展示及评议

第二项任务：横格纸情景写作

学时：2学时。

一、横格纸写作情景设定

结合学生实际情况，充分发挥想象力，设计能够引起学生参与横格纸写作训练兴趣的导入方式，使授课内容生活化，让学生在使用中学习。要求：

一是教师要讲清上下布白、左右边距、格式、字距、字迹、字形、标点、敬语等相关要求。

二是教师要依照上述相关要求严格管理，真正做到一丝不苟。

二、习作讨论与知识链接

（一）习作讨论

说明：此为学生习作，请同学就其内容与形式的优缺点做出点评。

（二）知识链接

参考"白纸写作知识链接"。

三、常见错误

除了前文白纸写作所提常见错误外，横格纸还常有以下错误：
①上下布白问题：常超出上边线写标题或班级、姓名，超出下边线写句子。
②左右边距问题：或超出左右边距，或未至左右边虚拟线提前移行。
③行距问题：字写得太大致使行距过窄，导致一片模糊。

四、作业展示及评议

第三项任务：稿纸情景写作

学时：2学时。

一、稿纸写作情景设定

结合学生实际情况，充分发挥想象力，设计能够引起学生参与稿纸写作训练兴趣的导入方式，使授课内容生活化，让学生在使用中学习。要求：
一是教师要讲清格式、字迹、字形、标点、敬语等相关要求。
二是教师要依照上述相关要求严格管理，真正做到一丝不苟。

二、习作讨论与知识链接

（一）习作讨论

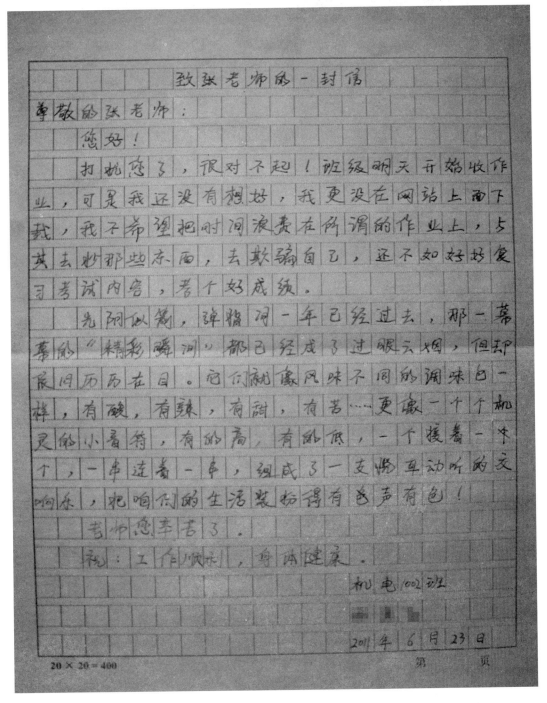

说明：此为学生习作，请同学就其内容与形式的优缺点做出点评。

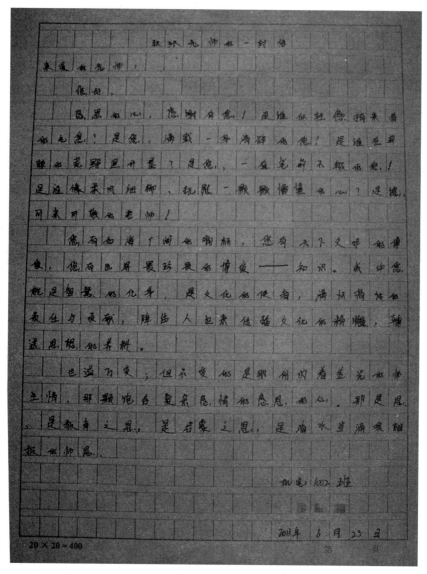

说明：此为学生习作，请同学就其内容与形式的优缺点做出点评。

（二）知识链接

参考"白纸写作知识链接"。

三、常见错误

除了前文白纸写作所提常见错误外，稿纸还常有以下错误：
①上下布白问题：常超出上边线写标题或班级、姓名，超出下边线写句子。
②标点问题：占格、占位及移行规则不明了，问题颇多。

四、作业展示及评议

第四项任务：展示板情景写作

学时：2学时。

一、展示板写作情景设定

结合学生实际情况，充分发挥想象力，设计能够引起学生参与展示板写作训练兴趣的导入方式，使授课内容生活化，让学生在使用中学习。要求：

一是教师要讲清上下布白、左右边距、格式、序号、行距、字距、字迹、字形、标点、敬语等相关要求。

二是教师要依照上述相关要求严格管理，真正做到一丝不苟。

二、习作讨论与知识链接

（一）习作讨论

说明：此为学生习作，请同学就其内容与形式的优缺点做出点评。

（二）知识链接

在毕业后，高职学生有很多机会要在硬板上写字，这就涉及板书写作的诸多形式问题。因此，现代应用写作的板书就不只是指教师在授课过程中通过简洁的语言、形象的符号或者系统的图表等形式，引导学生理清课堂思路、明确教学重点和强化教学内容的教学活动问题，更重要的是让学生在板书传达信息内容时做到表现形式美。在这一点上，现代应用写作还是一个空白，值得花力气潜心研究。

1. 板书设计的原则

（1）直观性原则

板书是通过简洁的语言文字、形象的符号等形式，将所要传达的信息清晰、准确、直观地展现出来，使观者易于感知、理解和记忆。所以，直观性是板书设计的重要原则。

（2）形象性原则

板书是一种视觉性艺术。它通过字的形体变化、色彩的搭配以及图表的构建等形象化辅助手段，刺激人们的感官，吸引观众的注意，从而达到强化记忆的目的。所以，板书设计应力求形象。

（3）简约性原则

板书是在有限的空间进行的教学活动。因此，板书内容应力求简洁、提纲挈领。

2. 板书设计的艺术

板书是语文课堂教学的重要环节，要真正发挥好板书的作用，需要注意板书设计的艺术技巧。

（1）板书内容方面

在板书内容设计方面，要符合以下要求：

1）抓住重点

板书内容必须是所传达信息的精华，必须体现重点。因此，板书设计者必须对所传达信息认真研究，务必抓到重点。

2）力求简洁

根据板书的简约性原则，板书应力求简洁。这就要求在板书设计时必须对所传达信息进行高度概括，力求做到言简意赅。

3）条理系统

板书内容要按一定的层次和顺序组织起来。有条理的板书和系统的内容都便于观者建立起自己的记忆网络，提高记忆的效率。

（2）板书形式方面

优美的板书形式不仅有利于知识的传授，也有利于对观者进行审美教育。因此，在板书时应注意以下几点：

1）布局合理

板书设计要注意构图美。合理的结构布局，是板书艺术的重要内容。教学内容要主次分明，条理清晰；板书的主板、副板搭配得当；构图上下左右边距合理，大小匀称，协调美观。

2）书写优美

板书应力求书写正确、工整、美观。工整的书写、优美的字体和变化的字形，都能激发起学生的美感，调动起学生学习的兴趣，从而达到事半功倍的教学效果。

3）色彩映衬

根据板书设计的形象性原则，在板书时可使用不同的色彩，加强学生对板书的注意力，提高板书的利用效率。

此外还要特别注意以下问题：

一是利用注意价值，使版面中心突出，主次分明。

研究表明，不同的位置有不同视觉效果，即注意价值不同。何为注意价值呢？注意价值就是版面不同位置的视觉心理差异。所以，设计版面首先要明确主题，将主题以精练语句安排在最醒目的位置，也就是注意价值最高的位置。文章有主次之分，主要的内容要安排在注意价值高的位置，有的甚至要用花边框起来，提高其注意价值。

二是长短文章穿插、横排竖排结合。

因受到版面及书写工具的局限，其容量有限，所写的语句要力求精练。必要时可横排与竖排相互结合，使整块版面生动活泼而又不失其平衡性，也符合审美标准。

三是美化部分不相邻。

板书的美化，包括报头、标题、题花、尾花、插图、花边等内容，这些内容不要靠在一起编排，要有文章内容相隔，使之具有平衡美、节奏美和韵律美。

四是注意相互间隔与整体统一。

要注意几个要点：四周要留空隙；报头与文章、文章与文章、标题与文章之间要相互隔开；文章与题花、尾花、插图、花边，以及同一篇文章分成的几个块面之间要相互隔开；行与行之间也要相互隔开。这些间隔的距离究竟是多少？应掌握什么样的标准呢？因人而异，因黑板大小而不同；要注意整体效果的统一。正如上面所说，报头、主要文章要编排在显著位置，而美化部分则放在注意价值较低的版面位置，目的是通过鲜明的色彩、美丽的图案，提高其注意价值，从而使整块版面和谐、统一。

三、常见错误

除了前文白纸写作所提常见错误外，展示板还常有以下错误：

①版面分割问题：横写时不能合理分割版面，常常从左边距一直写到右边距，导致版面设计不合理。

②上下左右及版面分割过渡带布白问题：上下左右布白过窄或不齐，版面分割过渡带布白不整齐。

四、作业展示及评议

第五项任务：PPT 情景写作

学时：2 学时。

一、PPT 写作情景设定

要求：

一是制作班级 PPT 宣传片。

二是制作个人 PPT 宣传片。

二、习作讨论与知识链接

（一）习作讨论

说明：此为学生习作，请同学就其内容与形式的优缺点做出点评。

（二）知识链接

近年来，多媒体教学以其直观性、动态性、交互性、可重复性、图文声像并茂及情景再现等优势，深受师生喜爱。然而，作为一个新兴的事物，必然会产生许多新的问题亟待我们去解决，而PPT文面设计便是其中一例。

那么，怎样才能做好PPT文面设计呢？

第一，要让人看得清楚。

PPT软件主要是在模板上进行板书制作。模板又称为底版，相当于传统教学中的黑板，它的主要职责是让观者看清楚上面的东西，尤其是文字。因此，模板的背景选择十分重要。一般来说，无论光照好坏，深底浅字都是不错的选择。值得注意的是，背景的颜色选择切忌太过鲜艳，如大红、大紫、大绿，观者长期看这种底色的板书会形成视觉疲劳，这里推荐两种底版与字的颜色搭配：蓝底白字或黑底白字。

此外要注意字号选择。建议不要在同一张模板上放太多的字，字号也要在24号以上。实际上24号的字学生已经看得比较吃力了。如果实在需要在一页内放很多字，则字与背景的颜色要形成鲜明的对比，这可通过改变底版背景或文本框填充色以及字体颜色来完成。另外也可尝试加粗字体来使字更清晰。对于一些不是很清晰的图片，建议不用。

第二，板书文面要美观。如讲帝王将相时可以用帝王将相的图片作为背景，讲音乐时可以用五线谱图案作为背景，讲战争时则选择战争图片为背景。

板书美观与否涉及的另一方面是字体的设计。字体是板书文面的一个重要组成部分。字体设计主要包括字的大小、粗细、字体、颜色等选项，有时还可用一些艺术字。字体设计同样也要让学生看清楚。

第三，板书文面设计要生动。除了传统的文字板书手段，多媒体还可通过增加图片、音频、视频等来丰富内容，增加趣味性。这些资料的相互切换可以通过超级链接或将这些音频、视频插入PPT来完成。在增加了图片、音频、视频等内容之后，教学效果会更加直观、生动，有利于帮助学生创设情景从而加深对教学内容的理解。

此外，PPT制作还需特别注意以下文面要求：

第一，格式规范。标题一般居中，上下空行。根据文章分量、功用的不同，可以空两行、三行不等，有时甚至整页书写标题和作者落款。两个字的标题两字中间空一格或两格，三个字以上的标题中间不空格。副标题的破折号书写于标题下方两字后的位置，一行书写不下，回折后与副题的开头文字对齐。如果是两三个字的标题，副题就采用居中书写，否则会显得整个标题失去平衡。作者落款也上下空行，居中或偏右。两个字的姓名中间空一格。

还有应用文的书写格式十分强调"约定俗成"的规范化。如我们在应用文的书信格式中已经阐述了它的规范格式问题，这里就从略了。不过，其他应用文的格式要求，我们要引起重视，应该严格遵守它们的格式规范。

第二，标点规范。关于标点规范，计算机软件已经自动做了一定的设置。哪些标点不能占首格，如后引号、后书名号、惊叹号、问号、冒号、顿号、句号、间隔号等；哪些标点不能占末格，如前书名号、前引号等，计算机自己会进行处理，我们只输入就行了。

但是，个别的计算机还未能自动处理的问题，应该引起我们的注意。如在许多文件上都经常出现的问题，就是在阿拉伯数字后面书写顿号，这是十分错误的。从理论上说，我们目前使用的标点符号，是汉字系统的标点符号，它不能使用在英文系统。阿拉伯数字不属于汉字系统，因此它的后面不能使用顿号，而应该使用下脚位置的点号。这应该引起我们的注意。

第三，文字规范。应该说计算机输入的文字都是十分规范的，那么还存在什么文字规范问题呢？虽然计算机输入的文字都非常规范，甚至还有众多的美术字可供选择和装饰，但是文字的字体选用、颜色确定、显示效果、背景设置等，其优劣高下却有天壤之别。上述的几个项目并没有什么明确的标准和规定，完全取决于作者的审美趣味和美学素养。这很难定出一些规范来，但整体上来说，文字的规范化应该给人一种一目了然、赏心悦目的视觉感受，一种优雅美感的享受。不能像有的人的电子文本，由于字体、颜色、效果、背景的设置不当，如采用阴文、阳文，红底黑字，让人难以辨认；文字效果采用"礼花绽放""七彩霓虹""背景闪烁""亦真亦幻"，让人心烦意乱、不知所措。可见，计算机所提供的一些艺术手段，如果使用不当，也会弄巧成拙，走到事物的反面去。

三、常见错误

（一）文体

加入不必要的描写及进行不必要的抒情。

（二）文面

1. 不注意上下布白与左右边距

通常是上下无布白，左右无边距，缺乏布白意识。有的虽有布白意识，但或上下布白不平衡，或左右边距不等宽。这些都会损害文件布白美。

2. 不注意格式

（1）标题问题

标题长则左右空格违规，标题短则机械遵行规则，导致空格左少右多标题不平衡。

（2）段首字空格问题

不知道空格，直接顶格写。虽然知道空格，但不知道应该空两格，导致空格不标准，空半格、一格、一格半，乃至空三格四格五六格。

3. 不注意行距，不遵守移行规则

行距问题主要有：行距过窄，导致一片模糊。移行问题主要有：不该移行而移行，该移行而不移行，都会导致边距不齐。

4. 不注意字距设置

字距经常出现的问题是：或过近，或过远。这些都会破坏文面美。

5. 不注意字体字迹

不注意字体、字号统一，不注意文字颜色的文化意义，导致颜色不一。

6. 不能正确使用标点

标点使用不正确。数字后面句号用法不规范。阿拉伯数字序号后面标点使用不规范。英汉两种标点混用。

7. 不能正确使用敬语

没有使用敬语的意识，或者敬语使用格式不正确。

8. 落款

落款位置不正确；作者与写作时间排列不均衡；时间书写不规范。

（三）文法

病句多。

（四）章法

1. 结构与层次

不知道标题与第一段的关系，不知道第一段与后面各段的关系，不知道首尾呼应的本意；文章主体部分每段没有段首语。

2. 序号

不清楚序号标示规定，混用两种标识系统。

四、作业展示及评议

第六项任务：计算机打字输出情景写作

学时：2 学时。

一、计算机打字输出情景设定

结合学生实际情况，充分发挥想象力，设计能够引起学生参与计算机打字输出训练兴趣的导入方式，使授课内容生活化，让学生在使用中学习。要求：

一是教师要讲清上下布白、左右边距、格式、行距、字距、字迹、字形、字号、标点系统、敬语等相关要求。

二是教师要依照上述相关要求严格管理，真正做到一丝不苟。

二、习作讨论与知识链接

(一) 习作讨论

当代大学生恋爱观

王湖博

(内蒙古机电职业技术学院 机电工程系 机电1005班 1010210524)

【摘要】 本文从当代大学生的恋爱观入手,指出两种不同的恋爱观及各自的后果,重点分析不正确恋爱观产生的原因,探讨高校思想教育工作者疏导大学生感情困惑的对策,以引导学生端正学业、事业与爱情之间的关系,树立正确的恋爱观。

【关键词】 大学生;恋爱;分析

爱情是人生的重要内容,但不是人生的全部。正确认识爱情的本质,认识爱情在人生中的位置,是正确恋爱观建立的基础,也是青年学生谨慎驾驭爱情之舟的前提。

一、当代大学生的恋爱观

既然大学生谈恋爱已经成为不争的事实,那么当代大学生的恋爱观是怎样的呢?我们认为,当代大学生谈恋爱有以下两种不同的观点:(一)对待恋爱比较认真,认为恋爱应以感情为基础,他们一般心理较成熟,有一定的责任心,彼此比较了解,恋爱是在朋友的基础上,互帮互助、日久生情而建立的。因而这种恋爱比较稳固,持续,对恋爱双方的学业影响也不大,一定程度上对学习还能产生促进作用。这种恋爱即使破裂了,对彼此的伤害也不是很大,做不成恋人还可做朋友嘛!因而这种恋爱观是值得肯定的。(二)对待恋爱态度不认真,不是真心的。这类大学生认为谈恋爱就是为了玩一玩,为了满足各种欲望。他们基本上没什么责任心,恋爱双方彼此不甚了解,也没什么感情基础,因而这种恋爱是短暂的,当然恋爱导致的结果是不愉快的,甚至是可怕的。一旦双方感情破裂,恋爱关系结束,男女双方便反目成仇,很少有还继续做朋友的。这种恋爱关系的破裂对双方都造成了不良的影响,影响了正常的学习、生活,一般来说,对女性的伤害更大。女性由于心理承受能力差,一旦受到伤害,便觉得受不了,产生消极反应。有的从此看破红尘,觉得干什么都没有意义;有的精神失常,导致精神病;还有的干脆以身殉情,结束了自己年轻的生命。凡此种种,在各高校屡屡发生,既然这种恋爱观会产生如此不良、甚至严重的后果。那么我们就很有必要分析这种恋爱观。

二、错误恋爱观原因分析

爱情作为人类所拥有的共同精神财富,对于每个个体来说,都是无私的、公正的。但是实际上人们对爱情的获得程度、体验和方式是不一样的。这与个体自身的素质、知识修养、能力等方面有关,并受各自的恋爱观的制约。恋爱观由恋爱的原因、动机来决定。上述错误的恋爱观产生的原因,我认为主要有以下几点:(一)失去奋斗目标与前进的动力进入了高等学府,有些学生新的理想尚未建立起来,出现了理想真空地带,表现为混日子,得过且过。有位学生坦言:"进入大学以来,我的思想很消极,什么目的都没有,终日无精打采,仿佛人生一点意义都没有,头脑一片空白,"这一袭白,反映了很多大学生的心中苦闷,缺少学习动力、目标,于是转到谈情说爱,聊以消磨时光,寻求快乐。(二)好奇,存在试一试的想法大学生处于青春期中后期,生理机能基本成熟,心理机能趋于成熟,精力充沛,渴望交往异性,在中学时学习压力较大,未充分显示出来,现在主体意识发展了,个体发展必然会在个人生活中得到具体体现。(三)排解孤独、寂寞校园文化生活单调,课余生活枯燥乏味,三点一线连成了每天的全部,再加上家庭的干预与影响较中学时大为减弱,对同学之间的人际关系适应性较差,以至感到孤独、无聊、空虚、寂寞,一些学生为了释放多余的精力,寻求精神快慰而谈恋爱。(四)攀比心理作祟有些大学生谈恋爱纯粹是从众心理、攀比心理做祟的结果，看到别人出双入对，心里难以保持平衡，随大流，赶紧找一个，以满足虚荣心。(五)为以后的人生积累经验有的大学生认为，"大学里谈恋爱，如同种试验田，取之几第一手经验，为以后成熟的爱情打基础"。对恋爱的态度，"就在半梦半醒之间，我们忘了还有明天"、跟着感觉走，紧抓住梦的手"、"不求天长地久，只求曾经拥有"等港台流行歌曲总是在校园里经久不衰，格外受到大学生的青睐，不知是这些流行歌曲影响了大学生的恋爱观，还是大学生的恋爱观在流行歌曲中寻找到了共鸣，不问结果，只问过程，已成了他们获取爱情的真实写照。

三、对策建议

如今，对于大学生谈恋爱现象，许多高校采取不禁止、不引导的消极不作为态度，这是不正确的。因为大学生谈恋爱的动机、目的不尽相同，错误的恋爱观对大学生是相当有害的，因此，高校里的思想教育工作者，应以积极的态度，在明晰了大学生错误的恋爱观产生的原因的基础上，积极疏导大学生感情困惑，引导学生端正学习、事业与爱情之间的关系，建立正确的恋爱观。我认为重点应从以下几方面入手：(一)开展丰富多彩的校园文化建设校园文化的职能就是通过一定的物质环境和精神氛围，使生活在其中的每个成员都有意无意地在思想观念、心理因素、行为准则、价值取向等方面与现实文化发生认同，从而实现对人的精神、心灵、性格的塑造。我们要改变以往校园文化单纯满足学生的娱乐、丰富学生的业余文化生活的状况，这些只是低层次的功能。要使大学生通过参加校园文化活动丰富知识，提高能力，更重要的是赋予大学生先进的文化意识，长期潜移默化的熏陶，使学生不自觉地形成这种文化意识和文化品格。当前，校园里中西文化在交流中碰撞，许多西方思想观念，诸如性解放、游戏人生等使学生陷入价值的迷雾，甚至误导学生的行为。这就要求学校采取灵活多样的形式拨开迷雾，满足学生思想要求，促进学生健康成长，这也是校园文化的高层次需求。(二)帮助学生保持健康的心理心理学家提出：大学生所处的青春期后期，重量发育的机体结构、形态和机能都已相当于成人水平，但从心理发育的水平看，大学生的心理虽正快速趋于成熟，但又尚未完全成熟，尚处于"半生半熟"的阶段。这就要求我们从两方面入手：(1)加强青春期教育。大学生正处于青春期后期，性意识成熟，渴望交往异性，具有强烈的好奇心和充沛的精力，同时也存在性审美和性道德意识薄弱，还不能带着批判的观点去欣赏影视、书刊广告、画册等作品，很可能经不起性爱镜头的诱惑，在好奇心理的驱使下去模仿，对此，教育工作者不能回避。最好是由思想教育工作者会同校医，把青春期生理、心理知识灌输给学生，使学生不再觉得神秘、好奇。(2)重视心理咨询。大学生心理困惑很大程度上来源于爱情的烦恼，如果避开不谈没有心理辅导员来疏导，若不能得到及时清理、舒缓，这种困惑就会越积越重，影响学生的身心健康正常发展。(三)帮助学生确立大学阶段的目标目标是人们活动所追求的预期结果，是激发人的积极性使之产生自学行为的必要前提，没有目标就没有方向、没有力量、没有积极性，也就难以步入成功的殿堂。刚进入大学的学生，高中时期的奋斗目标已变成现实，新目标又未建立，不少学生感到茫然、空虚，进入"动力真空带"或称"理想间歇期，"这就需要教育者尽快帮助学生树立新的奋斗目标。根据目标对人的行为影响的这两个特点，教育者应该帮助正在被空虚、无聊困扰着的同学，制定一个这样的目标，即经过努力能够实现的、对自己生活有意义的目标，从而战胜空虚、无聊。(四)帮助学生正确理解爱情的内涵和外延学生往往以为爱情是异性之间的纯粹的情感，这是片面的理解。学校应利用课堂教育或其它形式的活动，向学生明晰爱情的内涵与外延，伦理学认为：所谓爱情，是指在一定社会经济文化状态下，男女双方以共同的生活理想为基础，以平等的互爱和自愿承担相应义务为前提，以渴求结成终生伴侣为目标，按一定道德标准自主地结成的具有排他性和持久性的特殊社会关系。换言之，爱情有四个构成要素：只能在异性之间、它是发自内心的真挚爱慕、希望通过结婚完成双方的永久的结合，它是一方对另一方的强烈社会责任。只有正确地、全面地理解了爱情，大学生才有可能找到真正的情感寄托。

四、结论

恋爱是未来寻找志同道合、白头偕老的终身伴侣，而不是为了安慰解闷，寻找刺激，更不是单纯为了性的满足。恋爱对象的选择是一个复杂的过程，不能忽视了经济、政治、文化、个性等因素，但是共同的理想的指向、共同的品德和情操是最根本的。恋爱动机的好坏，直接关系的恋爱的成功与否。大学生作为新时代的桥梁，其恋爱观应该是理想、道德、事业和性爱的有机结合。

【参考文献】

[1]张文新，林崇德，青少年的自尊与父母教育方式的关系，不同群体间的一致性与差异性 心理科学，1998，21(6)：489-493

[2]王秋英，家庭养育方式与中学生心理健康水平的相关研究。中国心理卫生杂志，1998，21(5)：276-277

[3]耿耀国，体校学生心理健康及有关因素的调查。中国心理卫生杂志，1998，12(5)：286

[4]钱铭怡，肖广兰。青少年心理健康水平、自我效能、自尊与父母养育方式的相关研究。心理科学，1998，21(6)：553-555

[5]汪向东，心理卫生评定量表手册。中国心理卫生杂志，1993年(增刊)：31-36；260-263；251-252

（附：███，男，1990年9月3日出生于内蒙古呼和浩特市，主要研究大学生心理，联系方式：15247636363，邮箱524423534@qq.com）

说明：此为学生习作，请同学就其内容与形式的优缺点做出点评。

论大学生恋爱利大于弊

内蒙古机电职业技术学院　　机电1005班　　1010210512

一、摘　要：爱情是生活中的诗歌和太阳，润泽着美好的生活"。正值青春妙龄的大学生对爱情必然充满了浪漫的幻想与憧憬。随着人们的社会观念和生活方式的变化，恋爱问题已渗透到大学生的学习、人生态度、理想等各个方面。在大学这个主要由二十几岁的年轻人聚集在一起的小社会中，大学生恋爱现象已由过去的犹抱琵琶半遮面转化为在爱河中公开倘佯，进而成为校园内众生要面对的一个现实问题。

二、关键词：大学生　恋爱　利大于弊

（一）学习方面

如果两个正在谈恋爱的人一起学习，会觉得学习是一件十分有意义的事情。女生比较感性点，男生相对来讲比较理性点，可以在所学的专业上有互补的功效。所谓男女搭配，干活不累，学习也一样。若彼此有督促，彼此有勉励，互相学习，互相帮助，未尝不是一件好事。与心仪的人一起学习能提高学习的动力，有首歌唱是《爱情加速度》，爱情，提高了学习的兴致，把时间加速，提高学习的效率。占旭刚不也是在一次名人级的举重中因为女友的突然出现本来与冠军失之交臂却再次摘下了桂冠吗？

（二）精力方面

1、热恋中的一对情侣牵手在校园小径上，在依依杨柳湖畔……自成为一道浪漫的风景线。和一个自己很聊得来的恋人在一起是一件十分幸福的事情。世界也会因此而变得美丽多姿。恋爱的目的是指向婚姻的，现在的精力投入，可以增进互相了解，减少了以后的时间来互相了解对方。

2、若是谈恋爱的男女把时间和精力过多投入到谈恋爱中，则视为浪费时间了。如果把这样的精力放在学习上，则有很大的产出。大学里有许多的考级，有许多的竞赛，有许多锻炼自己能力的活动，积极参与对于一个人素质的提高很有帮助。作为一名大学生还是名符其实的消费者，父母含辛茹苦地把孩子拉扯长大，好不容易送进大学殿堂，花了很多的心血，如果把这样的宝贵时间和金钱浪费了，则未免太可惜了。再加上以后路还很长，工作未定，要两人在一起要经受得住以后各种各样的现实的考验，是否要加码于校园恋

（三）情感方面

1、在传道书中讲到，两个人总比一个人好。若是跌倒，这人可以扶起他的同伴；若是孤身跌倒，没有别人扶起他来。每一个人都有一个属于自己的情感孤岛，每一个人都渴望别人的理解与爱。若两个人在一起，则可以排遣孤寂。若有软弱的时候，可以有相互的沟通，有互相的了解，这也是处理人际关系的一个学习的方面。但是，两个不同的人在一起，有着不同的性格，总会有产生摩擦的时候。这时候，是学习包容的时候了，为了挽回彼此之间的这段恋情，就要容纳对方的不足之处。学会包容，学会对方的理解，这是一门十分重要的功课。

2、若是一味地期望两个人在一起，便会产生一种依赖感。"小鸟依人"固然是一道美丽的风景。但是过多的依赖，会有缺少独立的能力，特别是在谈恋爱的女生会对男生产生强烈的依赖性。我发现，一般还没谈恋爱的女生会有更强的自立能力，并且在学业在工作上会有更多的追求。况且，两个人相处的时间久了，矛盾自然会增多，会发现对方更多的缺点。谁也不肯让谁，含怒生气到日落，则给魔鬼留下了攻击的机会。

恋爱，固然美好，但是失恋却是一件十分痛苦的事情。失恋带来的伤痛是无人能够弥补的。脆弱到不可一击。因为虽是大学生，但是心智还不够成熟，很难承受得起失恋带来的后果。这已经不是单单情感上的问题了，而是会影响学习，影响信仰等等。要是，自己还没具备谈恋爱的素质，则最好不要谈。

三、结语：

在整个寻求伴侣的过程中，等待是辛苦的，但是为了拥有合神心意伴侣的那一刻，所有的等待都值得。男女的交往，是一门永远学习不完的学问。在整个过程中，即使是一场合神心意的恋爱，仍然会有许多意料不到的事情发生，需要双方不断的调通，一起去解决，一起来成长。即利大于弊。

说明：此为学生习作，请同学就其内容与形式的优缺点做出点评。

（二）知识链接

在利用计算机进行打字输出时，打印机是重要的设备。在使用打印机时，须注意以下一些使用技巧及问题。

1. 加粉注意事项

使用打印机前要先检查墨粉。为打印机添加墨粉须注意以下几项要求：

①加粉前先打一张测试页，以判断硒鼓是否可以继续加粉。

②拆开硒鼓要小心，防止意外损坏硒鼓。

③有海绵的刮刀不能拆，否则漏粉。

④显影滚动套不可忘装，否则底灰。

⑤显示磁辊旁弹簧要接触良好，否则打白页、色浅。

⑥硒鼓要接地，否则白页底灰。

⑦硒鼓不能长时间被光照射。

⑧加的粉和机型一致且数量不要太多。

2. 图像输出有条纹及解决办法

图像输出有条纹可能是墨头出现堵塞或到达寿命。

具体解决方法如下：

①如果是 HP2000CP 和 3000CP 系列机器，先要在面板上选 Align rinthead 进行校正，再选 Check rinthead 校正。如果 Check rinthead 喷出的样张中出现许多缺点就需要更换或清洗墨头。

②如果是 HP5000 机器，首先打出测试条：Untilities-test prints-images quality print，如果测试条无颜色，则说明墨头已经无法使用，需要更换墨头；如果色条完整，可以通过更换打印头，看墨头底部是否积墨太多，一般清洗后可继续使用。清洗方法请参考以下详细说明。

③如果是 Novajet 机器，需要打印清洗测试条，如果喷头喷嘴显示有黑色色块，一般说明此喷头喷嘴已经被损坏，无法继续进行使用；如果喷头喷嘴中间有断线，一般说明此喷头喷嘴被堵塞，可以通过清洁继续使用。Novajet 机器可以通过吸墨器来完成清洁，也可拿下来进行手工清洗。

清洗的方法是先用温水泡几分钟，再用不带纸屑的软纸或专配软布轻沾墨头或自然晾干，切忌擦拭墨头，干燥后再开始打印。

3. 打印结果意外及修正

打印有时会遇到打印出的东西不正常，如随机字符叠印、打印结果不全、文本歪斜等。究其原因主要有以下几点：

①打印机的型号选择错误或打印驱动程序被破坏。可以重新安装正确的打印驱动程序。

②打印过程遭到强行终止，如断开打印机电源又重新打开等。可以首先结束所有的打印任务，然后关闭打印机，略等一会儿，再打开打印机重新打印需要打印的文档。

③应用程序打印设置错误。这包括纸张类型设置错误、边界设置错误，还可能是该文档制作时的错误造成的。如果该程序有打印预览功能，就可以通过观察预览的正确与否来判断是否是使用该应用程序出现的问题。

④打印字体文件损坏。这需要重新安装字库。

4. 打印纸张传送问题及解决方法

纸张传送故障往往表现在不进纸、多页进纸、卡纸等。这就要注意打印纸的选购及打印纸的摆放，需要符合以下几点要求：

①检查打印纸。打印纸要平整、光滑，并且不能太薄、太潮，还要看打印纸是否符合打印机的要求。

②调节打印纸厚度。将打印纸厚度调节杆调节到合适的位置，并在装纸之前将纸叠打散。

③打印纸平整放置。将打印纸平整放置在送纸器内，不要放得太满，并且将导轨调整到适应纸宽。

④卡纸情况处理。卡纸的时候，要及时关闭打印机电源，小心地将卡住的打印纸取出，否则容易损坏打印机硬件。

5. 打印机不能识别纸张及解决办法

一般来说，照片打印机都有自动识别纸张的功能，所以多数情况下，我们是不需要通过打印机的驱动程序来选择纸张类型的。但是，在识别的过程中还是会出现种种的差错。比如，如果你是用有标记、划痕或褶皱的纸张，有台头的纸张，或者暗色纸张，打印机通常将它们识别为普通纸张。因为普通纸不能吸收相对多的墨水来产生照片效果，所以打印机将默认选择低质量的草稿模式来输出图像，导致喷墨量减少和图片质量一般。如果问题仍然存在，请关闭自动识别纸张类型功能并手动选择纸张类型。

三、常见错误

除了前文白纸写作所提常见错误外，计算机打字输出还常有以下错误：
①页眉页脚页边距设置问题：页眉页脚页边距设置过宽或过窄。
②行距字距设置问题：行距字距设置过宽、过窄，或者宽窄设置不统一。
③字体字号文字颜色设置问题：字体字号文字颜色该统一的不统一。
④标点系统设置问题：混用汉英两种标点系统。
以上这些错误都会影响文面效果，打印文稿时要特别注意。

四、作业展示及评议

第七项任务：网络资讯编辑情景写作

学时：2学时。

一、资讯收集与整理写作情景设定

在既有思想、观点基础上，利用互联网又好又快地搜集、整理信息，使所得资讯迅速成文。

二、习作讨论与知识链接

（一）习作讨论

高职汉语教育理念及实践

×××

（××××××学院基础部，内蒙古呼和浩特 010051）

【摘要】高职汉语教学面临前所未有的窘境。要突破这种窘境，就必须引入新理念，使用新方法。在这方面美国"全语文教学"理论及国外高职教育"新职业能力观"有借鉴意义。本文将在介绍、评价上述理论、观念基础上展开高职汉语教育理念的讨论，并提出实践这种理念的具体思路与措施。

【关键词】高职汉语；教育理念；思路与措施；以用为学

随着高职教育的蓬勃发展，高职教育正从重数量、重规模向重质量、重内涵转变，软件建设日渐重要。作为软件建设一个不可或缺的方面，高职汉语教学面临的窘境亟待摆脱，高职汉语教育新理念与新方法的讨论不容拖延。我们有理由期待一种充满自然、务实、愉悦的高职汉语教学新局面。

一、"道法自然"及"全语文教学"理论

做好任何事情都得实事求是，高职汉语教育理念与实践的讨论也是如此。这就意味着要尊重语言学习的内在规律和适应高职教育特异性。那么，语言学习的规律是什么呢？重提"道法自然"有其特殊意义。在中国几千年封建社会教育史中，真正能弥补儒家教育思想不足的是道家教育思想，尤其是"道法自然"的思想更是弥足珍贵，即便是对今天的现代教育也有深刻启发。我国现存教育问题多出于"违反自然"，高职汉语教育也不例外。要想搞好高职汉语教育，必须"返回自然"，要从儿童习得语言的事实中获得启发，返回语言学习的自然，这是语言学习的规律。就"道法自然"而言，如果说老子的话有些微言大义，那么在美国影响很大的"全语文教学"理论则更清晰些、更具体些。兹将"全语文教学"理论要点列序其次：

（一）音、字、词、短语、句子、段落都是语言的片段，这些片段的总和不等于整体。它们只有在具有完整背景的时候才是语言。教师以分析的方法割裂地教授听、说、读、写，这与言语自然相矛盾。

（二）学生个体的生活经验与兴趣取向是学习的主要动力。学生是各具特色的整体，教师应尊重并接受每个学生的特点及经验。学生必须有机会做自己的选择、自己的诠释，上课内容应与学生的生活紧密相关。

（三）教师应正视并接纳学生的个体差异。学习者个体差异是客观存在，因此不能要求学生达到绝对一致的标准。每个学生皆有语言发展前景，语文课程的目标在于促进每个学生适应其差异性的发展。

（四）在自然的语境中才能发生最有效的语言学习。为此，教师要特别精心教学设计，让语言学习也成为生活的一部分。学生要在自然的环境中参与教师特别安排的听、说、读、写综合活动，要在活动中学习语言。

由以上叙述可以看出三点：一是语言学习的整体性；二是语言学习的自然性；三是语言学习的特殊性。这个理论暗合传统中国文化看问题的角度，尤其暗合道家"道法自然"的观念。做上述叙述与思考对高职汉语教育理念的阐述大有裨益。我们的大学汉语教学遭遇的种种问题，比如一般高校《大学语文》教学的边缘化，比如高职院校汉语教学的边缘化，除了其他客观原因之外，很重要的一个原因就是汉语教学不合"自然"，汉语教学有效性被怀疑。要想扭转这种局面，最根本的努力是还语言学习本来面目，施行尊重语言教育规律的教育，返回语言教育的自然。

二、国外高职教育模式变迁带来的"新能力观"对高职汉语教育的影响

要阐述高职汉语教育理念，除了要洞悉语言学习内在规律外，还要明白高职教育培养目标的特异性。高职教育的特异性是什么呢？我觉得至少有两点：一是学习过程的实践性，二是知识归宿的使用性。高职汉语教学特异性也不外乎此。现在有一个公认的高职教育理念是"够用""必需"，这当然也事关高职汉语教学理念的阐述。那么，从学习过程的实践性和知识归宿使用性来讲，高职汉语教学的"够用""必需"到底意味着什么呢？

有必要看看国外高职教育模式变迁，这可以使我们以发展的眼光看问题，尽可能地准确界定高职汉语教学"够用""必需"的内涵，少走弯路。随着对高职教育理解的日益深入，英、美、德、澳等国在世纪之交以不同形式相继阐述了内容趋同的"新职业能力观"。该观念认为，职业能力具有广泛的内涵，它不再局限于对具体岗位的专门知识与技能的要求，而被视为多种能力和品质的综合体现，即综合能力。这种能力在英国被表述为"在不可预见的条件下，独立运用基本原理和复杂技术的能力，能负担分析、判断、设计、计划、执行和评估的责任"。"新职业能力观"着眼于技术手段、生产模式的变动性和劳动者的职业流动性，要求具有收集、整理、使用信息和新技术的能力以增强适应性和应变能力。"新职业能力观"重视个人品质在职业活动中的作用，重视人际交往与合作共事的能力，重视组织、规划、独立解决问题的能力。"新职业能力观"强调学习能力的培养，旨在为个人终身学习奠定基础。由此可见，这些能力观一定对应着相称的语言能力，是建构高职汉语教育理念"必需"考虑的因素，只有在这样的发展视野里考虑学习过程的实践性和知识归宿的使用性，高职汉语教育才能创造出新境界，才能教育出具有民族新文化特征的、与工业强国相称的高素质技能型人才，这样的毕业生才能有资格被称为"高素质"的技能型人才。

三、高职汉语教育理念

结合以上语言学习规律、高职特异性及"新职业能力观"的叙述，起码可以对高职汉语教育理念做以下几层阐述：

（一）在"高等教育"和"职业教育"之间找到平衡点，做到"以用为学"。必须认清高职语文的意义和价值，在"高等教育"和"职业教育"之间找到平衡点，用于指导高职汉语教学知识归宿的使用性，做到"以用为学"。要着眼于学生未来人生、生活和工作，体现语文"学以致用"的特点。

（二）把握汉语"人文性"与"工具性"的平衡。既要考虑汉语人文教育对学生未来发展的独特作用，负起人格养成不可或缺的人文教养责任，又要认清语文和其他学科间的界限，正视其工具性。

（三）更新教育观念，重视汉语学习过程的自然性与实践性，重视学生个体的差异性。

为此，有必要更新以往陈陈相因的汉语教学与考评模式，从太多的纸上、从呆板的黑板演示中、从千人一面的"批量生产式""教育"中把汉语教学解放出来，代之以自然的、愉悦的、在使用中学习的、因材施教的语文教育形式。

如此看来，高职汉语教育理念可做如下表述：高职汉语教育是考虑到高职特异性、具有前瞻性的人文眼光、坚持"以用为学"方向、顺应语言学习内在规律的自然语文教育。换言之，高职汉语教育是对高职学生在人格塑造、未来发展视角上"够用"、在工作、生活视角上"必需"、在使用中教与学的自然汉语教育。

四、落实高职汉语教育理念的思路与途径

（一）思路

1. 注重人文教育功能的自然性，注意照顾个体差异，避免生硬、简单，做到潜移默化。的确，文学教育可以丰富一个人的知识，提高一个人的理解力、欣赏力、鉴别力和想象力，有利于智商开发，尤其有利于情商开发。一部优秀的文学作品无不寄寓着作者的社会理想、伦理观念、做人标准，这些对学生的人格养成影响极大。然而，以往的汉语人文教育功能太直白了，太功利了，以至于流于形式而欲速不达。文学影响人应是春风化雨润物无声，这就必须考虑人文教育功能的自然性及个体差异，"揠苗助长"式的"教育"不如没有，而"批量生产式"的"教育"早就应该停止了。

2. 注重教学整体性、自然性，使教学具有实效性、实用性。高职语文教育必须考虑语文的工具性特点，要使学生把所积累的语言知识转化为相关的听、说、读、写的能力，听、说必须注重日常的、事务性的交际用语，读、写必须注重与学生的人格塑造、就业及生活相结合。尤其要面对高职学生的就业需要，重点考虑学生怎样适应毕业后的工作汉语急需。在这个过程中，要注重教学整体性、自然性，尽量照顾个体差异，做到教学有效、实用。

3. 注重教学设计，模拟学生自然、真实汉语生活。在尊重语言整体性、遵循语言教育自然性及语言学习的特殊性的前提下，注重教学设计，顺应学生内心需要，模拟学生真实汉语生活，快乐教学。现在的高职汉语教学样式陈旧，缺乏教学设计，更缺乏有艺术感且符合语言教学本质的令人耳目一新的创意设计。究其原因，在于教师无法了解或无暇了解或不愿了解学生生活，也就无从进入学生自然、真实汉语生活，教学沟通也就难以发生。所以，注重教学设计还要做许多深入细致的工作。

诚然，以上的想法没有一点容易实现，但高职汉语教改的意义与价值也就在此。

（二）措施

1. 教学形式生活化。教师要走下讲台，打破师生界限，使教学形式生活化。在这方面欧美教师有很多可取之处。课堂不太拘于形式，符合语言教学自然，师生容易沟通。教学设计既要源于学生生活实际，又要指向学生生活实际，让每次课都要与学生现实生活紧密相连。比如写作课，可以从学生关切的问题开始，继之以共同思考、讨论，以便适应学生思维水平，进而将其思维引向理性，还要在黑板上或屏幕上与学生们即时共同创作，让学生深切体会一篇规范的文章诞生的全过程。这样的过程既有益于学生发现自己的写作技术误区，又能使学生在人文教育层面受到潜移默化的影响。教师讲课时要使用学生听得懂的语言。使用这样的语言容易取得学生信任，能增强教学效果。要极其认真地设计教学过程，使所讲内容与学生生活自然地、浑然一体地联系起来，这样才能走进并影响学生的心灵。要真正关心学生，要平等地、真诚地与学生交流，不要"公事公办"，不要"师道尊严"，这样才能形成

语文教学的开放性结构，从而增强语文学习的趣味性，提高学习效率，使学生学到真正的语文。这样的教学设计既源于生活，又亲近自然，益处多多，值得提倡。总之，语文教学活动既是生活的一部分，就应以生活视之。

2. 教学内容生活化。要使教材内容与学生生活发生联系。只有与学生生活相关的材料才能引发他们的兴趣。别人觉得重要的在他们那里不见得重要，比如那些充满"义理"的文言文，教师讲得兴高采烈，学生听得昏昏欲睡，可谓事与愿违。现在大学生人文教育效果之所以不理想，很大一部分原因就是教育内容与现实生活脱节，这不仅无益，而且有害，滋养了麻木不仁，同时也断送了工具性语文知识的学习。因此，要把道理讲得喜闻乐见、深入浅出，才能使人接受，要使听、说、读、写贴近高职生就业现实才能发生实效。必须研究就业所需的基本汉语技能是什么，以便有针对性地进行汉语教学内容配置。例如写作教学，应重点让学生练习各种实际所需的应用文，写好最一般的实用文。写作教学还应跟信息社会接轨。未来社会是信息化的社会，高科技将在日常工作和生活中被广泛应用，语文教育要努力使学生能适应这样的社会，让学生学会接收、处理和利用信息。从这一点看，高职汉语教学差距实在是太大了。只是一味抱怨高职生汉语水平低而不做积极的改进，这既不负责，也有失公允。事实上，从工具性语言教学看，我们起码应该教会学生以下技能：从书面材料或采访中收集信息并加以整理；从图书馆获取所需资料；正确使用录像、录音等设备；熟悉印刷品制作；正确操作各种办公自动化设备；能够在计算机上完成全部写作及纸质化过程。为什么要这样呢？因为现代生活已然如此，只是我们的汉语教学还在盲人骑瞎马罢了。

3. 要建设汉语课程群，并使课程设置模块化。要将高职汉语教学理念具体化为具有内在联系的多学科门类相配合的教学形式。这就要进行汉语课程群建设。可以开设一两门主干课程，再辅以多门选修课程，以此保障大学生人文素养与汉语技能教育的合理结构。比如将《汉语与信息技术》和《实用文写作》作为主干课程，培养学生社会应变能力和基本写作技能。选修课可以开设各类经典《艺术欣赏》以培养学生的人文精神、丰富学生的人文知识，可以开设《公关礼仪》以训练学生良好的交际能力，可以开设《中外思想史》以训练学生良好的宏观眼光，可以开设《科学技术史》以培养学生对科学技术的综合感知，可以开设《汉语口才》以训练学生良好的语言能力，如此等等，可以想象的空间很大。当然，汉语课程群建设科学性需要仔细论证，需要根据培养目标来进行模块化设计。专业不同，培养目标不同，学生个体情形不同，模块儿也不同。只要认真探索，相信会日臻完善。

4. 考核与评价多样化。考评不是为了难住学生，而是为了促进学生综合素质的提高。在考评时应关注学生在完成实际任务中所表现出来的各种能力，考评的重点应放在如何使学生的这些能力得到发展和提高上，而不仅仅是如何判断学生的这些能力。考评应着眼于学生的差异性和多样性，突破麻木、刻板、陈陈相因的传统考评模式，通过多样性使考评更富实效。鉴于高职教育的特异性，也许最直接、最有效的考评方式就是实操考评，在这方面高职汉语教学考评有许多潜力可挖。为此，要完善实操考评细节，注重可操作性，将考评对象表现尽可能量化，建立相关制度，避免流于空泛。

五、结论

考虑到高职特异性、具有前瞻性的人文眼光、坚持"以用为学"方向、顺应语言学习内在规律的自然语文教育理念呼之欲出，它的实践将有助于高职汉语教学摆脱不利局面。只要解放思想、尊重语言科学规律、做到语言教学的实事求是，相信高职汉语教学终将迎来新局面。

【参考文献】

［1］付宜红．日本语文教育研究［M］．北京：北京师范大学出版社，2003．
［2］钟启泉，倪文锦，等．语文教育展望［M］．上海：华东师范大学出版社，2002．
［3］吴庆麟，胡谊，等．教育心理学［M］．上海：华东师范大学出版社，2003．
［4］何琰．创建高职语文学习评价新标准［J］．南通航运职业技术学院学报，2004（3）．
［5］叶圣陶．语文是一门怎样的功课［M］．南京：江苏教育出版社，1992．

(二) 知识链接

第一步，建一个模板。

假如你得到一篇论文题目，下一步该怎么办呢？就是先建一个模板。这个模板意味着什么？它意味着只要完全依照这个模板的格式去仿制，就可以得到一篇形式高度规范的论文。

假如我们从网上搜到了一篇论文——《高职汉语教育理念及实践》，看上去很符合论文写作规范，则这篇论文就可以当作模板。接下来就可以新建一个文档下载这篇论文。

一个模板建好后，就可以转入下一步操作了。只是需要注意：要尽量找知名学府、知名人士的文章。

找出所作文章题目中的关键词，列一个写作提纲。

列写作提纲至少有两种方法：

第一，在给定题目上附三个中心词。这三个中心词分别是：

①"……现存问题"；
②"……问题分析"；
③"……解决办法"。

例如得到的题目是："论中国素质教育"，要确定"论中国素质教育"的写作提纲，则可这样操作：

①"中国素质教育"现存问题；
②"中国素质教育"问题分析；
③"中国素质教育"解决办法。

这就得到了一个初级的写作提纲。依照这个写作提纲，将这三个短句在互联网依次搜索，就会得到一些大致有序的材料。

第二步，分析题目的隐含关键词。

如"中国素质教育"这个题目所隐含的关键词：

①"教育"概念；
②"素质"概念；
③"素质教育"的概念；
④"素质教育"的历史；
⑤"素质教育"的内容；
⑥"素质教育"的范例；
⑦"中国人素质"；
⑧"外国人素质"；
⑨"中国人素质教育"；

⑩"外国人素质教育"。

像这样的隐含关键词可以找出很多，不能一一列举。依照这些短句搜索的材料会更有内涵，可以丰富写作提纲里的相关问题。这样，我们就得到一个较丰富的写作提纲。

至此可以转入下一步操作。

第三步，进入一个互联网站。

在搜索处输入文章的关键词，将搜索所得依写作提纲排列，就会得到下列自成逻辑的资讯材料。

（1）"中国素质教育"现存问题

①教育部部长接受人民日报采访谈素质教育有关问题（正文略）。

②独生子女素质教育：心理问题透析（正文略）。

③浅议高校素质教育的问题与对策（正文略）。

④"素质教育"出问题了？剑桥也要选高分（正文略）。

⑤素质教育6问题勿忽视4因素束缚发展（正文略）。

（2）"中国素质教育"问题分析

①国奥斗殴淡化处理——日记者分析中国"素质教育"（正文略）。

②清思、反思、再思（正文略）。

（3）"中国素质教育"解决办法

①着眼能力，培养"四快"——语文学科素质教育探索（正文略）。

②元认知理论与大学生情感素质的培养（正文略）。

③高考改革是素质教育突破口（正文略）。

④"新教育"，向理想迈进（正文略）。

在搜索处输入"中国素质教育"这个题目所隐含的关键词，就会得到以下资讯材料：

（1）"教育"概念

①教育概念辨正。

②教育技术的定义引发的思考。

（2）"素质"概念

①广义的"素质"概念。

②狭义的"素质"概念。

（3）"素质教育"的概念

①"素质教育"的定义。

②素质教育的概念、内涵及相关理论。

（4）"素质教育"的历史

①"素质教育"的历史的相关焦点。

②素质教育的历史脉络与未来取向——兼理新中国教育目的之演进。

（5）"素质教育"的内容

素质教育包括哪些内容。

（6）"素质教育"的范例

①周济盛赞《恰同学少年》提供素质教育范本。

②哲学对答中国最成功的素质教育范例。

（7）"中国人素质"

①中国人的素质到底怎样。

②中国人素质研究。

（8）"外国人素质"

①国人与外国人素质之比较。

②关于外国人素质。

有了上面两大组文字，就有了很多写作素材，相信起码可以开始写"中国素质教育"这篇文章了。下面转入文章写作与整理。

第四步，整理成文。

将所得资讯整理并以之开拓、修正自己的思路，其主体结构一定不外"提出问题——分析问题——解决问题"框架，这样，"中国素质教育"这篇论文也就在内容与形式上具备文章的雏形了。比如说，可以将这篇论文整理成下列形式：

一、"中国素质教育"现存问题

（一）……

1.……

2.……

（二）……

1.……

2.……

（三）……

1.……

2.……

二、"中国素质教育"问题分析

（一）……

1.……

2.……

（二）……

1.……

2.……

三、"中国素质教育"解决办法

（一）……

1.……

2.……

（二）……

1.……

2.……

将这篇论文的上述形式一一填入模板文章的相应位置（切勿改变模板文章的所有形式要素），并整理相关内容，就得到了文章的主体部分。再写出摘要、提炼出关键词、写出导语（正文第一段）、提出结论（结尾）、补出参考文献，论文初稿也就出来了。下面转入文章修改。

第五步，具体修改步骤。

（1）疏通全文条理

应着眼于文章整体的逻辑性。如《中国素质教育》的整体逻辑为：由现存问题，进而提出问题，从理论高度来分析这些问题，找出事物内在逻辑与规律性，进而提出解决这些问题的具体思路与方法。也即针对问题→提出问题→分析问题→解决问题。根据这个逻辑性，多余者去之，不足者添之。

（2）疏通每段条理

可采用总分结构：每段以一句话总括开头，以句号打住，下面分述。

（3）修改病句

（4）改正错别字

（5）规范标点

此外，再做些文面整饰工作，文章修改工作就告一段落了。

需要特别指出的是，这里所提供的方法只是为了同学们快速、高效地收集、整理信息，只具有技术的、形式的意义。要写出一篇好文章，必须有自己独特的思想。只有独特的思想才能赋予所收集的资讯以新生命。那种"下载完毕文章即成"的做法必将以害人害己告终。

三、常见错误

除了前文白纸写作所提常见错误外，互联网咨询整理写作还常有以下错误：

①结构与层次问题：结构混乱，层次不清，文章缺乏逻辑性。这种情况主要是由于没有自己的思想，又不能很好地理解所收集的资料所致。

②署名位置问题：署名位置常常错误。

③参考文献问题：参考文献标注不规范。

四、作业展示及评议

第三模块

话语训练

说话能力是人们必须具备的一种语言能力。随着社会的进步和科学文化的发展，人与人之间的多层次多领域的接触越来越多，良好的语言表达能力也越来越成为学生必备的一种能力。

提高学生的口语交际能力的方法是多样的，途径也各不相同。只要教师认真分析学生的现状，充分挖掘教学资源潜力，不断改进教学方法，积极鼓励每一位学生，那么学生在此方面肯定有长足的发展。

本模块旨在培养学生的口语交际能力，主要在交谈、主持、演讲、谈判、论辩、面试等方面进行系统训练。

第一项任务：语音训练

学时：2学时。

一、情景设定

结合学生实际情况，充分发挥想象力，设计能够引起学生参与语音训练兴趣的导入方式，使授课内容生活化，让学生在使用中学习。要求：

一是教师要讲清语音的意义、相关理论、训练方法等问题。

二是教师要依照语音相关要求严格管理，真正做到一丝不苟。

二、知识链接

普通话水平测试内容、要求及注意事项。

（一）测试内容

1. 读单音节字词100个

共10分。要求每个音节的声韵调必须饱满，读题时音节中只要有一个成分错误，该字就被扣0.1分，如有缺陷（发音介于正误之间），被扣0.05分。声调缺陷按四声分别量化，每个调型不到10次则按实际量化，超过10次则按一个调型一次性扣0.5分。

2. 读双音节词语50个

共20分。要求读出音变。应试者如有声韵调、轻声、儿化、变调等错误，每个音节扣0.2分，缺陷扣0.1分。声调的缺陷10次以内量化扣分，每个调型超过10次按系统一次性扣0.1分。

3. 朗读

共30分。语音错误每个音节扣0.1分,漏字、添字、回读每个音节扣0.1分。不同程度地存在方言语调酌情扣0.5~3分,语速过快或过慢扣1分,停顿不当每次扣0.5~1分。

4. 说话

共40分。话题从《普通话水平测试指南》的50个谈话题目中抽签决定。测试时当场抽签,每张题签上有两个话题,应试者从中任选一题单向说话3分钟。

(二) 测试要求

所有四项测试内容一律按照横向从左至右的顺序来读;不许说试题以外的内容。

(三) 测试时具体注意事项

1. 读单音节字词

读单音节字词要求如下:

①每个字读一遍,如果确实需要改,可以读第二遍,但不允许读第三遍、第四遍。有第二遍读音的,一律以第二遍读音为准进行判定。

②多音字只需要读出一种读音,一定不要读出该字的所有读音。

③不允许读出轻声和儿化音。

④不要省略某个字的读音,否则以错误对待,扣除该字的全部分数。

⑤本题限时3.5分钟,超时扣分。超时1分钟以内,扣0.5分;超时1分钟以上(含1分钟),扣1分。

2. 读双音节词语

读双音节词语要求如下:

①每个词读一遍,如果确实需要改,可以读第二遍,但不允许读第三遍、第四遍。有第二遍读音的,一律以第二遍读音为准进行判定。

②不要省略某个词的读音,否则以错误对待,扣除该词的全部分数。

③注意轻声、儿化和变调的读音。

④注意读词语时的轻重音格式。

⑤本题限时2.5分钟,超时扣分。超时1分钟以内,扣0.5分;超时1分钟以上(含1分钟),扣1分。

3. 朗读短文

朗读短文要求如下:

①朗读注意准确,尽量避免错字、漏字、增字、换字等现象出现。

②注意朗读语气的变化。

③朗读注意流畅,尽量避免回读和不连贯的现象发生。

④读到文中标注"//"处即可停止,此处为400个音节位置,评分一律在400个音节以内进行。对于400个音节以外的内容即使应试人读得有问题,也不再统计和扣分。但注意要把末尾句子读完整,可以读到出现第一个标点处停止。

⑤本项测试限时4分钟,只要超时,不论长短,一律扣1分。

4. 命题说话 3 分钟

命题说话要求如下：

①从给出的两个题目中任选一个题目说话。不允许自行选择其他说话题目，也不允许中途换题。

②说话是单向进行，不是双向交流，注意流畅和连贯。

③说话必须说够 3 分钟。说话不足 3 分钟，酌情扣分（一般每缺 20 秒扣一分）：缺时 1 分钟以内（含 1 分钟），扣 1 分、2 分或 3 分；缺时 1 分钟以上，扣 4 分、5 分和 6 分；说话不满 30 秒（含 30 秒），本测试项成绩计为 0 分。说话满 3 分钟，应试人停止，但应把最后一句话表达完整。

三、常见问题

（一）容易读错的字音集录

A　腌 ā 臜 zā　　　白皑皑 ái　　　狭隘 ài　　　谙 ān 熟

B　刚愎 bì 自用　　摈 bìn 除　　　针砭 biān　　麻痹 bì 大意　　迸 bèng 裂
　　秕 bǐ 谷　　　　蚌 bèng 埠　　庇 bì 护　　　裨 bì 益　　　　辅弼 bì
　　衣钵 bō　　　　胳臂 bei　　　濒 bīn 危　　　玉帛 bó

C　忖 cǔn 度　　　　抻 chēn 面　　杵 chǔ 臼　　　侪 chái 辈　　　鞭笞 chī
　　惆怅 chàng　　　憧 chōng 憬　　蹙 cù 迫　　　寒碜 chen　　　参 cēn 差 cī
　　嗔 chēn 怒　　　粗糙 cāo　　　阐 chǎn 明　　　忏 chàn 悔　　　颤 chàn 动
　　晒场 cháng　　　徜 cháng 徉　　惩 chéng 罚　　炽 chì 热　　　　怆 chuàng 然
　　辍 chuò 学　　　雌 cí 雄　　　淳 chún 朴　　　驰骋 chěng　　　流水淙淙 cóng
　　如愿以偿 cháng　风驰电掣 chè　为虎作伥 chāng　瞠 chēng 目结舌
　　一蹴 cù 而就　　相形见绌 chù　天寒地坼 chè　　一刹 chà 那　　　一场 cháng 雨

D　迨 dài 荡（舒缓荡漾）　　　　　玷 diàn 污　　　沉淀 diàn　　　咄咄 duō 逼人
　　真谛 dì　　　　根深蒂 dì 固　　缔 dì 结　　　　恫 dòng 吓　　　傣 dǎi 族
　　河堤 dī　　　　掂 diān 量　　　句读 dòu　　　　踮 diǎn 着脚　　嫉妒 dù
　　打盹 dǔn　　　跺 duò 脚　　　　洗涤 dí

E　山阿 ē　　　　讹 é 传　　　　　婀 ē 娜

F　讣 fù 告　　　　梵 fàn 文　　　沸 fèi 腾　　　　珐 fà 琅　　　　涪 fú 陵
　　扉 fēi 页

G　藏污纳垢 gòu　日无暇晷 guǐ（没有一点空闲）　曲肱 gōng 而枕　百舸 gě 争流
　　觥 gōng 筹交错　打嗝 gé　　　旮 gā 旯 lá　　　鳜 guì 鱼　　　　灌溉 gài
　　搁 gē 浅　　　蛤 gé 蜊

　　癸 guǐ 亥（干支纪年中一个循环的第 60 年称"癸亥年"）　　　　　桎梏 gù
　　尴 gān 尬 gà　犷 guǎng 悍　　佝 gōu 偻　　　　刽 guì 子手

H　怙 hù 恃（依靠、凭借）　　　　干涸 hé　　　　讳 huì 言　　　　麾 huī 下
　　薅 hāo 苗　　弹劾 hé　　　　　诨 hùn 号　　　教诲 huì　　　　　膏肓 huāng

	酣 hān 睡	徘徊 huái	豢 huàn 养	蛤 há 蟆	恫吓 hè
	蛮横 hèng	沟壑 hè	浑 hún 浊	契诃 hē 夫	一丘之貉 hé
	引吭 háng 高歌	不容置喙 huì	浣 huàn 溪沙		
J	歼 jiān 灭	规矩 ju	畸 jī 形	倔强 jiàng	
	箕 jī 踞 jù（两腿分开而坐）		汲 jí 取	自刭 jǐng	镌 juān 刻
	沮 jǔ 丧	狙 jū 击	浸 jìn 透	痉 jìng 挛	痈疽 jū
	信笺 jiān	缄 jiān 默	龃 jǔ 龉 yǔ（上下牙齿对不齐，比喻意见不合）		
	僭 jiàn 越	打醮 jiào（道士设坛为人做法事，求福禳灾的一种法事活动）			
	觊 jì 觎	脊 jǐ 梁	纪 jì 律	鲫 jì 鱼	伎 jì 俩 liǎng
	木匠 jiàng	发酵 jiào	地窖 jiào	抢劫 jié	粳 jīng 稻
	校 jiào 对	嗟 jiē 叹	诘 jié 责	拮 jié 据	皎 jiǎo 洁
	棘 jí 手	羁 jī 绊	迥 jiǒng 然	草木菁菁 jīng	含英咀 jǔ 华
	汗流浃 jiā 背				
K	同仇敌忾 kài	岿 kuī 然不动	恪 kè 守	缂 kè 丝	脍 kuài 炙人口
	喟 kuì 然长叹	揆 kuí 度 duó（揆：音'葵'；度：音'夺'；揆度：估量，揣测）			
	铿 kēng 锵	振聋发聩 kuì	鸟瞰 kàn	傀 kuǐ 儡	窠 kē 臼
	咖 kā 啡	磕 kē 头	感慨 kǎi	倥 kǒng 偬 zǒng	残酷 kù
	市侩 kuài	跬 kuǐ 步	魁 kuí 伟	括 kuò 号	轮廓 kuò
L	莅 lì 临	粮 láng 莠	鹤唳 lì	奶酪 lào	裸 luǒ 体
	雕镂 lòu	旱涝 lào	烙 lào 印	聋 lóng 子	囹 líng 圄
	鄰鄰 lín	贿赂 lù	褴 lán 褛 lǚ	脉络 luò	履 lǚ 历
M	泯 mǐn 灭	消弭 mǐ	耄 mào 耋 dié 之年		妩媚 mèi
	阴霾 mái	蓦 mò 地	抹 mā 布	抹 mǒ 杀	埋 mán 怨
	闷 mēn 热	愤懑 mèn	分娩 miǎn	贸 mào 易	联袂 mèi
	脉脉 mò	糜 méi 子			
N	泥泞 nìng	拈 niān 轻怕重	呶呶 náo 不休	按捺 nà	木讷 nè
	赧 nǎn 然	泥淖 nào	阻挠 náo	端倪 ní	花蔫 niān 了
	销声匿 nì 迹	肆虐 nüè	怯懦 nuò		
P	越俎代庖 páo	抨 pēng 击	咆 páo 哮	骈 pián 文	毗 pí 邻
	饿殍 piǎo	妃嫔 pín	媲 pì 美	熊罴 pí	癖 pǐ 好
	手帕 pà	奇葩 pā 异草	趴 pā 下	澎湃 pài	蹒 pán 跚
	土坯 pī	纰 pī 漏	剽 piāo 窃	滂 pāng 沱	一抔 póu 土
	喷 pēn 气	瞥 piē 见			
Q	收讫 qì	迄 qì 未见效	倩 qiàn 影	挈 qiè 带	悭 qiān 吝 lìn
	倾 qīng 倒	掮 qián 客	惬 qiè 意	乐阕 què	
	罪 zuì 愆 qiān（罪过；过失）		蜷 quán 伏	书箧 qiè	锲 qiè 而不舍
	面面相觑 qù	砍樵 qiáo	引擎 qíng	天堑 qiàn	
	茕茕 qióng 孑立，形影相吊		肯綮 qìng	沏 qī 茶	分歧 qí
	蹊 qī 跷 qiao	刀鞘 qiào	菜畦 qí	地壳 qiào	债券 quàn

	修葺 qì	绮 qǐ 丽	憔 qiáo 悴	休憩 qì	踉跄 qiàng
	苍穹 qióng	逡 qūn 巡			
R	鹿茸 róng	冗 rǒng 杂	方枘 ruì 圆凿	睿 ruì 智	妖娆 ráo
S	吮 shǔn 吸	苫 shàn 布	妊娠 shēn	莘莘 shēn 学子	婆娑 suō
	悚 sǒng 惧	涮 shuàn 洗	摄 shè 取	海市蜃 shèn 楼	回溯 sù
	塑 sù 料	别墅 shù	赡 shàn 养	仗恃 shì	朔 shuò 风
	众口铄 shuò 金	唆 suō 使	鹰隼 sǔn	歃 shà 血为盟	韶 sháo 华
	嗾 sǒu 使	霎 shà 时	缫 sāo 丝	舐 shì 犊	芍 sháo 药
	虱 shī 子	摔 shuāi 跤	游说 shuì	晌 shǎng 午	蚀 shí 本
	粉碎 suì	怂 sǒng 恿	搜索 suǒ	煽 shān 动	慑 shè 服
	上溯 sù	矍 jué 铄 shuò			
T	岸芷汀 tīng 兰	彤 tóng 云密布	千里迢迢 tiáo	鞭挞 tà	倜 tì 傥 tǎng
	孝悌 tì	腆 tiǎn 着肚子	臀 tún 部	恬 tián 不知耻	荼 tú 毒
	蜕 tuì 变	湍 tuān 急	暴殄 tiǎn 天物	坍 tān 塌	绦 tāo 虫
	喷嚏 tì	悲恸 tòng	颓 tuí 废	水獭 tǎ	轻佻 tiāo
W	逶 wēi 迤	绾 wǎn 结	猥 wěi 亵	冒天下之大不韪 wěi	
	豌 wān 豆	韦 wéi 编 biān	三 sān 绝 jué（韦：熟牛皮）	侮 wǔ 辱	
	斡 wò 旋	女娲 wā	瓜蔓 wàn	剜 wān 肉	老翁 wēng
X	纤 xiān 维	泫 xuàn 然泪下	抚恤 xù	垂涎 xián 三尺	绚 xuàn 烂
	炫 xuàn 目	眩 xuàn 晕	不屑 xiè	酗 xù 酒	渲 xuàn 染
	眼眵 xíng 口涩	霰 xiàn 雪	呷 xiā 一口酒	要挟 xié	骁 xiāo 勇
	癫痫 xián	采撷 xié	檄 xí 文	膝 xī 盖	机械 xiè
	省 xǐng 亲	白皙 xī	狡黠 xiá	肖 xiào 像	偕 xié 行
	黑魆魆 xū	轩 xuān 昂	戏谑 xuè	一张一翕 xī	寻衅 xìn
	混淆 xiáo	迁徙 xǐ	自诩 xǔ	星宿 xiù	
Y	迂 yū 腐	造诣 yì	怏 yàng 然	原宥 yòu	梦魇 yǎn
	良莠 yǒu 不齐	后裔 yì	瘐 yǔ 死	鬼蜮 yù	呜咽 yè
	老妪 yù	奄奄 yǎn 一息	娱 yú 乐	揠 yà 苗助长	争妍 yán
	赝 yàn 品	研 yán 究	俨 yǎn 然	佳肴 yáo	笑靥 yè
	肄 yì 业	荫 yìn 庇	伛偻 yǔ lǚ	熨 yù 帖	熨 yùn 斗
	艺苑 yuàn	锁钥 yuè	蕴 yùn 藏	墙隅 yú	荡漾 yàng
	怡 yí 然	舆 yú 论	摇曳 yè	游弋 yì	无边无垠 yín
	杳 yǎo 无音信				
Z	沼 zhǎo 气	诤 zhèng 友	栉 zhì 比	砧 zhēn 板	梓 zǐ 里
	睚眦 zì 必报	破绽 zhàn	訾 zǐ 议（议论）	渣滓 zǐ	
	乌烟瘴 zhàng 气	渐臻 zhēn 佳境	擢 zhuó 升	濯 zhuó 足	卷帙 zhì 浩繁
	叱咤 zhà 风云	对峙 zhì	手足胼胝 zhī	谆谆 zhūn 告诫	精湛 zhàn
	箴 zhēn 言	眨 zhǎ 眼	栅 zhà 栏	胡诌 zhōu	贮 zhù 存
	浸渍 zì	捉贼 zéi	憎 zēng 恨	摘 zhāi 取	甘蔗 zhe

秩 zhì 序　　幼稚 zhì　　浑浊 zhuó　　钻 zuān 研　　咱 zán 们
穿凿 záo　　赠 zèng 送　　住宅 zhái　　机杼 zhù　　箭镞 zú
锃 zèng 亮　　铡 zhá 刀　　缜 zhěn 密　　墨汁 zhī　　戆 zhuàng 直
编纂 zuǎn　　恣 zì 情　　蘸 zhàn 水　　货栈 zhàn　　凝滞 zhì
敝帚 zhǒu 自珍

（二）多音多义字练习

①单：单（shàn，姓）老师说，单（chán 于匈奴族首领）只会骑马，不会骑单（dān）车。

②折：这两批货物都打折（zhé）出售，严重折（shé）本，他再也经不起这样折（zhē）腾了。

③喝：武松大喝（hè）一声："快拿酒来！我要喝（hē）十二碗。"博得众食客一阵喝（hè）彩。

④着：你这着（zhāo 名词）真绝，让他干着（zháo 动词）急，又无法着（zhuó）手应付，心里老是悬着（zhe）。

⑤都：大都（dū 名词）市的人口都（dōu 副词）很多。

⑥量：野外测量（liáng）要量（liàng）力而行。

⑦沓：他把纷至沓（tà）来的想法及时写在一沓（dá）纸上，从不见他有疲沓（ta）之色。

⑧烊：商店晚上也要开门，打烊（yàng 晚上关门）过早不好，糖烊（yáng 溶化）了都卖不动了。

⑨载：据史书记载（zǎi），王昭君多才多艺，每逢三年五载（zǎi）汉匈首脑聚会，她都要载（zài）歌载（zài）舞。

⑩曝：陈涛参加体育锻炼缺乏毅力、一曝（pù）十寒的事情在校会上被曝（bào）光，他感到十分羞愧。

⑪宁：尽管他生活一直没宁（níng）静过，但他宁（nìng）死不屈，也不息事宁（níng）人。

⑫和：天气暖和（huo），小和（hé）在家和（huó 动词）泥抹墙；他讲原则性，是非面前从不和（huò）稀泥，也不随声附和（hè 动词）别人，更不会在麻将桌上高喊："我和（hú）了。"

⑬省：××副省（shěng）长李大强如能早些省（xǐng）悟，就不至于丢官弃职、气得不省（xǐng）人事。

⑭拗：这首诗写得太拗（ào）口了，但他执拗（niù）不改，气得我把笔杆都拗（ǎo）断了。

⑮臭：臭气熏天的臭（chòu）是指气味难闻，无声无臭的臭（xiù）是泛指一般气味。

⑯度：度（dù 姓）老师宽宏大度（dù 名词），一向度（duó 动词）德量力，从不以己度（duó 动词）人。

⑰哄：他那像哄（hōng）小孩似的话，引得人们哄（hōng）堂大笑，大家听了一哄（hòng）而散。

⑱丧：他穿着丧（sāng）服，为丧（sāng）葬费发愁，神情沮丧（sàng）、垂头丧（sàng）气。
⑲差：他每次出差（chāi）差（chà）不多都要出点差（chā）错。
⑳扎：鱼拼命挣扎（zhá），鱼刺扎（zhā）破了手，他随意包扎（zā）一下。
㉑埋：他自己懒散，却总是埋（mán）怨别人埋（mái）头工作。
㉒盛：盛（shèng）老师盛（shèng）情邀我去她家做客，并帮我盛（chéng）饭。
㉓匙：汤匙（chí）、钥匙（shi）都放在桌子上。
㉔创：勇于创（chuàng）造的人难免会遭受创（chuāng）伤。
㉕伯：我是她的大伯（bó），不是她的大伯（bǎi）子。
㉖疟：发疟（yào）子就是患了疟（nüè）疾。
㉗看：看（kān）守大门的保安也很喜欢看（kàn）小说。
㉘行：银行（háng）发行（xíng）股票，报纸刊登行（háng）情。
㉙艾：他在耆艾（ài）之年得了艾（ài）滋病，整天自怨自艾（yì）。
㉚把：你把（bǎ）水缸把（bà）摔坏了，以后使用没把（bǎ）柄了。
㉛传：《鸿门宴》是汉代传（zhuàn）记而不是唐代传（chuán）奇。
㉜荷：荷（hé）花旁边站着一位荷（hè）枪实弹的战士。
㉝涨：我说她涨（zhǎng）了工资，她就涨（zhàng）红着脸摇头否认。
㉞奇：数学中奇（jī）数是最奇（qí）妙的。
㉟炮：能用打红的炮（pào）筒炮（bāo）羊肉和炮（páo）制药材吗？
㊱给：请把这封信交给（gěi）团长，告诉他，前线的供给（jǐ）一定要有保障。
㊲冠：他得了冠（guàn）军后就有点冠（guān）冕堂皇了。
㊳干：穿着干（gān）净的衣服干（gàn）脏活，真有点不协调。
㊴巷：矿下的巷（hàng）道与北京四合院的小巷（xiàng）有点相似。
㊵薄：薄（bò）荷油味不薄（báo），很受欢迎，但要薄（bó）利多销。
㊶拓：拓片、拓本的"拓"读 tà，开拓、拓荒的"拓"读 tuò。
㊷恶：这条恶（è）狗真可恶（wù），满身臭味，让人闻了就恶（ě）心。
㊸便：局长大腹便便（pián），行动不便（biàn）。
㊹宿：小明在宿（sù）舍说了一宿（xiǔ）有关星宿（xiù）的常识。
㊺号：受了批评，那几名小号（hào）手都号（háo）啕大哭起来。
㊻藏：西藏（zàng）的布达拉宫是收藏（cáng）大藏（zàng）经的宝藏（zàng）。
㊼轧：轧（zhá）钢车间的工人很团结，没有相互倾轧（yà）的现象。
㊽卡：这辆藏匿毒品的卡（kǎ）车在过关卡（qiǎ）时被截住了。
㊾调：出现矛盾要先调（diào）查，然后调（tiáo）解。
㊿模：这两件瓷器模（mú）样很相似，像是由一个模（mó）型做出来的。
51没：驾车违章，证件被交警没（mò）收了，他仍像没（méi）事一样。
52舍：我真舍（shě）不得离开住了这么多年的宿舍（shè）。
53殷：老林家境殷（yīn）实，那清一色殷（yān）红的实木家具令人赞叹不已。
54还：下课后我还（hái）要去图书馆还（huán）书。
55系：你得系（jì）上红领巾去学校联系（xì）少先队员来参加活动。

(56)假：假（jiǎ）如儿童节学校不放假（jià），我们怎么办？
(57)降：我们有办法使从空中降（jiàng）落的敌人投降（xiáng）。
(58)脯：胸脯（pú）、果脯（fǔ）不是同一个读音。
(59)间：他们两人之间（jiān）的友谊从来没有间（jiàn）断过。
(60)石：两石（dàn）石（shí）子不够装一卡车。
(61)劲：球场上遇到劲（jìng）敌，倒使他干劲（jìn）更足了。
(62)茄：我不喜欢抽雪茄（jiā）烟，但我喜欢吃番茄（qié）。
(63)刨：我刨（bào 推刮）平木头，再去刨（páo 挖掘）花生。
(64)弹：这种弹（dàn）弓弹（tán）力很强。
(65)颤：听到这个噩耗，小刘颤（zhàn）栗，小陈颤（chàn）抖。
(66)扒：他扒（bā）下皮鞋，就去追扒（pá）手。
(67)散：我收集的材料散（sàn）失了，散（sǎn）文没法写了。
(68)数：两岁能数（shǔ）数（shù）的小孩已数（shuò）见不鲜了。
(69)参：人参（shēn）苗长得参（cēn）差不齐，还让人参（cān）观吗？
(70)会：今天召开的会（kuài）计工作会（huì）议一会（huì）儿就要结束了。
(71)簸：他用簸（bò）箕簸（bǒ）米。
(72)吓：敌人的恐吓（hè）吓（xià）不倒他。
(73)胖：肥胖（pàng）并不都是因为心宽体胖（pán），而是缺少锻炼。
(74)耙：你用犁耙（bà）耙（bà）地，我用钉耙（pá）耙（pá）草。
(75)伺：边伺（cì）候他边窥伺（sì）动静。
(76)好：好（hào）逸恶劳、好（hào）为人师的做法都不好（hǎo）。
(77)咳：咳（hāi）！你怎么又咳（ké）起来了？
(78)处：教务处（chù）正在处（chǔ）理这个问题。
(79)囤：大囤（dùn）、小囤（dùn），都囤（tún）满了粮食。
(80)缝：这台缝（féng）纫机的台板有裂缝（fèng）。
(81)澄：澄（dèng）清混水易，澄（chéng）清问题难。
(82)扇：他拿着扇（shàn）子却扇（shān）不来风。
(83)得：你得（děi 必须）把心得（dé）体会写得（de）具体、详细些。
(84)屏：他屏（bǐng）气凝神躲在屏（píng）风后面。
(85)几：这几（jǐ）张茶几（jī）几（jī）乎都要散架了。
(86)卷：考卷（juàn）被风卷（juǎn）起，飘落到了地上。
(87)乐：教我们音乐（yuè）的老师姓乐（yuè），他乐（lè）于助人。
(88)了：他瞭望半天，对地形早已了（liǎo）如指掌了（le）。
(89)吭：小李一声不吭（kēng），小王却引吭（háng）高歌。
(90)粘：胶水不粘（nián）了，书页粘（zhān）不紧。
(91)畜：畜（xù）牧场里牲畜（chù）多。
(92)称：称（chèng 同“秤”）杆的名称（chēng）、实物要相称（chèn）。
(93)弄：别在弄（lòng）堂里玩弄（nòng）小鸟。
(94)俩：他兄弟俩（liǎ）耍猴的伎俩（liǎng）不过如此。

㊾露：小杨刚一露（lòu）头，就暴露（lù）了目标。
㊿重：老师很重（zhòng）视这个问题，请重（chóng）说一遍。
㉗率：他办事从不草率（shuài），效率（lǜ）一向很高。
㉘空：有空（kòng）闲就好好读书，尽量少说空（kōng）话。
㉙泊：小船漂泊（bó）在湖泊（pō）里。
⑩朝：我朝（zhāo）气蓬勃朝（cháo）前走。
⑪膀：膀（páng）胱炎会使人膀（pāng）肿吗？
⑫校：上校（xiào）到校（jiào）场找人校（jiào）对材料。
⑬强：小强（qiáng）很倔强（jiàng），做事别勉强（qiǎng）他。
⑭塞：塞（sài）外并不闭塞（sè）。塞（sāi）子塞（sāi）不住漏洞。
⑮辟：随意诬陷人搞封建复辟（bì）可不行，得辟（pì）谣。
⑯倒：瓶子倒（dǎo）了，水倒（dào）了出来。

（三）容易读错写错的成语

暴戾恣睢（lì suī）	焚膏继晷（guǐ）	比肩接踵（zhǒng）	风声鹤唳（lì）
别出机杼（zhù）	高屋建瓴（líng）	并行不悖（bèi）	蛊惑人心（gǔ）
缠绵悱恻（fěi）	沆瀣一气（xiè）	魑魅魍魉（chī）	怙恶不悛（hù quān）
动辄得咎（zhé）	老骥伏枥（jì lì）	放荡不羁（jī）	良莠不齐（yǒu）
分道扬镳（biāo）	卖官鬻爵（yù jué）	风流倜傥（tì tǎng）	否极泰来（pǐ）
觥筹交错（gōng）	海市蜃楼（shèn）	罄竹难书（qìng）	户枢不蠹（dù）
茕茕孑立（qióng jié）	假途灭虢（guó）	时乖命蹇（jiǎn）	老牛舐犊（shì）
瑕不掩瑜（xiá）	鳞次栉比（zhì）	揠苗助长（yà）	蚍蜉撼树（pí fú）
越俎代庖（zǔ）	牝鸡司晨（pìn）	众口铄金（shuò）	暴虎冯河（píng）
前倨后恭（jù）	鞭辟入里（pì）	穷兵黩武（dú）	兵不血刃（xuè）
剜肉补疮（wān）	不敢旁骛（wù）	身陷囹圄（líng yǔ）	不落窠臼（kē）
邂逅（xiè hòu）	瞠目结舌（chēng）	睚眦必报（yá zì）	蹉跎岁月（cuō tuó）
饮鸩止渴（zhèn）	殚思极虑（dān）	炙手可热（zhì）	度德量力（duó liàng）
自怨自艾（yì）	方枘圆凿（ruì）	命运多舛（chuǎn）	飞扬跋扈（bá hù）

（四）易混同音词辨析（含少量音近词）

①包含——里边含有。如：这段话包含好几层意思。
　包涵——请人原谅。如：请多包涵。
②必须——a. 表示事理上和情理上的必要，能愿动词。如：学习必须刻苦。b. 表示加强命令语气，副词。如：你必须离去。
　必需——一定要有的，不可缺少，动词。如：煤和铁是工业所必需的原料。
③辨明——辨别清楚。如：辨明方向；辨明是非。
　辩明——分辨清楚；辩论清楚。如：这场论争已辩明事理。
④变换——只是事物的形式或内容换成另一种。能带宾语。如：变换位置；适应季节的变换。

变幻——是事物的形式或内容不规则的或奇异的变化。不能带宾语。如：风云变幻；情绪变幻无常。

⑤不和——不和睦。侧重于关系处理得不好。如：夫妻不和；家庭不和。

不合——合不来。侧重于性情不相投，不能相处。如：我俩脾气不合。

⑥查访——侧重于通过打听进行调查，其对象一般是与案情有关的人，其目的是弄清案情，为断案结案做准备。如：查访有关人证、物证。

察访——调查手段除访问之外，还有观察，也不限于对案情的调查，其调查对象自然要广泛得多。如：这一事件经过长期察访，终于弄清了真相。

⑦处世——泛指人在社会上活动，跟人往来。如：人心不古，处世不易。

处事——处理事务的意思，一般是指对具体事务的处理。如：他处事不力。

⑧出生——胎儿从母体中分离出来。如：甲子年出生。

出身——指个人早期的经历或身份。如：工人出身。

⑨篡改——用作伪的手段改动或曲解（经典、理论、政策等）。

窜改——改动（成语、文件、古书等）。如：他将"望洋兴叹"窜改成"望山兴叹"。

⑩度过——通常用于时间方面。如：度过美好的春天（青年时代、岁月）。

渡过——常用于江河湖海，或通过困难、难点、危机等。如：渡过难关。

⑪噩运——侧重指坏的带有凶险的运气。如：交了噩运。

厄运——侧重指不幸的遭遇。如：想不到他中年丧妻，遭此厄运。

⑫遏制——着重于"制"，压制住、控制住，不使发作，对象通常是情绪、敌人或某种力量。如：遏制心中的怒火。

遏止——着重于"止"，通常用于战争、进攻、暴动等。如：改革的大潮是无法遏止的。

⑬妨碍——着重指造成一定障碍，程度较轻。如：妨碍交通。

妨害——着重指有损害，程度较重。如：妨害和平；妨害健康。

⑭反应——事情所引起的意见、态度或行为，名词。如：反应十分强烈。

反映——把客观情况告知上级或有关部门，动词。如：把情况反映到县里。

⑮分子——属于某一阶级、阶层、集团或具有某种特征的人。如：知识分子；积极分子。

份子——a. 集体送礼时各人分摊的钱。如：出份子。b. 泛指作礼物的现金。

⑯分辩——解释清楚理由。

分辨——区分，辨别差别。

⑰赋予——上对下或组织对个人，有严肃庄重的书面语体色彩，涉及对象多为重大任务、使命等。如：历史赋予的重任。

付与——交接双方无上下之分，通用语体色彩，涉及对象多为具体事物。如：付与对方十万元现款。

⑱富余——动词，指把东西剩下来。

富裕——形容词，指东西多、手头宽裕。

⑲肤浅——局限于表面，常指学识浅薄、理解不深不透等。

浮浅——浮在表面，指认识浅薄，不扎实。

⑳竿子——竹竿，截取竹子的主干而成。如：钓竿；百尺竿头。
　　杆子——有一定用途的细长木头或类似的东西。如：电线杆子。
㉑感奋——因感动、感激而兴奋或奋发。如：祖国日新月异的变化令人感奋。
　　感愤——有所感触而愤慨。如：犯罪分子的犯罪手段令人感愤。
㉒勾通——暗中串通、勾结，含贬义。如：勾通日寇，背叛祖国。
　　沟通——互相通联，中性词。如：沟通文化。
㉓国事——国家政事。如：莫谈国事。
　　国是——国家大事。如：共商国是。
㉔过度——形容词，指超过适当的限度。如：过度消费。
　　过渡——动词，指事物由一个阶段逐渐转入另一个阶段。如：过渡时期。
㉕贯串——用于抽象事物。如：贯串着革命精神。
　　贯穿——对象可以是抽象事物，也可以是具体事物。如：贯穿山脉。
㉖洪大——主要形容声音大。如：洪大的涛声。
　　宏大——宏伟；巨大。可形容气势、规模、志向、理想等。如：规模宏大。
㉗化妆——用脂粉之类使容貌美丽。如：中学生是不允许化妆的。
　　化装——a. 演员修饰容貌。如：化装师。b. 假扮。如：他化装成敌特工人员。
㉘及时——a. 正赶上时候。如：及时雨。b. 不拖延。如：及时解决问题。
　　即时——立即。如：即时投入战斗。
㉙检查——为了发现问题而用心查看。如：检查工作；检查思想。
　　检察——审察被检举的犯罪事实。如：检察院。
㉚截止（zhǐ）——（到一定时期）停止。如：报名已截止。
　　截至（zhì）——截止到（某个时期）。如：截至9月中旬。
㉛节俭——节约俭省，用钱用物有节制、不浪费，形容词。如：他生活节俭。
　　节减——节省减少，动词。如：节减开支。
㉜界限——尽头处，限度。如：他的野心没有界限。
　　界线——两个地区分界的线。如：跨越界线。
㉝眷恋——（对自己喜爱的人或地方）深深地留恋。如：《涉江》流露出诗人对楚国的无限眷恋。
　　眷念——想念。如：离别家乡多日，对亲友甚为眷念。
㉞考察——表示实地调查，深入细致地观察，目的是探求本质。如：考察南极。
　　考查——以一定的标准去检查、衡量，目的是评定或审核或是追本溯源。如：考查业务。
㉟旷费——侧重于浪费，涉及的对象多为时间。如：旷费时日。
　　旷废——侧重于荒废，涉及的对象多为学业。如：旷废学业。
㊱力行——努力实践，不能带宾语。如：身体力行。
　　厉行——严格实行，要求带宾语。如：厉行节约。
㊲利害——a. 利益和损害，如：这是利害攸关的事。b. 难以对付或忍受；剧烈，凶猛。如：这人可利害；天热得利害。
　　厉害——难以对付或忍受；剧烈，凶猛（与利害 b. 相同）。

㊳流传——多指事迹、作品等传下去或传播开。如：大禹治水的故事，一直流传到今天。

留传——遗留下来传给后代的意思，侧重于时间上的传承。适用对象比“流传”广，不限于事迹、作品，还可是其他具体的、抽象的事物。如：父亲留传下来的遗产，不仅有物质方面的，还有精神方面的。

㊴勉励——劝勉鼓励。如：互相勉励。

勉力——尽力；努力。如：勉力为之。

㊵启事——公开声明某事的文字，名词。如：征稿启事。

启示——启发，既作动词，也作名词。如：这篇文章给人很大的启示。(这里用作名词)

㊶启用——开启使用。如：启用印章。

起用——重新任用。如：起用退休干部。

㊷清净——没有事物打扰。如：耳根清净。

清静——安静，不嘈杂。如：环境清静。

㊸祛除——除去（疾病、疑惧或迷信人的所谓邪魔等）。如：祛除病魔；祛除疑虑。

驱除——指赶走、除掉（人或动物）。如：驱除蚊虫；驱除敌人。

㊹权力——a. 政治上的强制力量。如：一切权力归人民。b. 职责范围内的支配力量。如：他的权力太大。

权利——公民或法人依法行使的权力和享受的利益。如：男女平等的权利。

㊺溶化——物质在液体中化开。如：糖溶化在水中。

熔化——固体受热后变成液体。如：铁熔化成铁水。

融化——变成水。如：积雪融化了。

㊻审定——经过审查之后做出决定。如：审定计划。

审订——审阅修订。如：审订书稿。

㊼声明——a. 公开表示态度或说明立场。如：声明立场。b. 声明的文告。如：发表声明。

申明——郑重说明。如：申明理由。

㊽时势——某一时期的客观形势。如：时势造英雄。

时事——最近发生的国内外大事。如：时事政治。

㊾施行——指法令、法规等发生效力。如：《广告法》从即日起施行。

实行——用行动来实现（纲领、政策、计划等）。如：实行责任制。

㊿实验——实地验证，为了检验某种科学理论或假设而进行某种操作或从事某种活动。

试验——试探观察，为了查看某事的结果或某物的性能而从事某种活动。

(51)顺序——排列的先后次序。

顺叙——写作上的术语，指记事、写人按照时间的先后顺序来记叙。

(52)授奖——发奖。如：授奖仪式。

受奖——得奖。如：他立功受奖。

(53)熟悉——知道得清楚。如：熟悉情况。

熟习——学习得很熟练或了解得很深刻。如：要熟习业务。

(54)题名——写上名字。如：金榜题名。

提名——在决定人选之前提出有当选可能的人的姓名。如：奥斯卡奖提名。

(55)统率——统辖率领，动词。如：统率三军。

统帅——统领武装力量的最高领导人，名词。如：三军统帅。

(56)统治——以政权来控制、管理。如：封建统治。

统制——统一控制。如：统制军用物资。

(57)推脱——推卸，推辞。如：推脱责任。

推托——借故拒绝。如：他推托病了，不肯来。

(58)推卸——不肯承担（责任、任务、义务等）。如：推卸罪责。

推谢——借故推辞（礼物、邀请、荣誉、重任之类）。如：委以重任，这是组织对你的信任，你不该推谢。

(59)退化——生物在进化过程中某一部分器官变小，构造简化，机能减退甚至完全消失。后泛指事物由优变劣，由好变坏。如：功能退化；最错误的见解是误认为白话为古文的退化。

蜕化——本指虫类脱皮，比喻腐化堕落。如：蜕化变质。

(60)物质——a. 独立存在于人的意识之外的客观存在。如：由精神到物质。b. 指金钱、生活资料等。如：物质享受。

物资——生产和生活上所需的物质资料。如：抗旱物资。

(61)委曲——事情的底细。如：告知委曲。

委屈——因冤枉而难过。如：受委屈。

(62)消逝——消失。如：残霞消逝了。

消释——解除。如：误会消释了。

(63)心酸——心里悲痛。主谓结构。

辛酸——比喻痛苦、悲伤。并列结构。

(64)形式——事物的形状、结构等。如：内容和形式。

形势——事物的发展趋势。如：形势大好。

(65)形迹——举止和神色。如：形迹可疑。

行迹——行动的踪迹。如：行迹不定。

(66)学力——在学习上达到的程度。如：同等学力。

学历——学习的经历，指曾在哪些学校肄业或毕业。如：大学本科学历。

(67)预定——预先规定或约定。如：预定计划；预定时间。

预订——预先订购。如：预订机票。

(68)侦察——为弄清作战情况而进行活动。如：敌人正进行火力侦察。

侦查——为确定犯罪事实或犯罪人而进行调查。如：侦查经济案件。

(69)征候——发生某种情况的迹象，“征”指迹象。如：病人有好的征候。

症候——病情，病状。如：肺结核有咳嗽的症候。

(70)致病——使得病。如：查明致病原因。

治病——治疗疾病。如：治病救人。

(71)制定——定出。如：制定法律（强调不得变更，必须执行）。

制订——创制拟定。如：制订汉语拼音方案（强调经过草拟修订）。

⑫终身——一辈子，多就切身之事来说。如：终身大事。
　终生——一生，多就事业来说。如：奋斗终生。
⑬中止——做事中途停止。如：刚做了一半就中止。
　终止——结束，停止。如：演奏终止。
⑭捉摸——猜测；预料。多用于否定句。如：不可捉摸。
　琢磨——雕刻打磨玉石，引申为加工而使之精美。如：文章几经琢磨。

四、训后评议

第二项任务：说话须知

学时：2学时。

一、情景设定

结合学生实际情况，充分发挥想象力，设计能够引起学生参与话语训练兴趣的导入方式，使授课内容生活化，让学生在使用中学习。要求：
一是教师要讲清说话的意义、相关理论、训练方法等相关问题。
二是教师要依照说话相关要求严格管理，真正做到一丝不苟。

二、知识链接

（一）鬼谷子"雄辩八术"。

中国古代的说服术招法独特，以鬼谷子"雄辩八术"为最。苏秦用此法可以把老师说得泪下沾襟，可以说服各国国君联合抗秦，乃至身佩六国相印。这些招法可以概括为八个方面，人们称之为"雄辩八术"。

捭阖术，"雄辩八术"第一术。《鬼谷子》的第一篇就是"捭阖"。"捭阖"的本义就是开合。它在《鬼谷子》一书中被赋予了丰富的含义，但是其基本含义还是指开合。鬼谷子认为，一开一合是事物发展变化的普遍规律，认识它是掌握事物的关键，因而它也是进行游说活动的最基本的和最常用的方法。《鬼谷子》一书的"捭阖术"在中国传统智慧中是独有的，它是纵横家们在斗智、论辩中行之有效的一术。

纵横家运用捭阖术的过程一般是"估量对方的贤、智、勇等方面的情况"。依情况，或者先使对方开启，即"捭之"；或者先使对方"闭藏"，即"阖"之。让对方开启是为了掌握对方的情况，让对方闭藏是为了坚定对方的诚意。一开一闭的目的是为了让对方将实力和计谋全部暴露出来，以便对对方做出准确的估计。然后根据不断探测，实施说服。说服时也是或者捭之，或者阖之。有时候口只能是吃饭的，而不能说话，说之必失，这时候就需要阖；有时口必须张开，用讲道理去游说人、游说家、游说国、游说天下。一开一合的反复，就像一个圆环，开合环绕其上，开到了极点又复归于合，合到了极点又复归于开，往复无穷地运用，没有什么人不可以成功说服。

反应术，"雄辩八术"第二术。"反应术"是《鬼谷子》中关于刺探情报的一种方法。这里的反应与我们现在常说的反应有区别，它专指经过刺探使对手发生变化。《鬼谷子》一书认为：别人说话是动态，自己缄默是静态，主张以静测动。这一招法也是纵横家独创的，它有自己的一套原则。纵横家主张通过某种活动或言辞，刺激对方开口，再根据对方的话来分析其真意。假如还有不清楚的地方或不合情理的地方，再重新探求，从对方的言词中深入分析其下一步的言行，力争得到对方的实情。行"反应术"就如渔人一样多打开一些网，等待鱼的落网。只要方法得当，把引诱之辞作为饵，不愁对手不说出实情。如果拿着网迫使对方说出的情况还不够，就需要用模仿和比较的方法让对方将心里的东西都表达出来，进一步暴露实情，以便控制对手。要通过反反复复的反应，全面掌握情况。反应术在运用时还有一些小计谋。比如：要想让人家说话，自己反而沉默；要让对方敞开，自己先收敛；要使对方把话头提起来，自己先落下去；要想获得什么，先给对方点儿甜头。这一些小计谋就是要解除对方的戒备心理，以便使其道出实情。此外还需要辨别真伪，通过比较排除假情况，要善于通过小事推测大事；刺探情况要准确，要迅速；要先了解自己，才能更好地了解对手；要与对手把感情拉近，像声和响一样密切；观察对手的言辞时要认真，像磁石吸铁一样；自己暴露给对手的东西要微乎其微，而得到的东西要多且迅速。

内揵术，"雄辩八术"第三术。"内揵术"是《鬼谷子》中关于进献计谋的方法，主张拉近与游说对象的关系，使其总是想着自己，要用道德、党友或财货等手段与游说对象联系在一起。只要意见被采纳了，就可以呼风唤雨。"内"就是使人采纳自己的计策；"揵"是设法坚持自己的计策。要设法使自己的道德与被游说者暗合，使自己的志向与被游说者一致，要设法得到重用，即使由于某种原因被解职，也要设法再度被启用；要使自己的行为合乎分寸、得体，使自己的谋略与决策者一致。这就需要掌握被游说者的想法，不在没有把握时草率行动。待完全掌握了情况以后，就控制住对方。这样就主动了，宜进则进，宜退则退。

抵巇术，"雄辩八术"第四术。"抵巇术"是鬼谷子纵横八术中的重要一术。鬼谷子认为任何事物都会出现裂痕，而且这种裂痕会由小变大。因此，在裂痕刚出现时就要"抵"住。"抵"就是为防止和消灭裂痕而采取的措施。通过"抵"来使裂痕闭塞，通过"抵"使其减小，通过"抵"使其停止，通过"抵"使其消失，最后达到自己的目的。鬼谷子认为社会上的政治斗争尤其需要抵巇，万事万物虽都起于秋毫之末，但一发展起来就会像泰山的根基一样深厚。圣人的事业都会遇到小人的破坏，都需要"抵巇"。天下纷乱之时，朝廷无明主，公侯乏道德，小人猖狂，忠良放逐，圣人隐居，上下猜疑，纲纪瓦解，百姓相残，父子离散，夫妻反目，这些都是裂痕。"抵巇"就是用一定的法术来治理。治理有两种方法：一是弥补；二是征服。弥补的结果是恢复原样，征服就是加以改造重新获得。五帝时代可以用弥补的方法，三皇时代只能用征服的办法。至于诸侯之间的征伐更是不计其数。在天下大乱之时，就要靠"抵巇"取胜。圣人都是天地派来的：如果天下没有"巇"，就隐居于高山深谷以待时机；如果天下有"巇"，就挺身而出为平天下而谋划，做天地的守卫者。

飞钳术，"雄辩八术"第五术。刘勰称《鬼谷子》"飞钳术"是用褒扬之词来抓住对方心理的一种方法。飞钳的前提是"钩钳"。在使用"飞钳术"之前，可先诱导对手发言，将需要对方说的话诱导出来以后，马上加以推崇，以推崇的手段抓住对方，不让他收回。要想诱导对手顺着自己的思路说话，在诱导时就要忽同忽异，给对手以假象，让他摸不着头脑，最后落入圈套。用"钩钳"之法还无法钳住的人，就可以对他们实行威胁、利用，然后再对他们进行反复试探；或者先试探再摧毁。要将"飞钳术"传遍天下，必须度量权能，了解天时，控制地形，估量财力，分析各国之间的关系，审察游说对象的好恶。然后抓住最重要的内容，以钩钳之词诱出其心里的想法，用飞钳的办法去控制对手。要将"飞钳术"用到其他国家，就要揣摩对方的智能，度量对方的实力，估计对方的士气。然后，接触对方，跟踪对方。最后，以"飞钳术"与之和平相处，从感情上建立联系。这是"飞钳术"的秘诀，这种方法如能用于其他诸侯，就能够与诸侯建立紧密关系，进而控制对方。这样，就可以通过"飞钳术"达到合纵或连横的目的。

忤合术，"雄辩八术"第六术。"忤合"篇认为联合和对立都有相应的策略，而且两种状态是互相转化的，像铁环一样连接在一起，没有一点裂痕。圣人就是要了解掌握这一规律，促使两者之间的转化。世上的事没有永远不变的，这就叫"世无常贵，事无常师"。圣人常常是无所不为，无所不听。任何计谋都不会同时忠于两个君主，或忤于彼或忤于此，内有忤则通过计谋使之合。行忤合之道的条件是要了解自己和估量环境。这样既可以前进，也可以后退；既可以合纵，也可以连横。

鬼谷先生的忤合之术是基于"反""合"可以互相转化的原理。有些事情顺势去做可以成功，有些事情逆反去做也可以成功。

揣摩术，"雄辩八术"第七术。"揣摩术"就是通过人表现出来的情况去了解他们掩饰的情况。摩是揣的一种方法。揣摩之后内部就有反应，这叫内符。"摩之在此，符之在彼，从而应之事无不可。"揣摩最难，必须选择适当的时机。

揣摩要趁对方特别高兴的时候，去使他狂热，于是无法掩饰内心的想法，从而揣出他的真情；或者趁对方特别恐惧的时候，去加重他的恐惧，使其不能自恃，于是露出实意。情绪在心里变动，必然要表现在外面，所以可以通过从外面看到的情况来判断内心的活动。揣摩是从外面探测内心的东西。外面一探测，内部就暗合，即内符。善于揣摩的人就像善于钓鱼的人一样，临深渊，"饵而投之，必得鱼"。揣摩的方法很多，可用和平进攻，可用正义进攻，可用正义责难，可用奉承讨好，可用愤怒刺激，可用名望威吓，可用行动逼迫，可用廉洁感化，可用信义说服，可用利益诱惑，可用谦卑遮掩。

《揣情》篇认为：即使有先王之道，有圣人之谋，没有"揣情术"就无法知道隐匿的东西。因此鬼谷子认为："揣情"是谋略的根本，是游说的主要方法。圣人单独使用"揣摩术"时，众人也能了解他的良苦用心。假如没能成功，那也不是"揣摩术"不灵，而是运用不当。只要揣摩术运用得当，就没有什么事做不成。

转丸术，"雄辩八术"第八术。刘勰称《鬼谷子》"转丸聘其巧辩"，指出了鬼谷子转丸术的内容就是其巧辩，就是不实在的言辞。能成为信义的言辞都是坦白的；坦白的言辞都是可以验证的；凡是难以启齿的话，多是应对之辞；应对之辞都讲究诱导对方说出机密。说话的技巧可以掩饰说话的内容：说奸佞话的人，因为会谄媚就可以变成忠；说奉承话的人，因为会吹嘘就可以变成智；说平庸话的人，因为能果决就可以变成勇；说忧虑话的人，因为善权衡就可以变成信；说冷静话的人，因为善反思而变成胜。

古语说："口可以食，不可以言。"说话会有所伤害，众口可以铄金，因此不能随便讲话。人们都希望自己的话有人听，要想有人听就得讲究方法。当说到对方长处时要放开来说，当说到对方短处时要避开其短处。人的言辞要像甲虫一样靠坚硬的甲壳来防护自身，同时又要像螯虫那样用尖锐的螯针来进攻别人。游说的人也应发挥自己的长处。

《鬼谷子》指出外交辞令有五种：病言、怨言、忧言、怒言、喜言。所谓病言，就是由于气力不足而说的没有精神的话；所谓忧言，就是由于闭塞而说的不能宣泄的话；所谓怒言，就是由于妄动而说的不能控制的话；所谓喜言，就是由于散漫而说的没有重点的话。以上五种言辞只有得到精练后才能使用，只有有利时才能使用。

《鬼谷子》还告诉游说者要见什么人说什么话："跟智慧的人说话，要靠渊博；跟笨拙的人说话，要靠详辩；跟善辩的人说话，要靠扼要；跟高贵的人说话，要靠气势；跟富有的人说话，要靠高雅；与贫贱的人说话，要靠谦敬；跟勇敢的人说话，要靠勇敢；跟负过的人说话，要靠鼓励。"所有这些都是谈话要注意的方法。

（二）亚里士多德的说服技巧

2 300多年前，希腊哲学家亚里士多德提出了当时西方最有影响力的说服理论，他认为说服是一种说话技巧。根据他的理论，说服就是促使人们去做那些如果你不提出要求他们通常不会做的事情。

亚里士多德注意到，作为具有社会性的动物，人类每天都会遇到说服别人的情景。而在这样的情景中，人们的目的往往只有一个：基于人们的态度始发点（他称之为A点），经过说服感染，转变为你所期望的态度B点（你的目标）。这样的态度转变，亚里士多德就把其定义为说服。在A点，人们普遍对你的想法持抵触情绪或是不感兴趣。因此他们需要对你的观点加深了解，更重要的是他们要相信你所传达的信息。亚里士多德认为任何具有说服力的演说，不管听众多少，都令人愉悦、具有启发性和慷慨激昂。但这些都不是重点，你所传达的信息的最终目的是要说服听众转变态度（到达目的地B点）。

亚里士多德还提到了说服能力较强的人表述的信息所具备的三个特征：

①气质，精神特质（伦理道德、性格特征和名声）。
②情感（情感感染力）。
③标识语（逻辑）。

为了让人们接受新观点（达到B点），最具说服力的信息应当包含以上三个方面的内容。

精神特质与说话者及其交流过程中表现出的性格有关。对于交流的信息，存在信息源可信度的问题，即听众是否相信信息发出者本人。实际上就是二者之间建立的信任关系。这涉及交流过程中人的因素及个人身上体现出的真诚与否的问题。

情感指交流过程中听众所感受到的感情感染力。正像亚里士多德所说，一旦你所说的内容能够能激起听众的感情共鸣，说服就可以成功。换句话说，感情的共鸣对于说服听众不可或缺。你必须激起共鸣。

标识语是指说话者使用的语言、词汇。事例、引语和数据的选择对于能否说服对方也至关重要。

还要认真考虑：话语者是如何表述才说服对方接受自己观点的？是否也包含了以上三个因素？还可以观察其他人的说话风格，看看他们是如何使用这三个要素的。当话语者和别人进行交流的时候，还应该留意影响对方最深刻的因素是什么，然后再调整相对应的讲话方式。

（三）卡内基的沟通技巧和处世艺术

卡内基是美国著名的教育家、成功学家和演讲口才艺术家，也是著名的文化企业家。

与其他企业家不同，卡内基不仅白手起家，从一个独闯天下的农家孩子一跃而成为百万富翁，而且他一生都致力于研究和借鉴他人的宝贵经验，包括前人和同时代的人。因此，卡内基的经商经验和思想无疑更胜一筹。

卡内基高效沟通技巧和艺术是卡内基经商处世思想的一个重要组成部分，也是非常重要的部分。

几年前，由卡内基基金会赞助的一项调查研究显示：即使在工程技术工作方面，一个人所获得的高额薪水中，也只有不到15%是因为他的技术知识，而其他的85%则是因为他的人际交往和沟通。由此可见，一个人的交际和沟通水平，直接决定着一个人的成功。

下面介绍卡内基高效沟通处事技巧的精髓。这里所说的都是在教人如何行动，而不是空洞的理论，可以让同学们迅速地把握卡内基的沟通技巧和处世艺术。

1. 人际交往的基本技巧

（1）要想采蜂蜜，就不要打翻蜂巢

批评是危险的，因为它常常伤害一个人宝贵的自尊，激起他的反抗。批评所引起的嫉恨，只会降低员工、家人以及朋友的士气和情感，同时指责的事情也不会有任何改善。

（2）真心诚意地赞赏别人

我们供养我们的孩子、朋友和雇员的生活，但我们对他们自尊心的关注却少得可怜。同时，我们也不知道给他们以赞赏的语言，而这恰恰是生活中的晨曲，将会永远记忆在人们的心灵深处。

（3）想钓到鱼，鱼饵必须适合鱼的口味

能够设身处地为别人着想、洞察别人心理的人，永远不必担心自己的前途。首先要把握对方心中最迫切的欲求。如果能做到这点，就可以如鱼得水，否则就办不成任何事情。

2. 让别人喜欢你的六个秘诀

（1）让你到处受欢迎

要对他人表示你的关心，这与其他人际关系是同样的道理，而且你这种关心必须是出自真诚的。这不仅使得付出关心的人会得到相应的回报，而得到这种关心的人也会同样有所收获。

（2）产生良好印象的简单方法

行动胜于言论。做一个微笑者，微笑会让人明白："我喜欢你，你使我快乐，我很高兴见到你。"

（3）牢记他人的名字

富兰克林·罗斯福知道一个最简单、最明显、最重要的使人获得好感的方法，那就是记住别人的姓名，使人感觉受到了重视。但我们中间有多少人能够这样做呢？

（4）成为优秀的倾听者

专心倾听正在和你讲话的人的话语，这是最为重要的。至于成功的商业交往，并没有什么神秘的，没有别的东西会比这更使人开心。

（5）如何增加你的吸引力

通达对方内心思想的妙方，就是和对方谈论他最感兴趣的事情。

（6）如何使人马上喜欢你

在人类行为中，有一条至为重要的法则，如果我们遵守它，就会万事如意；实际上，如果我们遵守这条法则，将会得到无数的朋友，获得无穷无尽的快乐。这条法则就是："永远尊重别人，使对方感到受尊重。"

3. 不伤感情而改变他人的九大技巧

（1）如果你必须提出批评，就以赞美开始

用赞美的方式开始，就好像牙科医生用麻醉剂一样，病人仍然要受钻牙之苦，但麻醉剂却能消除这种痛苦。

（2）如何批评而不招怨恨

当面直接批评别人，只会引起对方的强烈反感，而巧妙地让对方注意到自己的错误并加以指正，会有非常神奇的效果。

（3）先谈你自己的错误

如果批评者从一开始就先谦逊地承认自己也不是无可指责的，然后再指出别人的错误，那么情形就会好很多。

（4）没有人喜欢接受命令

不要动不动就给别人下达"命令"，也不要告诉对方如何去做，这样不但能维持对方的自尊，而且能使他乐于改正错误，积极合作。

（5）使对方保住面子

几分钟的思考、一两句体贴的话、对对方态度的宽容，这对于减少人际伤害都大有帮助！

（6）如何鼓励别人走向成功

假如我们愿意鼓励每一个我们所接触的人，使他们认识到并挖掘自己所拥有的内在宝藏，那么，我们不仅可以改变他本人，甚至可以使他脱胎换骨。

（7）送人一顶高帽子

如果你希望某人具备一定美德，你可以认为并公开宣称他早就拥有这一美德了（尽管可能的确没有）。给他一个好名声，送他一顶高帽子，让他去实现，他便会尽量努力，而不愿看到你失望。

（8）使错误更容易改正

使对方知道你相信他有能力做好一件事，他在这件事上很有潜力可挖，那么他就会废寝忘食，努力把事情办得更好。

（9）使人乐意做你所建议的事

如果你想让别人乐意做你想要他去做的事，你就必须让他明白，他对你是多么重要，而他自然也会在心中产生这种感觉，从而实现你的期望。

三、常见问题

（一）讲话含糊，吐字不清

有的时候，人一紧张，舌头就不好使，说出的话就不那么流畅。因此，在交流时，一定要心平气和，放松心态。不紧张了，正常人讲话都应当没有问题。

（二）只知言之利，不知言之害

有道是"沉默是金"，在说之前，先要知道不说的重要性。

（三）讲话没有针对性

有些人在和别人交流时总是滔滔不绝，但是，时间久了听的人就觉得烦。

（四）讲话有歧义

中国文学博大精深，往往一句话或一个字就能延伸出多种含义，所以讲话一定要用语得当。

（五）讲话有代沟

"代沟"这个词在前几年很流行，虽然现在讲得少了，但是这种范畴却越来越宽广了，从原来的父母与子女之间已经演化到了各种社会关系中。所以，要想和学生更好地交流，就要多了解些新东西，了解"90后"的兴趣方向，减少沟通中的代沟障碍。

（六）初次见面，找不到话题

很多人在和陌生人第一次交流时总是找不到话题，因此没有了主动权，给人的感觉就是内向型。

（七）语气过硬或有气无力

在和别人交流时，语气也能影响交流的质量。恰当的语气可以增进交流；过硬的语气会使对方不愉快；无底气的语气会让对方觉得你没有诚意或者缺乏信心。因此，在工作或生活中都应注意自己讲话时的语气。

四、训后评议

第三项任务：朗读训练

学时：2学时。

一、情景设定

结合学生实际情况，充分发挥想象力，设计能够引起学生参与朗读训练兴趣的导入方式，使授课内容生活化，让学生在朗读中学习朗读。要求：

一是教师要讲清朗读的意义、相关理论、训练方法等相关问题。

二是教师要依照朗读训练相关要求严格管理，真正做到一丝不苟。

二、知识链接

朗读就是朗声读书，即运用普通话把文字清晰、响亮、富有感情地读出来，变文字这个视觉形象为听觉形象。朗读是一项发言的艺术，需要创造性地还原语气，使无声的书面语变成活生生的有声语言。如果说写文章是一种创造，朗读则是一种再创造。如果掌握了朗读的基础和技巧，就会实现这种再创造！

（一）用普通话语音朗读

和说话不同，除了应考虑忠于作品内涵，并避免添字、漏字、改字、回读外，朗读时声母、韵母、声调、轻声、儿化、音变以及语句的表达方式等都应符合普通话的语音规范。

1. 注意普通话和自己方言在语音上的差异

普通话和方言在语音上的差异，大多数的状况是有规律的。这种规律又有大的规律和小的规律，规律之中往往又包括一些例外，这些都要靠自己去总结。想知道朗诵技巧，单是总结还不够，要多查字典和词典，要加强记忆，反复练习。在练习中，不仅要注意声韵调方面的差异，还要注意轻声词和儿化韵的学习。

2. 注意多音字的读音

一字多音是容易出现误读的重要缘由之一，必须十分注意。多音字是意义不同读音也不同的字，要着重弄清它各个不同意义，学会普通话朗读基本技巧。从各个不同的意义去记住它的不同读音，记忆时可结合语境。

3. 注意由字形相近或由偏旁类推引起的误读

由于字形相近，由甲字张冠李戴地读成乙字，这种误读十分常见。由偏旁本身的读音，去类推一个生字的读音而引起的误读，也很常见。所谓"秀才认字读半边"，闹出笑话，就是指的这种误读。

4. 注意异读词的读音

在普通话词汇中，有一部分词（或词中的语素）在习惯上有两个或几个不同的读法，这些被称为"异读词"。为了使这些读音规范，国家于20世纪50年代就组织了"普通话审音委员会"，并对普通话异读词的读音进行了审定。历经几十年，几易其稿。1985年，国家公布了《普通话异读词审音表》（以下简称《审音表》），要求全国相关单位均以这个《审音表》为准。在使用《审音表》的时候，最好是对照着工具书（如《新华字典》《现代汉语词典》等）来看。朗诵技巧是先看某个字的全部读音、义项和用例，然后再看《审音表》中的读音和用例。比较以后，如发现两者有不合之处，一律以《审音表》为准。这样就达到了读音规范的目的。

（二）把握作品的基调

阅读理解就是首先要熟悉作品，从理性上把握作品的思想内容和灵魂实质。只有透彻地理解，才能有深切的感受，才能准确地掌握作品的情调与节奏，无误地表现作品的思想感情。这就要求做到以下几点：

第一，了解作者当时的思想和作品的时代背景。

第二，深刻理解作品的主题。这是深刻理解作品的关键。

第三，根据不同体裁作品的特点，熟悉作品的内容和结构。对于抒情性作品，应着重熟悉其抒情线索和感情格调。对于叙事作品，应着重熟悉作品的情节与人物性格。对于论述文，需要逐段分析理解，抓住中心论点和各分论点，明了文章的论据和论述方法。总之，只有掌握了不同作品的特点，熟悉了作品的具体内容，才能更好地使用不同的朗读方法。

因此，朗读者要在深刻理解作品内容的基础上，设计如何用语音的具体形象把原作的思想感情表达出来。

第一，要根据不同文体、不同题材、不同风格以及不同听众对象等要素，来确定朗读的基调。

第二，对整个作品的朗读方案应有总体考虑。例如作品中写景的地方怎么读，作品的上声在什么地方，怎么安排快慢、高低、重音和停顿等。

（三）朗读的技巧

1. 呼吸

学会自如地控制自己的呼吸特别重要。因为这样发出去的音坚实有力，音质优美，而且传送得较远。有的人在朗读时呼吸显得匆促，以致上气不接下气，这是因为他使用的是胸式呼吸，不能自如地控制自己的呼吸。朗读需要有较充足的气流，一般采用的是胸腹式呼吸法。它的特点是胸腔、腹腔都配合着呼吸进行收缩或扩张，尤其要注意横膈膜的活动。我们可以进行缓慢而均匀的呼吸训练，从中体会用腹肌控制呼吸的方法。

2. 发音

发音的关键是嗓子的运用。朗读者的嗓音应该是柔和、动听和富于表现力的。为此，首先，要注意保护自己的嗓子，不要长期高声喊叫，也不要由于饮食高温或过于辛辣而刺激嗓子。其次，要注意提高自己对嗓音的控制和调节能力。声音的高低是由声带的松紧决定的，音量的大小则由发音时振动用力的大小来决定，朗读时不要自始至终高声大叫。此外，还要注意调节共鸣，这是使音色柔和、响亮、动听的重要技巧。人们发声的时候，气流振动声带发出音波，经过口腔或鼻腔的共鸣，形成不同的音色。改变口腔或鼻腔的条件，音色就会大不相同。例如舌位靠前，共鸣腔浅，可使声音清脆；舌位靠后，共鸣腔深，可使声音洪亮刚强。

3. 吐字

吐字的技巧不仅关系到音节的清晰度，而且关系到声音的圆润、饱满。要吐字清楚，首先，要老练地掌握常用词语的标准音。朗读时，要熟悉每个音节声母、韵母、声调，按照它们的标准音来发音。其次，要力争改掉发音含混、吐词不清的毛病，注意改正三方面错误：一是在声母的成阻阶段比较马虎，不大注意发音器官的准确部位；二是在韵母阶段不大注意口形和舌位；三是发音吐字速度太快，没有足够的时值。朗读跟日常说话不同，要使每个音节都让听众听清楚，发音就要有一定力度和时值，每个音素都要到位。日常多练习绕口令就是为了练好吐字的基本功。

4. 停顿

朗读时，有些句子较短，按书面标点停顿就可以。有些句子较长，结构比较复杂。句中虽没有标点符号，但为了清楚表达意思，中途也可以做些长久的停顿。但如果停顿不当就会破坏句子的结构，这就叫读破句。无误的停顿有以下三种类型。

（1）标点符号停顿

标点符号是语言的停顿符号，也是朗读作品时发言停顿的重要依据。标点符号的停顿规律一般是：句号、问号、感叹号、省略号停顿略长于分号、破折号、连接号；分号、破折号、连接号的停顿时间又长于逗号、冒号。

以上停顿，也不是绝对的。有时为表达感情的需要，在没有标点的地方也可以停顿，在有标点的地方也可以不停顿。

（2）语法停顿

语法停顿是句子中间的自然停顿。这往往是为了强调句子中的主语、谓语、宾语、定语、状语或补语而做的长久停顿。学习语法有助于我们在朗读中无误地停顿断句，不读破句，无误地表达作品的思想内容。

（3）感情停顿

感情停顿不受书面标点和句子语法关系的制约，完全是根据感情或心理的需要而做的停顿处理。它受感情支配，根据感情的需要决定停与不停。它的特点是声断而情不断，也就是声断情连。

5. 重音

重音是指那些在表情达意上起重要作用、在朗读时要加以特别强调的字、词或短语。重音是用来强调意义的，它能给颜色鲜明、形象生动的词语加重分量。重音有以下三种状况。

（1）语法重音

语法重音是按语言习惯自然重读的音节。这些重读的音节大都是按照日常的发言规律确定的。

（2）强调重音

强调重音不受语法制约。它是根据语句所要表达的重点来决定的，在句子中的位置是不固定的。强调重音的作用在于揭示话语的内在含义。由于表达目的不同，强调重音就会落在不同的词语上，所揭示的含义也就不相同，表达的效果也不一样。

（3）感情重音

感情重音可以使朗读的音色丰富，满盈生气，有较强的感染力。感情重音大部分出现在节奏强烈、情绪激动的地方。

6. 语速

在朗读时，适当控制语速快慢，可以制造作品的情绪和气氛，增强朗读的表达效果。作品的内容和体裁决定朗读的速度，其中内容是主要的。

（1）根据内容掌握语速

朗读时的语速须与作品的情境相适应，要根据作品的思想内容、故事情节、人物性格、作品背景等情况来处理。当然，语速的快慢在一篇作品中并不是一成不变的，它要根据具体的内容有所变化。

（2）根据体裁掌握语速

《普通话等级考试纲领》在选编朗读测试材料时，为了保证作品难易水平和评分法度的一致性，所选的50篇作品，几乎都是记叙文。记叙文有记事、记言。一般说，记事要读得快些，记言要读得慢些。

7. 语调

语调指句子里声音高低升降的变化，其中以结尾的升降变化最为重要，一般是和句子的语气紧密结合的。在朗读时，如能注意语调的升降变化，语音就有了动听的声调，听起来便具有音乐美，也就能够更细致地表达不同的思想感情。语调变化多端，主要有以下四种。

（1）高升调

高升调多在疑问句、反问句、短促的命令句子里使用，有时在表示愤怒、危机、警告、召唤的句子里使用。朗读时，注意前低后高、语气上扬。

（2）降抑调

降抑调一般用在感叹句、祈使句或表示坚决、自信、赞扬、祝愿等感情的句子里。表达沉痛、悲愤的感情，一般也用这种语调。朗读时，注意调子逐步由高到低，末字低而短。

（3）平直调

平直调一般多且在叙述、说明或表示踌躇、思索、冷淡、追忆、悼念等句子里。朗读时始终平直舒缓，没有显著的高低变化。

（4）曲折调

曲折调用于表示特殊的感情，如讽刺、讥笑、夸张、强调、双关、特别惊异等。朗读时由高到低而后再高，把句子中某些特殊的音节特别加重加高或拖长，形成一种升降曲折的变化。

三、常见问题

（一）感受不具体

感受不具体就是不顾稿件内容，不仔细感受和体会每句话的情和意，以一种呆板的、格式化的声音形式朗读。

（二）束手束脚

不善于观察环境、适应环境，朗读时感情和声音都不敢放开。

(三) 表情动作僵硬

体态语就是我们的表情、手势、行动、坐立的姿势等。初学朗诵者在体态语方面一般都有明显的不足。

(四) 表演味太浓

朗诵时完全沉浸在自己营造的"艺术世界"中，语调、表情和动作都非常夸张，全然不顾听众的反应。

四、训后评议

第四项任务：朗诵训练

学时：2 学时。

一、情景设定

结合学生实际情况，充分发挥想象力，设计能够引起学生参与朗诵训练兴趣的导入方式，使授课内容生活化，让学生在朗诵中学习朗诵。要求：

一是教师要讲清朗诵的意义、相关理论、训练方法等问题。

二是教师要依照朗诵训练相关要求严格管理，真正做到一丝不苟。

二、知识链接

嗓子，是每个人的无价之宝。无论你是想在卡拉 OK 中一显身手，还是绘声绘色地演讲、说话，都少不了它。

下面谈谈朗诵艺术的基本功：用气、发声、吐字。

(一) 用气

呼吸的正确与否，是决定声音好坏的关键。气不足，声音灰暗；用气过猛，又损害声带，而且噪音重。一般人是单纯的胸式呼吸法，声音虚而不实，没有底气。

应该采用胸膈呼吸法。膈——横膈膜，在胸、腹之间。像一个圆屋顶，吸气时小腹收缩，膈肌就下降，弓形的肋骨提高和扩展。这就增加了胸腔的容积。小腹收缩，不单纯向后，而是腹肌向中收缩。这中心就是丹田（脐下三指处）。

具体训练方法是：

吸气：小腹向中心收缩，胸廓、大腹、腰部同时扩张。不是单纯向前、向上挺胸，而要向左右撑开。感到腰带渐紧，特别是后腰，有向后撑开的感觉，不要提肩，也不要让胸部塌下去。

呼气：切忌一下把气放出使胸、腰塌瘪，而是要把小腹一直坚持收住，努力控制胸部和腰部慢慢呼出气来。

支点：

一般呼吸的毛病是吸得浅，整个上部是紧张的。要解放这部分，扩张开，问题就解决了。紧张点放到丹田，以丹田、胸膛、后胸作为"支点"（即着力点，劲儿用到的地方有支点，声音才有力度）。

这种呼吸法并非不可捉摸。采用这些练习，可使我们在朗诵时，不论处于何种条件下，均可运用好呼吸，为进一步发声吐字打好基础。

（二）发声

1. 准备活动

（1）学"狗喘气"——活动横膈膜

声音打得远不远，要看横膈膜的弹力。横膈膜的力量要训练。还有，早上睡醒了，声带、横膈膜还没睡醒，不先活动就开始读书、练声，嗓子就容易受伤。练习方法：学"狗喘气"。饿肚子时，急促地一呼一吸（手摸胸膛可明显感到一收一缩地抖动。要均匀，有冷空气时，不要张着嘴做，以免刺激）。平时及每次用嗓前都可以做。

（2）"气泡音"——活动声带

把声带从睡眠状态中柔缓地推醒，有如赛跑前活动韧带。每次用声以后做一下，又可起按摩的作用。做法：声带放松，用匀缓的气流轻轻不断地拂动它，发出细小的抖动声，像小孩撒娇生气时喉咙里发出的那种声音。开始，它不灵活，可能不响，多做一会儿，自然会响。

（3）扩大共鸣器

声音的圆润和响亮，与口腔发音状态有密切的关系。共鸣器空间大，声音就大。下一练习就是为了扩大共鸣器。

1）开槽牙（下巴向下移）

上下后槽牙间要有一定开合度。下巴稍向后、向下移，但不要大开（一般人一到高音就把下巴向前伸，脖子硬了。）。

2）提嚼肌

脸上嚼肌（面皮）向两边斜上方提起，似放松微笑状态。如不提嚼肌，则声沉闷。

对比发音："掀起新高潮""窈窕""逍遥"。

再练习上下牙轻碰嚼东西的动作或旋转摩擦出声，灵活而有力。

3）挺软腭

软腭向上挺住，张口急吸气体会发出鸭叫"嘎、嘎、嘎"声，使口腔造成一个圆筒，否则发暗、发扁（但以上都要防止僵化和迟钝，如槽牙过开、嚼肌过紧等）。

以上准备活动，在用嗓前都要做一下，各部分运用时才灵活松弛。

2. 鼻腔共鸣训练

有的人想加大音量时，就在喉鼻上使劲，结果越使越糟，致使音量不大，音色单薄，这主要是由于没有把鼻腔这个最大的高音喇叭用上，没有将胸腔、口腔、鼻腔这三个共鸣腔打通，只用了口腔这一个。

（1）学牛叫——鼻弹练习

恩（第二声）—恩（第四声）。声音要浑圆，音域上滑或者下滑，声带缩短拉长都很有力量，共鸣点不要变。

用哼鸣音哼歌：哼《红河谷》。

（2）鼻音带出字

共鸣点找对后，用鼻音把字带出来。

3. 发声练习

（1）单音练习

首先要兴奋，以情运气，以情带声。"兴奋从容两肋开，不觉吸气气自来。"单纯用气，气易憋在胸部，又浅。要用情感带动气息。

声音不是从口里直接向前发出去，而是向上从硬腭打上头顶骨；音色不是松软、黯淡的，而是追求金属碰撞之神韵。声音出来不是横的、扁的，而是圆的；不是散的，是集中的。声音从小到大，从低到高。可以用手挡耳、闭眼体会声韵和气息控制。音越高，小腹收缩，腰、胸扩张要越强。舌头尽量放松，下腭不要用力，不要产生舌根紧张、声音是挤出来的感觉。不要一开口就大喊，要在身体各部分都有充分准备的状态下发音。练唱强弱反复的歌，让声音立着出来。

（2）唱歌

唱《洪湖赤卫队》中歌曲：渔民的光景一年更比一年强。切忌声音是横着的、散着的、扁的，要浑圆，立得住。

（3）数数

深吸一口气，数数。从1到100，看能数多少。

（4）念普通话的调值，体会用气息发声

1）阴平

气息平稳、集中、胸腹控制稳定，丹田之气就得顶住。如"高、天、中央、基本"。

2）阳平

腹收腰扩由弱到强，气息逐渐加强。如"无、群、学、红彤彤、河流、红旗"。

3）上声

气息有一个下沉到提起的变化。胸腹控制力量由稍松变紧。如"长、海、好、领导"。

4）去声

气息通畅地下沉。胸部在保持控制的情况下，稍有下移的感觉，但两肋不能松软，小腹保持收力，控制住。如"日日夜夜、灿烂、战斗"。

4. 朗诵句段

共鸣点有点体会后，就直接用一段词去找。朗诵时，把气息弹上去，直着敞着发出去不行，要弹到共鸣点。出字立音，"大、雨、落、幽、燕"。声音是横着的就没有共鸣，不集中，主要元音要夸张一点："翻江倒海！"一夸张，就立住了，立不住，共鸣就出不来。

基本功掌握了，还要带上感情，兴奋起来，朗诵时就不想声音了，用感情带动声音。而如果没有前面这个练习，朗诵作品时就不行，就像没练过踢腿的功夫，表演时那个动作就没样子。

总之，要求声音是要实的不是虚的，要亮的不要松软疲沓的，要圆润的不要单薄干燥的。练习：

"在苍茫的大海上，风聚集着乌云。"

"暴风雨，暴风雨就要来啦！"

"黄河之水天上来，奔流到海不复回。"

5. 控制练习

（1）距离发声练习

假设分别向一个人、十个人、五十人、一千人，在教室、大礼堂、体育馆等地朗诵或喊口令，十分精确地运用声音。

（2）障碍发声练习

含半口水在嘴里说话或大笑，不漏出一滴水来。这是为了消灭在台上唾沫四溅的毛病。跑五十米后再回来朗读一篇文章，面不改色气不虚喘，能控制呼吸。

（3）气音发声练习

①用气数数或念字母。

②两人说一段私密话，听者无论走到哪个角落，都听得清是什么内容。

③用气音朗诵"我不行了……这仇……一……定……要……报……！""难道……是他？……"（心理描写）。

（三）吐字归音

1. 吐字

咬字千斤重，听者自动容。把发音的力量放在"字头"上，利用爆发力量带动字腹和字尾的响度，这样，声音放得远，嗓子又省劲。因为发音部位肌肉一紧张，口腔和舌也相应紧张，造成口腔内压力，发出的音就有分量，爆破时一股积蓄的气流突然喷吐出来，所以戏曲界称之为"喷口"。

发任何字头，其实都有喷口的问题。

练习方法如下：

（1）双唇

练习双唇音（b，p，m，f）。声带不颤动，仅用双唇阻气爆破成声。

（2）舌尖

练习舌尖音（d，t，n，l，zh，ch，sh，z，c，s）。

①摹仿机枪射击声："da da da……"。

②摹仿快艇急速的马达声："du du du……"。

③用舌尖很有弹性、力度地弹唱一段歌曲："啦、啦……"。

④念绕口令："知道就是知道，不知道就是不知道。不要知道说不知道，也不要不知道说知道。"

⑤用"shi……"声音制止对方活动。

⑥摹仿火车将开动的撒气声"si……"。

（3）舌面（j，q，x）（力点向舌面中移动一些，舌要放松）

念绕口令：

天上七颗星，树上七只鹰，墙上七根钉，钉上七盏灯。地下七块冰，遮满天上星，赶走树上鹰，拔掉墙上钉。吹灭了钉上的灯，踏碎了地下的冰。

（4）舌根：g k h（要点"哨"）

念绕口令：

哥挎瓜筐过宽沟，赶快过沟看怪狗。不看怪狗瓜筐扣，瓜滚筐空哥怪狗。

（5）擦音和送气音

稍不慎就出现嚓嚓噪音，影响语言的清澈和干净。录音就更显著，所以要节制气流。发声时要有反向吸气的感觉，开口要快，不要迟缓，把通道缩窄，以免漏气。如"西风烈"。

2. 归音

韵尾要归到家，不要初起就完了，要收住，不然韵尾不清。当然，具体运用时就不能归得太死，否则影响韵腹的口腔开度，造成口齿不灵活，感情表达迟滞。但练基本功时必须矫枉过正，运用时再灵活掌握。

归音练习：（同时配合吐字）

摇条辙：艳阳天，春光好。风和日丽真逍遥。红的花，绿的草，杨柳树下有小桥。

梭坡辙：断头今日意如何？创业艰难百战多，此去泉台招旧部，旌旗十万斩阎罗。

言前辙：南国烽烟正十年，此头须向国门悬。后死诸君多努力，捷报飞来当纸钱。

中东辙：李白乘舟将欲行，忽闻岸上踏歌声。桃花潭水深千尺，不及汪伦送我情。

油求辙：白日依山尽，黄河入海流。欲穷千里目，更上一层楼。

怀来辙：天门中断楚江开，碧水东流至此还。两岸青山相对出，孤帆一片日边来。

人辰辙：渭城朝雨浥轻尘，客舍青青柳色新。劝君更进一杯酒，西出阳关无故人。

江阳辙：床前明月光，疑是地上霜。举头望明月，低头思故乡。

灰堆辙：西塞山前白鹭飞，桃花流水鳜鱼肥，青箬笠，绿蓑衣，斜风细雨不须归。

乜斜辙：西风烈，长空雁叫霜晨月。霜晨月，马蹄声碎，喇叭声咽。

发花辙：烟笼寒水月笼沙，夜泊秦淮近酒家。商女不知亡国恨，隔江犹唱后庭花。

一七辙：打起黄莺儿，莫教枝上啼。啼时惊妾梦，不得到辽西。

故苏辙：驿外断桥边，寂寞开无主。已是黄昏独自愁，更著风和雨。无意苦争春，一任群芳妒，零落成泥碾作尘，只有香如故。

三、常见问题

（一）发音不准

①普通话的问题。
②吐字归音问题。
③文化水平问题。

（二）气息不畅。

感觉说话费劲，气不够用，口干舌燥、声音嘶哑，声音传不远。

（三）声不达情

（四）拖腔甩调

①念字式。语言梗阻，意思不集中。
②念经式。四平八稳型。
③八股式。
④表演式。

（五）配乐欠妥。旋律、节奏、音量不当

（六）麦声嘈杂

（七）发音不准

四、训后评议

第五项任务：主持训练

学时：2学时。

一、情景设定

结合学生实际情况，充分发挥想象力，设计能够引起学生参与主持训练兴趣的导入方式，使授课内容生活化，让学生在主持中学习主持。要求：
一是教师要讲清主持的意义、相关理论、训练方法等问题。
二是教师要依照主持训练相关要求严格管理，真正做到一丝不苟。

二、知识链接

狭义的主持人是指广播电台或电视台中以某个人的身份在话筒前或摄像机前主持特定节目的播讲者。广义的主持人要比这个概念宽泛得多。主持人具有很重要的作用，他是一个节目的串联人，处在节目的主导地位。作为主持人，须具备以下素质：

（一）良好的个人形象和素养

主持人首先要有端庄的外表和令人愉悦的声音。外表不要求美丽英俊，但是要端庄大方。主持人的外表条件会直接影响到受众对节目定位的理解。比如,过分年轻漂亮的主持人会给观众难以信任的感觉,并且可能会不被观众群中同性的观众认可和喜欢。

作为新闻节目主持人,声音的要求并不像传统意义上的播音员那样严格。天生一副好的嗓音固然重要,但并未重要到决定一切的程度。许多主持人并非嗓音特别甜美,也并非都是字正腔圆,但他们掌握正确的口头表达技巧,掌握呼吸的节奏,能够正确发准音节,理解新闻稿的内容,并根据自己的理解来处理重音、强调、停顿、连续,从而形成自己的风格。

(二)清晰流畅的口头表达能力

普通话纯正,声音悦耳,表达准确、生动、有个性,这是主持人的基本要求。同时,还要讲究表达技巧。主持人的语言基本功好,会吸引观众,为节目增添光彩;反之,会使观众产生抗拒力,节目也随之逊色。

另外,主持人在主持节目的时候要注意口语化。所谓口语化,并不是要把日常口语的自然形态照搬到电视节目里,而是对日常口语进行一番去粗取精的加工雕琢,使之更适合电视节目的需要。主持人播音时,应把自己日常口语中不准确、不规范、不通顺、不精炼的杂质去掉,避免随感性,锤炼出适合在电视节目中出现的准确、鲜明、生动、富于活力的语言。

(三)有广博的知识

首先,主持人要对所主持的栏目所涉及的专业知识有较深的研究。即使不是某个领域的学者,对于自己所主持的栏目所涉及的专业知识也要尽可能地深入了解。只有这样才能在采访、主持过程中做出有深度的报道,否则处理起节目就会捉襟见肘,浅薄生硬。

文化素质高的主持人主持节目,轻松自如,落落大方,在传递知识和信息的同时也给人以美的享受。享誉全球的《看东方》节目主持人靳羽西曾获得音乐和政治双学士奖,她在节目中那种如数家珍的解说,显示出她的博学。持有硕士学位的敬一丹,经常集选题、采访、撰稿、编辑、主持于一身,既朴实无华,又可入高雅之堂,显示出扎实的专业功底。操一口流利外语的水均益主持《东方时空》,面对波黑冲突、科索沃危机、印巴战火都能侃侃而谈,毫无做作之感。

其次,除了要掌握自己主持的新闻所及的知识外,还应该对现代政治、经济、科技及天文地理等有广泛了解。在宇航员阿姆斯特朗和奥尔德林实施登月计划期间,CBS连续报道了整整30个小时。主持人克朗凯特对航天科学知识的熟悉使他对复杂的技术原理做了深入浅出、通俗易懂、生动有趣的解释,他滔滔不绝、精彩绝伦的直播报道,不但使众多美国观众倾倒,也吸引了全世界几亿双眼睛。

(四)机敏的控制现场的能力

在主持现场,随时都有可能发生各种情况。这时,主持人应围绕主题控制现场,使其朝着节目主题定位方向发展。比如:有的被采访者不善于表达思想,这时就需要主持人耐心启发、提示。而有的人很能说,滔滔不绝,偏离主题,这就要求主持人在适当的时候巧妙地打断他的谈话,围绕采访目的提出下一个问题。如果说被采访者讲得快而且有地方口音,主持人则要在重点的句子、词组上给大家重复一下,遇到某些专业术语,应请被采访者加以解释。掌握节目的进程和节奏,是主持人的职责之一。也就是说,既要尊重观众的独立性和差异性，又不使节目游离于传播者的传播意图之外。主持人与观众既是平等互动的，同时又要保持一定的"距离"，这个"距离"，指的是与观众平等对话的同时，主持人应该有清醒的角色意识。

（五）朴实无华的亲和力

主持人作为观众的朋友，与观众"一对一""面对面"地近距离交谈，无形之中缩短与观众之间的距离，增加亲切感。主持人与观众要有一种亲切友好的感情，态度要诚恳，体贴入微，坦率热情，久而久之，主持人同观众之间形成了直接密切和比较固定的联系，这就在心理上、感情上逐渐加强了对主持人的信任感，主持人在观众心目中占有的位置也就越来越重要，甚至会形成一定的"权威性"。

比如中央电视台的《对话》栏目，在现场录制时总是能形成一种热烈的参与气氛，主持人既与嘉宾积极对话，又与现场观众直接对话，而且充分调动现场的气氛，形成观众的主动参与，使观众与嘉宾也形成直接的积极交流。这一切，会使电视机前不曾进入现场的观众同样体会到现场的参与气氛，与节目中的现场参与者共同思考、共同对话，形成一种主动的交流关系。主持人在这种平等互动的良性状态形成过程中起了很重要的作用。

（六）良好的心理素质和处乱不惊的冷静

主持人应当以平和、安适、端庄大方的仪态真诚走进千家万户，积极适时地向观众报告你的"所见所闻"。任何妨碍以真诚态度为观众服务的心理状态，诸如自我表现、个人情绪都要在排除之列。每一次主持，都要充满自信地面对观众。

（七）拥有自己的个性

个性化是以某个人的身份主持节目的必然要求。没有个性化的形象，主持人就难以让观众信服，观众交流的感情无所依托，所主持的节目也就名存实亡了。主持人的个性主要是通过自己的外在气质和内在修养以及语言表达出来的。不同的主持人运用自己独特的思维方式和表达方式，可以表现出不同的个性，形成不同的个性化形象，或温文尔雅，或热情活泼，或老成持重，都能引起观众的共鸣。

三、常见问题

（一）状态不佳

主持节目是非常讲求镜头前和话筒前状态的。有一个好的状态，主持人就可以在现有水平的基础上有更高水平的发挥，观众也会更加喜欢积极投入工作的主持人。可以说，好的状态是成功完成节目主持的重要保证。主持常见问题主要表现在以下四方面。

1. 不够松弛

主持人在镜头前和话筒前会有一些紧张，这是不足为怪的，而且适度紧张还有利于兴奋起来，所以说适度紧张倒也不完全是坏事。但有些主持人过度紧张，表现出呼吸急促、肌肉僵硬、表情刻板、举止无措，等等，这样既会影响正常的发音表达，也会影响外在的形象气质。

主持人可以从如下角度来缓解紧张情绪：

一是进行心理调节。主要是进行正向的心理暗示，如默念"放松""我会成功"，或者告诉自己"我已经准备得很充分了"等等。避免进行反向的心理暗示，如告诫自己"别紧张"的暗示，往往会因为"紧张"这两个字眼的出现而适得其反。

二是进行生理上的调节。如深呼吸几次、适当活动一下身体等等，通过生理上的放松来调节自己的心理。

2. 不够积极

有些主持人的确不紧张，却不够积极，表现为行动迟缓、表情单一、眼睛无神、举止随意。实际上，过分随意有时比紧张的影响还要严重，因为这往往反映了主持人对本专业的热情不够，缺少年轻人应有的活力，甚至反映了其礼貌上的欠缺，这都会给观众留下不良的印象。

解决的办法也不外乎从心理和生理两个角度来入手。

从心理角度来讲，主持人一定要明白从事播音主持工作是为了国家和广大的群众服务，是要通过广播电视媒体与大家广交朋友，是要为更多的听众和观众送去欢乐与帮助，因此，主持人没有理由不积极地投入工作，没有理由漠视这个光荣的职业。

从生理角度来讲，主要是从形体和表情上反映出积极的状态和认真的态度，举止大方得体，表情生动有节，显示出主持人应有的精神风貌和职业风范。

3. 不会驾驭

主持人在主持节目时要有驾驭节目的意识，也就是说，主持人要明白自己是节目的主人，自己在节目中所说的话都是自己真心想对广大观众说的话，并且是在强烈的讲话欲望之下说出来的话。节目的开头怎么说，节目的中间部分如何推进，节目的结尾怎样给观众留下深刻印象，节目的良好氛围如何营造，节目的整体水平和艺术质量如何把握，等等，这都应该在主持人的考虑范围之内。不会驾驭节目的主持人，往往是没有考虑到以上所说的这些问题，特别是没有把自己放在一个主动的位置上和创作的状态中，而是把自己放在了一个被动做节目的位置上，结果失去了主动，失去了自信，失去了驾驭节目的意识。

很明显，解决这个问题的核心方法就是把自己放在主人的位置上，主动积极地进入创作状态。

4. 没有对象感

主持节目实际上是在进行一项大众传播工作，而传播工作是离不开传者、信息和受众的。在广播电视传媒中，主持人就是传者，主持人所主持的节目和所说的话就是信息，而广大的听众、观众就是受众。信息只有从传者那里发出并到达受众那里，才算真正完成了传播工作。主持人一定要明确自己和观众之间的关系，要努力把信息传达到受众那里。

但是不少主持人由于主要的精力都放在了调整状态和表述内容上，因而忽略了观众的存在和反应，表现在主持过程中就是内心没有交流的愿望，眼神没有与观众或者镜头沟通，这种现象是非常常见的。

对此，主持人首先应该从内心强化交流的意识，在表情和眼神上流露出交流的愿望，并最终在语言表达上真正达到与观众交流起来的状态。

(二)语言不畅

主持人工作最主要的手段就是用语言表达。无论是对素材的理解把握，还是对主题的总结概括，乃至于对节目的设计改编，最终都要体现在镜头和话筒前的语言表达上，所以语言表达是整个节目主持工作的最终表现环节，它关系着节目的优劣成败。不少主持人在这个环节上出现的问题是语言表达不够流畅，断断续续，甚至出现长时间的停顿。这些问题的出现主要是由以下原因造成的：

其一，对自己所说的内容没有消化理解。有时主持人似乎已经先期完成了对素材的剪切处理，对节目的结构也进行了相应的设计编排，头脑中对节目的整个进程也有了一个大体的把握，但有时却忽略了一个至关重要的问题，那就是没有追问一下自己：为什么要做这个节目？这个节目到底要说明一个什么问题？"为什么要做这个节目"，实际上就是节目制作目的的问题。人做什么事情都要讲求一定的目的，节目的内容为什么要播出，为什么要现在播出，为什么要播给预设的观众，肯定是有一定道理的。如果只知道要去做这件事而不知道为什么要去做，那么也就没有做这件事的必要了。可是主持人恰恰就忽略了这个问题，认为不过是为了工作而已，从而把节目制作中一个关键的核心问题丢掉了。

解决这个问题的方法并不难，只要用一句话概括出播出目的即可，而其前提是对节目内容有一个清晰深入的理解把握。关于节目内容说的"是什么"的问题，实际上就是节目的主要内容，主持人同样可以用一句话来概括本期节目的主要内容，以此来检验自己是否真正消化理解了素材。

其二，死记硬背事先准备好的内容。死记硬背是主持节目的一个大忌。这并不是说不用背诵，而是说主持人到底要记忆什么。主持人可以记忆节目的主题、中心思想、整体结构思路，这样在主持节目时就可以围绕这些核心问题，把事先准备好的原有素材和补充素材表述出来，把自己的观点表达出来，即使忘掉一两句事先准备好的话也不影响大局。可是，有些主持人记忆的却是一句一句的话，甚至是事先设计好的词汇，在主持节目时往往因为记忆的负担太重而出现忘词现象，于是出现断断续续甚至长时间停顿的现象。

其三，语言表达能力欠缺。我们不排除许多主持人的思维是敏捷的，写作能力也是很不错的，在前期准备中做得也比较充分，但在进入主持节目的最后一个环节即语言表达环节时却不尽如人意，这并不是说主持人的思维能力不强，而主要是因为其语智不够好，也就是语言表达能力欠缺。对于这样的人来说，单纯讲求思维训练和对节目内容的理解编排是不行的，关键是要进行语言表达能力的培养和训练。

这里需要注意两点：

第一是语言表达能力的训练是长期的，靠短时间的突击训练不能说起不到一点作用，但既然主持人喜爱播音主持专业，就应该下决心进行长期的训练，比如说通过朗读诗歌、散文来培养语感，通过练习演讲来培养自己在大庭广众之下讲话的勇气和能力，通过绕口令训练来锻炼自己的语音发声，等等。

第二是一定要科学，要把语言表达和思维运动联系起来，把发表见解与表达情感态度结合起来，把表达的内容和语音发声等声音形式完美地结合起来，这样的语言表达才能做到内容清楚、感情充沛、语流顺畅、恰切得体。

（三）内容不全

从节目整体来看，一档节目一定要完整，既要有对素材的充分理解与合理使用，又要有相应的结构安排与设计，否则容易造成节目内容的缺失。常见的情况有以下两种。

1. 开头、串联、结尾出现结构性缺失

一般来说，一档节目是要有开头、结尾和中间部分的串联的，这些起到架构整个节目作用的部分既是节目的框架，又是节目内容的组成部分。比如说，节目一开始就进入主体部分，或者说完主要事实就戛然而止，会给人无头无尾的感觉，节目显得突兀且不完整。再比如，一会儿说事实性内容，一会儿加几句点评的话语，中间没有一个过渡和连缀，也会给人以拼凑和凌乱的感觉，即使每一个部分单独来看都相对完整，但由于没有一个统一的设计安排，最终也会影响到节目的整体性。从这个意义上来说，出现内容不全的原因，或者是没有一个明晰的节目意识，以为把事情说完就可以了，而没有注意到一个完整的节目样态应该具有的结构形式，或者是因为事先没有一个整体的把握，以至于在节目行进过程中丢三落四，连基本内容都没有说清楚，更不用说连缀节目的框架结构了。所以说，合格的主持人至少应该想到开头要向观众问好，报出栏目名称或节目的题目，中间加入一些过渡语，结尾对节目内容简单总结并向观众道别。如果可以习惯地说出这些必需的语言，则在主持节目的过程中至少可以从结构的角度来保证内容的完整性。

2. 素材处理不当

关于对素材处理的问题，主持人应该避免出现两种情况：

一是对素材不做任何的增删编辑处理，而是从头到尾复述一遍，没有表现出任何的编辑处理能力和节目意识。

二是虽然对素材做了剪切处理，但在使用时没有很好地进行编排，或者由于没有抓住重点而丢掉了最主要的内容，或者由于缺少逻辑分析而将内容编排得很凌乱，或者在补充材料时忽视了新旧材料之间的搭配，等等。在这种情况下，主持人总是没有一个清晰的思路，头脑中没有一个完整的节目概念，不能合理有效地使用素材，即使自始至终用足了所有节目时间，给人的感觉依然是内容空洞，重点不突出。所以素材使用应该做到有取有舍，有删有补，物尽其用。

（四）身份不准

节目与主持人是应该互相依托、互相提色的，如果节目与主持人互不匹配，则会给人以不协调的感觉，从而影响观众对节目的评价。这除了节目设定有问题以外，还与主持人对自己主持人身份设定的失误有关。

1. 身份设定不符合节目类型

根据所提供的材料改编主持节目虽然有一定的创作空间，但因为材料的主要内容性质是固定的，因此主持人不可能不顾预定的材料进行分析、改编和主持。比如，如果材料的主要内容是揭露社会上不正之风的，则主持人就应该站在广大观众的立场上批评这种不正之风，并以鲜明的态度来弘扬正气，引导广大观众共同树立良好的社会风气，这时的主持人是一个有着鲜明社会角色特征的宣传员，他的身上应该带有更多的社会性。再比如，如果材料提供的是教广大观众如何刷牙的小常识，则主持人就应该亲切地与广大观众交流，并热情地为观众服务，应该是观众服务员、小老师和好朋友，这时的主持人在共性特征的基础上有更强烈的个性特征。试想，如果前后两个节目主持人的身份设定互换的话，则前者会显得不够大气和欠缺正气，而后者会显得不够活泼和不够柔和，这样的身份设定都会影响节目的整体协调性。

2. 身份设定不符合自身条件

应该说，每一个主持人的自身条件都是不一样的，有的显得老成持重，有的显得活泼伶俐，有的显得端庄大气，有的显得灵秀可爱，这与主持人的形象、气质、性格都有关系。如果主持人抛开这些特定的自身条件而随意进行身份设定，则势必造成自身条件与节目形象互相脱节与干扰。比如，同样是一档以介绍饮食知识为主要内容的节目，有的主持人将自己设定为一个美食家，以传播饮食文化的方式来制作节目；而有的主持人则将自己设定为一个大哥哥大姐姐，向小朋友讲解饮食营养的搭配，并告诫小朋友千万不要偏食。可以想见，同样的素材在不同形式的节目中会有不同的运用，而主持人也应该根据自身的条件合理改编节目内容，预设收视观众，并设定自身的身份。总的原则是：既要合理地使用素材来改编设计节目，又要使自身的条件与节目风格形态相统一，扬长避短，做出符合要求且具备特色的一档节目来。

（五）主题不明

一档节目做完之后，如果不能给人以明确的制作意图，没能令人明了节目的主旨，则节目也就失去了制作的必要，这是最应该避免的。主题不明往往表现在栏目设计和内容表述的失误上。

1. 栏目不定型

现在的广播电视节目中，常见的有新闻类、社教类、娱乐类、体育类等。如果材料给出的是一则新闻事件，则往往需要主持人搞清事件的来龙去脉和新闻价值，并就新闻事件发表自己的见解，这类素材经常可以改编为带有新闻述评性质的节目，即叙述新闻事件，发表自己的见解；如果材料给出的是一组生活知识，如青少年应该如何保护视力，则主持人可以根据这样的素材制作一档带有知识服务性质的节目，主持人可以讲解保护视力的重要性、保护视力的多种方法，甚至于在结尾时还可以祝愿同龄的学子们健康快乐。由此可见，不同的材料可以制作不同类型的电视节目，主持人一定要认真分析所提供的材料，并最好在节目的名称上也有所体现。

2. 重点不突出

主持人在主持节目时应该做到重点突出，其中最关键的就是要在比较短的节目中尽力说清楚一两个问题，有时甚至是只说清楚一个问题，切忌面面俱到，结果什么问题都蜻蜓点水，主要的观点也没有表达清楚。

重点不突出主要有两个原因：

一是贪多求大，一心想把问题说全面。但是请注意，在 3 分钟时间里能够把主要事实说清楚并就此简单地加以点评就已经很不易了，如果想把所有的事实都说出来并进行全面的分析，那几乎是不可能的，因此贪多求大势必造成顾此失彼，结果什么问题都没有说清楚。

二是彼此干扰。也就是说，即使主持人把所有问题都说清楚了，但由于主题太多，重点反而淹没在众多的观点中了，结果使观众无法准确地把握重点，从而出现重点不突出的问题。因此，对于主持人而言，抓住主要事实，挖掘最重要的主题，这是避免主题不明的重要注意点和思路。

3. 跑题

跑题既表现在事实表述上的偏离，又表现在观点的偏失上。事实表述上的偏离主要是说对材料提供事实的重点分析出现失误，错把非重点当作重点来加以叙述，结果说得越清楚，离重点和目的就会越远。事实表述的偏离还表现为补充的材料不能支撑所论述的观点，即使补充材料本身具有一定的价值，但因为与主题不相匹配，结果也导致了跑题。观点上的偏失也会造成跑题现象，观点表明了主持人对材料所提供主要事实的分析判断，当主持人不能就主要事实做出正确的判断，或者就非主要事实做出了自己的判断时，就会造成观点偏失，从而出现跑题现象。

四、训后评议

第六项任务：命题演讲训练

学时：2学时。

一、情景设定

结合学生实际情况，充分发挥想象力，设计能够引起学生参与命题演讲训练兴趣的导入方式，使授课内容生活化，让学生在演讲中学习演讲。要求：
一是教师要讲清命题演讲的意义、相关理论、训练方法等问题。
二是教师要依照命题演讲训练相关要求严格管理，真正做到一丝不苟。

二、知识链接

命题演讲一般是指演讲者根据给定题目进行的演讲。

（一）演讲准备

命题演讲之前要做好两件事：
①了解听众的心理状态与喜好。
②备好讲稿，确立主旨，生发激情，选好材料。

（二）临场表现要求

1. 开场要好

开场要好是说演讲者开场时能在最短的时间里吸引听众，这在演讲中起着至关重要的作用。历来著名的演讲家都煞费苦心，希望在演讲的开头就能牢牢抓住听众，为自己的演讲奠定成功的基础。

2. 中场要激荡饱满，有理有趣

演讲要求具有强烈的鼓动性，产生巨大的宣传效应；其内在的根本动力源自演讲要有令听者情绪波澜起伏或渐入高潮的感染力，也就是能唤起听众强烈的共鸣。一般来说，事例最能说服听众，即所谓"事实胜于雄辩"。经典事例则多蕴含丰富、深刻的情感或哲理，无须多，往往一二例，即能感动听众，使其折服。而演讲高手更能就地取材，即兴发挥，利用身边典型素材切题，借助现场氛围为自己的演讲服务。这样出人意料地创造出震撼人心的轰动效应。成功的演讲者总能借此强调观点、升华感情，将其真诚的思想感情表现得淋漓尽致，把听众的情感不断引向高潮，把听众带到心潮澎湃、热血沸腾的佳境。情感一旦被激发，便立即使人精神振奋，全身心都处于高昂的积极状态，进而产生一种不可估量的能动作用，影响听众的意识，促成听众的行为。

3. 结尾要余味无穷

演讲不能虎头蛇尾，而要有一个坚实有力的"豹尾"。因为演讲的结尾，是演讲结构中的重要部分。好的结尾，可以使演讲意味无穷，为演讲增添光彩。成功的演讲者，都希望结尾时再给听众留下一个精彩的印象，都会在结尾处狠下功夫，避免演讲功亏一篑。

（三）控场技艺

演讲控场有几种常规技巧与方法。

1. 演讲者上场时要表现出信心

控场应该从上场那一刻就开始。演讲者要对自己的演讲胸有成竹，所散发出的那份自信会对听众产生一定的威慑作用。科学家法拉第分享自己的演讲诀窍就是："假设听众一无所知，所以我对自己的演讲充满自信。"

2. 演讲进程中要做到动静结合

演讲者要把自己的主张和见解这种内部语言传输给听众，就得把内部语言转化为外部语言，有时其中渗透着强烈的感情因素，这就需要通过语言、表情、眼神、动作等方式来协同配合。

3. 演讲中应适当变换节奏

演讲者应用抑扬顿挫的不同语调和疾缓快慢的不同语速进行演讲，这样可使听众将分散的注意力重新转移到演讲者身上。

4. 设置悬念

精心设置悬念既能扣住演讲主题，又可以有效地激发听众的兴趣，调动听众的情绪。同时悬念恰到好处地戛然而止，会使悬念最大限度地发挥作用。

5. 有目的地提问

提问不但可以增进讲者与听者之间的互动，还能促使听众积极思考，演讲者也可以在没人回答准确时，用自己对问题的精准见解再次"征服"听众。

在演讲过程中，演讲者控场的最高境界在于：营造一个让听众和自己完全融为一体的氛围，并确保将掌控这个氛围的总开关置于自己手中。

三、常见问题

一般地说，命题演讲有如下六项重大失误。

（一）目的不清

你希望通过特定的方式来激发听众，但是他们绝对无法由你的东拉西扯中摸清楚你的目的所在。

（二）缺乏清晰的组织和驾驭能力

你的发言缺乏好的架构，而且从一个要点到另一个要点之间没有必要的逻辑关系。

（三）充斥过多信息

你用细节性的信息大大加重了听众的负担，而那些信息中有些是过于技术性的，大部分则毫无必要。

（四）对思想、概念和信息的支撑不够

强制性地提出了某个具有争议的议题，但是却没有通过生动有趣、易于记忆的故事和范例来支持这个理念。

（五）声音单调，应付了事

你深信自己的主题并为之激动不已，但你的声音和讲话方式并没有相应投射出你的感觉。

（六）未满足听众的真正需求

你集中讲述自己感兴趣而非听众有兴趣听到的东西。

四、训后评议

第七项任务：即兴演讲训练

学时：2学时。

一、情景设定

结合学生实际情况，充分发挥想象力，设计能够引起学生参与即兴演讲训练兴趣的导入

方式，使授课内容生活化，让学生在演讲中学习演讲。要求：

一是教师要讲清即兴演讲的意义、相关理论、训练方法等相关问题。

二是教师要依照即兴演讲训练相关要求严格管理，真正做到一丝不苟。

二、知识链接

即兴演讲需要多方面的知识素养，又需要敏捷的思维能力、快速的语言表达和应变能力。

（一）恰当的准备技巧

1. 知识素养准备

演讲者的知识积累、兴趣爱好、阅历修养与演讲的成功有着紧密的关系。"巧妇难为无米之炊"，许多演讲者感到演讲的最大困难在于没有演讲材料。这就要求我们平时做有心人，"家事、国事、天下事，事事关心"，广泛地阅读、收集、积累材料，古今中外的人文科学、自然科学都要学习，同时加强自我的思想、道德、情感等各方面的修养。这是一项长期、琐碎而复杂的工作。应从以下几方面入手：

①多收集历史资料。对那些重要的历史事件、人物的有关情况要熟记，并分门别类地进行整理。

②多收集现实资料。对当今国内外发生的重大的政治、经济、文化、科技等各个领域的事件、人物的有关情况要了如指掌，进行思考。

2. 临场观察准备

演讲者要尽快观察、熟悉演讲现场，及时收集捕捉现场的所见所闻，包括现场环境（时间、地点、场景布置）、听众、其他演讲者的演讲等，以确定自己的话题，增加演讲的即兴因素。

3. 心理素质准备

既然是有感而发，就要有稳定的情绪，有必胜的信念，这样才能保证思路通畅，言之有物，情绪饱满，镇定从容。

（二）快速思维的技巧

临场性决定了即兴演讲者必须具有较强的快速思维能力。快速思维即快速组织内部语言，实际上就是一个快速创作、打腹稿的过程。其技巧主要表现为：三定、四思、五借。

1. 三"定"：定话题、定观点、定框架

定话题——应选择你想说的、观众想听的、你能讲的、社会生活需要的话题。

定观点——应确立为大家所能接受的、言之有物的观点。

定框架——有两种模式：

①开门见山式，也叫金字塔式。方法为：先亮出主题，然后对主题做详细的论证。

②曲径通幽式，也称为卡耐基的"魔术公式"。方法为：先举例，再叙主旨要点，最后说理由论证分析。

2. 四"思"：逆向思维、纵深思维、发散思维、综合思维

逆向思维，是指从相反方向思考问题，即一反传统看法，提出与之相对或相反的观点。

这种思维模式表现出鲜明的对传统的批判精神，但要注意观点必须持之有据，能够自圆其说。

纵深思维，从一般人认为不值一谈的小事，或无须做进一步探讨的定论中，发现更深一层的被现象掩盖着的事物本质，即"透过现象看本质"。

发散思维，是从同一问题中产生各种各样的为数众多的答案，在处理问题中寻找多种多样的正确途径。灵活、精细、新颖是它的特点。

综合思维训练，是前面三种思维的综合运用，事实上我们在思考问题时，一般情况都是将各种思维综合在一起使用的。

3. 五借：借题发挥、借人发挥、借物发挥、借事发挥、借景发挥

它要求演讲者要善于观察现场，获取信息。

快速思维的路线图：观察—抓话题—定语点—扩展语点（组织语言）—语序的排列—表达。

（三）表达技巧

表达技巧有四种技能、五个注重。

1. 四种表达技能

（1）散点连缀

在即兴演讲前紧张的选材构思时，人的头脑中会出现很多散乱的思维点，演讲时要捕捉住这些思维点，从这些点的关系中确定一个中心，并用它连缀这些点，与主题无关的全部舍去，当表达网络形成后，就可以开始讲话了。

（2）模式构思

用我们前面所讲的两种模式作框架，使自己的表达有条理。

（3）扩句成篇

扩句成篇，即开门见山的构思方法。但也要将思维的路线理清，注意逻辑明晰。

例如，句子"当前的形势需要徐洪刚那样的英雄人物"扩展后可以是这样的：当前的形势需要徐洪刚那样的英雄人物，需要大力提倡革命英雄主义。改革开放是前无古人的事业，有困难，有曲折，也有风险，没有超人的勇气是进行不下去的。同大自然的斗争也不会一帆风顺，在自然中有许多我们未知的东西，凶恶难料，有险阻、有困难，因而也就有流血、有牺牲。外空探险，可能有去无回；海底探秘，可能葬身鱼腹；开山放炮、地下采煤、高空作业、科学实验、机械操作等，无不带有一定的危险；没有革命英雄主义，没有勇于献身的精神，是根本做不好的。更何况改革开放，难免会泥沙俱下，造成某些腐朽的东西有所抬头，国内外邪恶势力和敌对势力正在虎视眈眈伺机而动，这样就更需要我们像徐洪刚那样敢于在关键时刻挺身而出，随时准备为保卫改革开放的成果而英勇献身。所以在改革开放形势下，在向四化进军的征程中，不是不需要革命英雄主义，不是不需要徐洪刚那样的英雄人物，而是更加急需；不是没有表现的机会，而是提供了更广阔的天地。

（4）借×发挥

借×发挥，即前面讲的"五借"。"借"了之后要扩充成句成篇。

2. 五个注重

①注重开头，引人入胜；注重结尾，耐人寻味。

②注重内容，言之有物，机敏幽默，蕴含深刻。
③注重语言形式，以口语短句为主，巧用比喻、排比、设问、反问、引用、反复等修辞手法；注意过渡词、句、段的使用，加强衔接；防止语言陋习，不用粗话、碎屑语和方言。
④注重语调有激情，把握好语调的抑扬起伏。
⑤注重演讲者的形象，防止不良陋习。

三、常见问题

（一）开头平淡，结尾乏味

（二）言之无物，使人昏昏

（三）语言刻板，和尚念经

（四）语言粗陋，欠缺文明

（五）四平八稳，缺乏激情

（六）形象猥琐，有碍观瞻

四、训后评议

第八项任务：交谈训练

一、情景设定

结合学生实际情况，充分发挥想象力，设计能够引起学生参与交谈训练兴趣的导入方式，使授课内容生活化，让学生在演讲中学习演讲。要求：
一是教师要讲清交谈的意义、相关理论、训练方法等问题。
二是教师要依照交谈训练相关要求严格管理，真正做到一丝不苟。

二、知识链接

交谈，是社会交际的重要手段，是双方的活动。"双方"，有时是对等的，有时有主动与被动之分。不管双方的关系如何，也不管自己在交谈中处于怎样的地位，要使交谈顺利进行，都要尽可能多地了解对方，并采取适当的语言和态度。交谈又是个动态的过程，所以，要随时注意情况的变化，调整自己言谈的内容与态势。因为目的和内容的不同，交谈又有许多不同的方式。在这里，我们介绍几种常见的交谈方式。

（一）寒暄与攀谈

寒暄，本指社交双方见面时谈天气寒暖的应酬话，后来也就不限于谈天气了。作为社交手段，它的基本作用是表明自己见到对方的喜悦，同时也表明自己的友好态度，以联络感情、保持友好的关系。所以，在交往中一般不能光从"信息"的意义上来理解寒暄用语。

寒暄的第一步是打招呼。这看似简单，其实也有许多讲究。比如，时间不同，地方不同，打招呼的用语、方式都应有所不同。打招呼时的称呼用语也都有讲究，要考虑地域特点、时代风气，甚至对方的心理需求。寒暄，往往是攀谈的铺垫。

寒暄之后，如果还要"共处"一段时间，那就要攀谈。攀谈是一种没有特定功利目的的交谈，要注意以下问题：

首先，要学会寻找话题，也就是解决跟对方"聊"什么的问题。一般要从"相似性"因素入手，如地域相似、职业相似、遭遇相似等等。

其次，要从对方感兴趣的地方入手，或从热门的新闻话题入手。寻找话题时要注意什么是可谈的话题，什么是应回避的话题。比如，在陌生人面前谈自己的苦恼，说自己朋友的缺点，或主动谈自己的成就、地位，在欢乐的气氛中讲悲惨的事情，跟年老病弱的人谈论死亡，等等，都是话题选择的误区，应该有意识地回避。

最后，话题展开之后，要保持良好的态度和适度的热情。要谦和，要给对方说话的机会；要专注，要善于在交谈中捕捉信息（包括有声语言和无声语言两方面的信息），并对对方的话做出适当的反应。否则，交谈就可能持续不下去，乃至中断。交谈中，如果发现对方对话题不感兴趣了，或自己不愿再就此谈下去了，要及时转移话题，以使交谈得以继续。

（二）提问与回答

提问与回答是常用的交谈方式。

提问，可分为有疑而问和无疑而问两种情况。我们这里只说有疑而问。既是有疑而问，自然期望对方回答。所以除了礼貌、态度问题之外，还有一些技巧要学习。有了问题，找什么人去问，在什么时机发问，都要考虑。问道于盲，自然不能得到满意的回答，如果人家正在紧张地工作，你突然去打扰他，他一般也不会乐于回答你的问题。提问还要讲究方式。比如：要抓住最关键的问题，要提得具体，要讲究顺序；如果对方起初拒绝回答，如何转换方式，以便最终达到目的。

回答问题，不仅需要相关的知识，也需要交际经验和语言艺术。比如，要注意提问者提问的环境前提，即是什么人在什么情况下提的问题，注意到这一点，回答才能切中肯綮。再比如答问的方式，在不同情境里，面对不同人物、不同问题，应该有所区别。可以用直答法，就是不回避、不含糊、直截了当地回答问题。也可以用曲答法，答得不那么直接，而是委婉、曲折地说出自己的答案。此外还有避答法，这是拒绝回答、避而不答的方式。有时由于客观条件的限制，或是由于主观情感的选择，对别人的提问不能或不愿做出回答，就可用避答法，直接说"不知道""不清楚"，模棱两可、不置可否，转移话题、故意"打岔"等，都是"避答"的具体方式。

（三）规劝与说服

在生活中，我们常常需要诱导、鼓励别人去干什么，或者劝止别人不去干什么，或者同时既要求别人去干什么，又要求他不去干什么，这就是规劝与说服，通称劝说。劝说，要动之以情，晓之以理，导之以行，所以也是一种重要的说话能力。

劝说，首先要了解情况。没有调查就没有发言权，这句话完全适用于劝说活动。劝说，要注意"心理相容"，就是劝说者要使自己的话语让对方在心理上能够接受。如果对方一见你就产生戒备之心或厌恶之感，你的劝说就不易收得成效。达到心理相容的方法很多。比如：站在对方的立场想问题，做他的"贴心人"；为对方的利益着想，做他的"谋利人"；摆出自己与对方的相同遭遇或相同愿望，做他的"同路人"；等等。劝说，要保持公正客观的态度。如果对方发现你心怀私念，或有所偏袒，你的劝说就很难起作用。

劝说的具体方法也有种种不同。有直劝法，就是在心理相容的前提下，直截了当地劝对方怎样做或不要怎样做。当然，这要有充分的理由。有婉劝法，讲个故事，打个比方，或用其他委婉的方法间接地进行劝说。有迂回法，就是先绕一个弯子，最后回到要说的本题上来。这"绕弯子"的过程常常就是求得心理相容的过程。此外，还有悬念法、激将法，等等，都可以酌情采用。

（四）请托与拒绝

请托，就是请人帮忙，托人办事，邀请人参加某项活动等。拒绝，就是对别人请托的推辞。

请托有以下一些讲究：

首先，要知己知彼，恰当地确定请托对象：自己到底需要什么样的帮助？被请托的人有没有这样的"实力"？与自己的关系如何？他肯不肯帮这个忙？这些问题在张口求助之前一定要考虑好，不能"慌不择路""有病乱投医"。

其次，请托还要把握时机，讲究方式方法，说明所求事宜要实事求是。在初步遭到拒绝时，不要轻易放弃，而要灵活机变，对自己的请求要适当地坚持一下。成功往往就在"坚持一下"的情况下获得。如果最终被人拒绝，要保持礼貌，正确对待，自己做一点"善后"工作，千万不可赌气翻脸，"晴转多云"。

拒绝，有时比请托还难。一般说来有这样几条要加以注意：

一是保持适当的心理距离。既知对方有所请托，自己又不能或不愿答应，从一开始就不要表现得十分热情。这样，对方就有了可能被拒绝的"预感"，也许根本就不提了；即使提了，答复他一个"不"字也较容易出口。

二是要说明拒绝的理由，以求得对方的理解。

三是给予适当的"补偿"，这补偿可以是心理上的，也可以是事实上的，比如帮他提出另外可行的方案，答应在别的时候、别的方面给予帮助，等等。

三、常见问题

不合适的交谈主要有以下五种类型。

（一）自我中心

有的人谈来谈去总是围绕着自己的生活，开始人们也许还有兴趣听，时间久了便失去了兴趣甚至躲着这样的谈话者了。

（二）肆无忌惮

有关禁忌的话题，如夫妻关系、家庭成员之间的矛盾、不愿谈及的疾病、个人的经济来源或经济状况等，最好不要触及，除非对方主动提及。

（三）假话题

假话题是指那些无法继续下去的话题，如果你用"今天天气很好"来开始谈话，对方便没有什么话来回应。如果你发现周围的人不愿意与你交谈，那你就要检查一下在选择话题方面是不是存在问题。

（四）断连失序

边想边说，在句子中间出现了不应有的停顿，使听话的人无法判断你是否已讲完。

（五）"滔滔不绝"

这是指不停地讲，不出现任何停顿，这时人们便不得不打断这种说话。

四、训后评议

第九项任务：面试训练

一、情景设定

结合学生实际情况，充分发挥想象力，设计能够引起学生参与面试训练兴趣的导入方式，使授课内容生活化，让学生在面试中学习面试。要求：

一是教师要讲清面试的意义、相关理论、训练方法等问题。

二是教师要依照面试训练相关要求严格管理，真正做到一丝不苟。

二、知识链接

（一）自我介绍

在找工作面试时，首先会被要求做自我介绍。自我介绍看似简单，其实不容易，所以要重视。恰到好处的自我介绍，可以大大提高面试的好感。求职面试技巧就显得尤为重要了。

要面试成功，自我介绍就要与众不同。

1. 详细了解自我介绍的分类

根据介绍人的不同，自我介绍可以分为主动型自我介绍和被动型自我介绍两种类型。

①在社交活动中，在欲结识某个人或某些人却无人引见的情况下，即可自己充当自己的介绍人，将自己介绍给对方。这种自我介绍叫作主动型的自我介绍。

②求职面试，将自己某些方面的具体情况进行一番自我介绍。这种自我介绍则叫作被动型的自我介绍。

另外，在自我介绍之前，一份详细的个人简历必不可少。且要掌握面试自我介绍的基本内容，包括本人姓名、供职的单位及部门、担负的职务或从事的具体工作等三项。这种自我介绍又叫工作式自我介绍。

2. 自我介绍注意事项

（1）控制时间

1）自我介绍一定要力求简洁，尽可能地节省时间

自我介绍通常以半分钟左右为佳，如无特殊情况最好不要长于1分钟。为了提高效率，在做自我介绍的同时，可利用名片、介绍信等资料加以辅助。

2）自我介绍应选在适当的时间

自我介绍最好选择在对方有兴趣、有空闲、情绪好、干扰少、有要求之时。如果对方兴趣不高、工作很忙、干扰较大、心情不好、没有要求、休息用餐或正忙于其他交际之时，则不太适合进行自我介绍。

（2）讲究态度

态度要保持自然、友善、亲切、随和，整体上讲求落落大方。要充满信心和勇气。忌讳妄自菲薄。要敢于正视对方的双眼，显得胸有成竹，从容不迫。语气自然，语速正常，语音清晰。生硬冷漠的语气、过快过慢的语速、含混不清的语音，都会严重影响自我介绍者的形象。

（3）追求真实

自我介绍时所表述的各项内容，一定要实事求是，真实可信。自贬或自吹，都是不足取的。

总的来说，面试自我介绍技巧十分重要，良好的表达，不仅可以展现自己，而且可以大大提高用人单位的好感，对职业生涯大有益处。

（二）面试答辩

应试者还要注意面试的答辩环节。答辩须注意以下十个问题。

1. 淡化面试的成败意识

对于面试的成败，应试者要有一种"不以物喜，不以己悲"的超然态度。如果在面试中有这样的心态，才会处变不惊。如果只想到成功，不想到失败，那么在面试中一遇到意外情况，就会惊慌失措，一败涂地。

2. 保持自信

只有保持了自信，才能够在面试中始终保持高度的注意力、缜密的思维力、敏锐的判断力、充沛的精力，夺取答辩的胜利。

3. 保持愉悦的精神状态

愉悦的精神状态，能充分地反映出人的精神风貌。所以，作为应试者来说，保持了愉快的精神状态，面部表情就会和谐自然，语言也会得体流畅。反之，就会给人一种低沉、缺乏朝气和活力的感觉。由此可见，面试中一定要注意保持一种愉悦的精神状态。

4. 树立对方意识

应试者始终处于被动地位，考官或主考官始终处于主动地位。正因为如此，应试者要注意树立对方意识。

首先，要尊重对方。对考官要有礼貌，尤其是考官提出一些难以回答的问题时，应试者脸上不要露出难看的表情，甚至抱怨考官或主持人。当然，尊重对方并不是要一味地逢迎对方，看对方的脸色行事，对考官的尊重是对他人格上的尊重。

其次，淡化自我意识。在面试中不要一味地提到"我"的水平、"我"的学识、"我"的文凭、"我"的抱负、"我"的要求等。"我"字太多，会给考官目中无人的感觉。因此，尽量减少"我"字，尽可能地把对方单位摆进去。

最后，因问而答。一般地说，要考官提问你才回答，不要考官还没有提问，你就先谈开了，弄得考官或主持人要等你停下来才提问，既耽误了时间，又会给考官或主持人带来不愉快。

另外，注意礼节。面试结束时，千万不要忘记向考官或主持人道声"谢谢"和"再见"。

5. 面试语言要简洁流畅

面试有着严格的时间限制。因此，面试语言要做到要言不烦、一语中的。同时，语言要有条理性、逻辑性，讲究节奏感，保证语言的流畅性。切忌含含糊糊，吞吞吐吐，这会给考官或主持人留下坏的印象，从而导致面试的失败。因此，应试者一定要注意面试语言的简洁性和流畅性。

6. 不要紧张

有些应试者尽管在面试前已做好了充分的心理准备，但是一进面试室就紧张起来；有些应试者在答辩中遇到"卡壳"时，心情也立刻变得紧张起来。怎样解决在这两种情况下出现的心理紧张呢？我们要分析紧张的原因。这种极度的紧张是由于应试者的卑怯心理和求胜心切而造成的。因此，应试者一进面试室，应该去掉"自愧不如人"的意识，确立"大家都差不多，我的水平与其他人一样"的意识，有了这种意识，紧张的情绪就会减少一大半。随着面试的开始，紧张情绪就有可能完全消失。对于遇到"卡壳"而紧张的问题，如果抱着"能取胜则最好，不能胜也无妨"的态度，紧张就会即刻消失，并很快进入正常的面试状态，还有可能出现"柳暗花明又一村"的境界。所以，应试者在面试中一定要注意不要紧张。

7. 仪态大方，举止得体

大胆前卫、浓妆艳抹的装扮，尤其是男士戴戒指、留长头发等标新立异的装扮不太合适，会给考官留下很坏的印象。应试者入座以后，尽量不要出现晃腿、玩笔、摸头、伸舌头等小动作，这很容易给考官一种幼稚、轻佻的感觉。一般来说，穿着打扮应力求端庄大方，可以稍作修饰，男士可以把头发吹得整齐一点，皮鞋擦得干净一些，女士可以化个淡雅的职业妆。总之，应给考官自然、大方、干练的印象。

8. 平视考官，不卑不亢

考场上，相当一部分应试者不能很好地控制自己的情绪，容易走向两个极端：

一是妄自菲薄。面试者觉得坐在对面的考官都博学多才、身居要职，回答错了会被笑话。所以，畏首畏尾，欲言又止，肚里有货却"倒"不出来。

二是目中无人。有些应试者在大学里担任过学生会干部，组织过很多活动，社会实践能力很强，或是在企业里担任经理等领导职务，也统率过一帮子人，所以很自信。进入考场，如入无人之境，对考官们嗤之以鼻。

这两种表现都不可取，都会影响到应试者的面试得分。

最好的表现应是：平视考官，彬彬有礼，不卑不亢。

应树立三种心态：

第一，双方是合作不是比试。考官对应试者的态度一般是比较友好的，他肩负的任务是把优秀的人才挑选出来，而不是想和应试者一比高低，所以应试者在心理上不要定位谁强谁弱的问题，那不是面试的目的。

第二，应试者不是乞求工作。应试者是在通过竞争谋求职业，而不是向考官乞求工作，考中与否的关键在于自己的才能高低以及临场发挥得好坏，这不是由考官主观决定的。

第三，客观地看待考官。考官来自不同的行业，一般都具有较高的学历和多年的工作经验，理论水平较高，工作经验也比较丰富。但他们毕竟是人，不是神，有其所长，也有其所短，说不定你所掌握的一些东西，他们并不了解。

9. 辩证分析，多维答题

面试者回答问题不要陷入绝对的肯定或绝对的否定，应多方面思考。要辩证地分析问题、解决问题，有时还要从多个角度去思考，具体情况具体分析，而不要简单地下结论。

10. 冷静思考，理清思路

一般来说，考官提出问题后，应试者应稍作思考，不必急于回答。即便是考官所提问题与你事前准备的题目有相似性，也不要考官话音一落，立即答题，那给考官的感觉可能是你不是在用脑答题，而是在背事先准备好的答案。如果是以前完全没有接触过的题目，则更要冷静思考。经过思考，理清思路后抓住要点、层次分明地答题，效果要好一些。

三、常见问题

（一）不良用语

1. 急问待遇

"你们的待遇怎么样？"工作还没干，就先提条件，何况还没被录用呢！谈论报酬待遇无可厚非,只是要看准时机,一般在双方已有初步意向时,再委婉地提出。

2. 报有熟人

"我认识你们单位的××","我和××是同学,关系很不错",等等。这种话主考官听了会反感,如果主考官与你所说的那个人关系不怎么好,甚至有矛盾,那么你这话引起的结果就会更糟。

3. 不当反问

主考官问:"关于工资,你的期望值是多少?"应试者反问:"你们打算出多少?"这样的反问就很不礼貌,很容易引起主考官的不快。

4. 不合逻辑

考官问:"请你告诉我一次失败的经历。""我想不起我曾经失败过。"如果这样说,在逻辑上讲不通。又如:"你有何优缺点?""我可以胜任一切工作。"这也不符合实际。

5. 不当发问

"请问你们的单位有多大?招考比例有多少?请问你们在单位担当什么职务?你们会是我的上司吗?"参加面试,一定要把自己的位置摆正,像这么发问,就是没有把自己的位置摆正,问题已经超出了应当提问的范围,会使主考官产生反感。

四、训后评议

第十项任务:谈判训练

学时:2学时。

一、情景设定

结合学生实际情况,充分发挥想象力,设计能够引起学生参与谈判训练兴趣的导入方式,使授课内容生活化,让学生在谈判中学习谈判。要求:

一是教师要讲清谈判的意义、相关理论、训练方法等问题。

二是教师要依照谈判训练相关要求严格管理,真正做到一丝不苟。

二、知识链接

(一) 谈判的原则

一般地讲,谈判有如下六个原则。

1. 平等互利原则

遵循平等互利的原则,要求谈判双方在法律地位上享有的权利、义务一律平等。不论组织规模大小、实力强弱都要坚持平等原则，使谈判双方都能获得利益。既要避免出现你赢我输或你输我赢、一方侵占另一方利益的结局，又要避免出现你输我输，双方你争我夺、两败俱伤情况的发生。而应该追求你赢我胜、互惠互利的结果。

2. 友好协商原则

在谈判中，谈判双方应在平等互利的基础上，经过相互充分协商，达成一致。但在实际谈判中，由于利益关系经常出现争议，有时谈判一方甚至采取强制、要挟、欺骗等手段，把己方意志强加于对方，这是不足取的。正确的做法是友好协商。无论有什么问题，只要有一线希望，遵循友好协商的原则都会促使谈判得到满意的结局。谈判往往是在冲突中实现各自的目标，因此切忌草率中止。

3. 依法办事原则

谈判不仅关系到谈判双方的利益，有时还涉及国家整体的利益。遵纪守法，当事人的权益才能受到保护。在谈判及合同签订的过程中，必须遵守国家的法律、法规及政策。对于谈判，还应遵循国际法则及尊重对方国家的有关法规。与法律相抵触的谈判，即使出于双方的自愿并且意见一致，也是不允许的。

4. 时效性原则

所谓时效性原则，就是要保证谈判的效率和效益的统一。谈判要在高效益中进行，不搞马拉松式的谈判。但这并非意味着谈判进行得越快越好，而是要尽量避免不必要的拖延，在谈判中抓住一切有利的机会，迅速达成协议。

5. 最低目标原则

在谈判中，遵循最低目标原则是谈判获得成功的基本前提。也就是说，谈判双方在不违背总体利益的原则下，按照双方的意愿各自可做适当的让步。从心理学角度看，初次接触与合作，人们最忌讳的是过高的要求和苛刻的条件。只有在相互交往、加深了解之后，信任程度才会逐步加深，才能引发出诱人的合作前景。所以，谈判只要达到了最低目标就是成功的。

6. 实力原则

参加谈判的人员都必须具有一定实力，否则就很难应付个别意想不到的情况。谈判实力除了谈判者的声誉、影响、市场环境、竞争条件和社会地位、权力等以外，口才也是一个重要的因素。口才是谈判双方获得信息的一个重要手段，可以使双方达到更好的沟通和交流，并借以说服对方，以达到更好的谈判效果。

（二）谈判案例及分析

1942年5月，第二次世界大战战况激烈，英美两国和苏联达成协议，同意在年内开辟欧洲第二战场，以缓解苏联战场上的压力。但是不久，由于苏联战场节节胜利，英国首相丘吉尔开始后悔自己做出的决定，和美国总统罗斯福取得共识，将目标从登陆欧洲转为开辟非洲战场。但是令丘吉尔头疼的是如何取得苏联领导人斯大林的认可。为了表示诚意，丘吉尔亲自到莫斯科与斯大林会谈。

会谈在晚上举行。丘吉尔详细说明了不能按期开辟欧洲第二战场的诸多原因，然而斯大林始终拉长着脸，并严厉质问："据我所知，你们不能用大量的兵力来开辟第二战场，甚至不愿意用6个师登陆了。"

"的确如此，斯大林阁下。"丘吉尔诚恳地说，"事实上，我们有足够的兵力登陆，但是我觉得现在开辟欧洲第二战场可能会破坏我们明年的整个作战计划。战争是残酷的，我们不能轻易做出某一决策。"

斯大林的脸色更加难看了，厉声说："对不起，阁下，您的战争观与我的不同，战争没有冒险的精神，何谈胜利？我真是不明白，你们为什么那么害怕德军？"

丘吉尔说："我们并不是害怕德军。您也知道，希特勒在1940年正值全盛时期，当时我们英国只有2万军队、200门大炮、50辆坦克。但希特勒没有来攻打我们，是因为跨越英吉利海峡并非易事啊。"

"丘吉尔先生，希特勒在英国登陆，势必遭到英国人民的抵抗。但是，如果英军在法国登陆，必将受到法国人民的欢迎。这也是决定战争胜败的关键。我不能说服您改变决定，但我坚持认为您的观念我不能认同。"

由于斯大林态度坚决，谈判陷入了僵局。于是，丘吉尔转变话题，畅谈对德轰炸的计划。在这番谈话后，紧张的气氛有所缓和，斯大林脸上也出现了一丝笑意。

丘吉尔认为现在是说出登陆非洲"火炬计划"的时候，于是道："现在我们回过头来谈谈1942年在法国登陆的事情吧。事实上，我认为法国并非唯一的选择，我们和美国人制订了另外一个计划。请让我秘密地告诉您。"

斯大林看丘吉尔一脸神秘，不禁产生了兴趣。丘吉尔简单地介绍了"火炬计划"的内容，并对斯大林关于该计划的意见表示赞同。此时，气氛已经明显缓和。

丘吉尔说："我们还打算把英美联合空军调到苏联南翼，以支援苏军。"斯大林表示感谢，至此，会谈接近云开雾散。

次日晚的会谈中，斯大林依旧谴责美英没有如约开辟第二战场，虽然表情严肃但并无怒意。这时，丘吉尔激动道："我们千里而来，是为了建立良好的合作关系。我们已经竭尽全力，曾孤立无援地坚持了一年的战斗，遭受了巨大的损失。但是，我们三国已经建立联盟，我相信只要齐心协力，就一定能够取得胜利。"

随着丘吉尔的激动发言，会场内的形势又朝着僵局的方向微妙地改变着。

斯大林看到丘吉尔激动得满脸通红，就开玩笑："我很喜欢听丘吉尔首相发言的声调，真是太妙了。"言毕，引起一阵友善的笑声，气氛也变得温和起来。

次日晚，克里姆林宫举办宴会。丘吉尔见斯大林心情不错，说："尊敬的阁下，您已经原谅我了吗？"斯大林哈哈一笑："这一切都已过去，过去的都应归于上帝。"

于是，这次谈判的结果就此揭晓。在苏联的支持下，美英顺利开辟非洲战场，使得世界战局一路好转，整个战争也在1945年结束。

案例分析：

在谈判的过程中，双方各自坚持己方的观点不愿妥协而出现僵局，是时常存在的情况。就这个案例来看，斯大林和丘吉尔双方曾先后两次进入僵局情形。在这样的场合下，如果还是围绕着原来的话题，很难取得任何进展，而且有可能直接破坏谈判的结果，按照原来的思路寻找替代方案，则又因为掺杂了美国这个第三方，而短期内难以得到有效方案。

因此，通过恰当的谈判技巧，可以使整个气氛得到改变、缓和，并借助新的话题探寻双方新的利益结合点，并以此来取得对方的好感。同时，让双方在得到改善的谈判氛围中重新讨论有争议的部分，最终达成共识，就成为一种行之有效的解决方法。在整个谈判的过程中，丘吉尔在对地点的选择、僵局的化解、新机会的制造上都体现出了深厚的功力，而斯大林的表现，其实也是有闪光之处的。

按照时间顺序，从谈判的开始到结束，丘吉尔和斯大林的言辞机锋、行为举止，体现出了诸多谈判的原则与技巧。

1. 对地点的选择

谈判的开始，首先是对地点的选择。谈判地点分为主场和客场。对于涉外谈判来说，主场和客场分别指本国和对方国家的一切适宜场所。在本例中，丘吉尔亲自来到莫斯科，选择了客场谈判，这一选择是因为美英之间的协议触动了苏联的利益——或者说是尊严，因此丘吉尔作为求得谅解的一方，摆出较低的姿态去客场进行谈判，是诚意的一种体现。结合当时的实际情况和三国共同抗击法西斯集团的大环境，相比于在主场或者第三方地点，将谈判地选择在客场，避免了矛盾的进一步激化，更加有利于事件的解决。当然，这一选择最大的缺点就是将控制谈判气氛的主导权交给了对方。然而在整个过程中，丘吉尔多次运用谈判技巧改变了谈判气氛及其走势，这在后文会有较详细的分析。

2. 对于谈判原则的适当运用

所谓谈判原则，也就是在谈判中应当始终坚持的做法。这次谈判过程中，丘吉尔的措辞始终比较得体。在开始阶段，他能从客观角度论述美英放弃开辟欧洲第二战场而转向非洲的合理原因，这就首先从"理"上避免了斯大林的攻势，因此斯大林也没有办法过度批判美英本身决策的错误性，或者抓住这一决策的影响不放，而是选择了批判丘吉尔和自己"战争观"不同。面对斯大林的严厉指责，丘吉尔采取了谦和的措辞和语气，在得体地提出自己主张的同时，语气上做出了没有实质影响却显得体贴的示弱，这就是在谈判中要"将人和事分开，顾及对方的颜面"的道理。

另外，无论是斯大林还是丘吉尔，在谈判过程中都没有涉及根本，即"合作抗德"上的冲突。这既是当时形势所决定，又是谈判原则中"焦点对准利益而非立场"的体现。毕竟双方只要不触及基本立场问题，利益分配还是有回旋余地的。

3. 通过转移话题和提供非实质性让步来打破僵局

在谈判陷入僵局的时候，丘吉尔抓住了关键的时机，将话题转变到对德轰炸这个容易达成共识的计划，以此来调动对方的热情，使谈判氛围变得轻松活跃起来。待到斯大林心情有所好转，气氛松弛时再将话题转回到之前的分歧上，这样就避免了双方陷入尴尬的局面。这时候，斯大林的态度与之前相比已经有了较大的转变，而且处于较为懈怠的状态，整个谈判的气氛也变得缓和，这样，谈判的主导权就渐渐向丘吉尔一方倾斜，更易于双方寻求最佳的解决方案。同时，丘吉尔提出"把英美联合空军调到苏联南翼，以支援苏军"这一方案，并得到了斯大林的感谢。这一方案没有触及双方任何的核心矛盾，也没有牺牲英美的战略目的，因此并不是一个实质性的让步，却来得很及时、很体贴，成功获得了斯大林的好感，也因此使得会场中的气氛向着积极方向再度迈出了一步，同时也能够引起斯大林再度思考加强合作可能性的意愿。在丘吉尔的两个技巧性提案作用下，这次谈判的第一场僵局也随之打破。

4. 合理地制造僵局

这次谈判的第二场僵局（或者不能称之为僵局，因为它在完全形成前就告化解了）则是丘吉尔主动营造的。面对第二轮谈判斯大林"表情严肃但并无怒意"的指责，丘吉尔用一席"激动"的发言，向斯大林亮出了自己的诚意和隐约的心理底线。站在斯大林的角度，这样不痛不痒而又略显无理的指责首先是对丘吉尔态度的一种试探，其次也传达出了斯大林对于谈判的态度，已经从一开始的愤怒和不配合转向乐意合作但要对双方的利益、责任和义务进行合理划分。丘吉尔用意图制造僵局的姿态回应，语言上又采用了"胡萝卜加大棒"的措辞方式，让双方都对彼此的心理预期有了基本的了解，这才有之后斯大林一语打破僵局的结果，并为最后谈判的顺利收官做好了铺垫。由此可见，必要的时候，亮出自己的底牌来造成类似于"最后通牒"的效果，也是值得考虑的方针，当然，这一手段的实施方法、时间、场合乃至语言的组织，都是一门学问。

总之，谈判是复杂多变的，抓住我方和对方的共同利益，合理利用双方共同所处的外部环境，并灵活运用所掌握的谈判原则和技巧，这些都可以构成谈判场上的有力武器。

三、常见问题

在谈判时，常犯的错误，概括起来有如下七条。

（一）准备不足

如果你不知道你到底想要什么，那么对方就会告诉你对他们有利的你的"需求点"。另外，拥有双赢思想和意在长期合作的对方，会觉得与不知道自己要什么的人谈判，是在浪费时间。

（二）过快做出承诺

对方最乐意听到你早已决定向他们下单的消息，但这对你方的谈判主动权很不利。

（三）不恰当的身体语言

所有优秀的谈判者都懂得，在谈判时身体语言的重要性。有时没有说出口的，比说出口的更重要。正所谓："此处无声胜有声。"

（四）披露竞争条款

在谈判桌上，对方最愿意知道对手不得不在哪些条款上妥协。这时，要是我方迫不及待地披露这些条款，则正中对方下怀。要知道，这对我方的谈判主动性，也是很不利的。

（五）我方谈判小组自相争论

在谈判桌上，这不仅会给对方造成很坏的影响，更会严重影响谈判的顺利进行。

（六）谈判双方大嚷大叫

谈判必须避免大喊大叫，造成防御与反击的争论局面。一方反击，必将导致另一方的反击升级，积聚到双方彼此大喊大叫，最终导致谈判破裂。而聪明敏捷的谈判者，在整个谈判过程中总是试图使对方感到冷静客观。

（七）谈判桌上不该做的事

谈判中有许多事情是不该做的，尤其是以下一些事，是绝对不可以做的，以免造成谈判破裂：

①一见面就讨价还价。
②口若悬河、滔滔不绝，不让对方发言。
③强迫对方接受自己的意见。
④不断贬低竞争对手。
⑤在讨论前就拒绝对方的观点。
⑥总想激怒对方，企图采取激将法。

四、训后评议

第十一项任务：辩论训练

学时：2学时。

一、情景设定

结合学生实际情况，充分发挥想象力，设计能够引起学生参与论辩训练兴趣的导入方式，使授课内容生活化，让学生在辩论中学习论辩。要求：
一是教师要讲清辩论的意义、相关理论、训练方法等问题。
二是教师要依照辩论训练相关要求严格管理，真正做到一丝不苟。

二、知识链接

（一）立论战术

辩论是由立论（辩护）和反驳两个基本环节构成的，其中立论就是为了证明己方的基本立场，它是反驳的基础和必要的阶梯。辩论中如果没有必要的立论，反驳就会显得强词夺理、苍白无力，而且，辩论中如果自己的立论不稳，自然会被对方攻击得只有招架之功，更谈不上对对方进行攻击了。可见，立论的好坏，直接关系到辩论的成败。因此，辩论中要特别注意加强立论的力度。下面简单介绍几种立论战术。

1. 逻辑严密，框架严整

立论中，运用严密的逻辑思维，构建严密无懈的理论框架，从而使自己的立论坚实。严谨，无任何漏洞可寻，这是使辩论获胜的关键。如"万家乐杯"电视辩论大赛上，北京大学队与对手的辩论题目是"我国现阶段应该鼓励私人购买轿车"。这一题目的关键是"轿车""鼓励"和"我国现阶段"这三个词。如何找准这三者之间的逻辑关系，从而形成一条强有力的立论思路，这是构建严密的攻防体系的关键。最后，作为正方的北京大学队根据其内在的逻辑联系推导出了这样的思路：现阶段发展轿车工业是我国工业发展的主导方向之一。由于轿车工业"三高一快"的特点，轿车工业被证明是经济起飞最有力的助推器，轿车的质量和产量也是衡量一个国家发展水平高低的标志。我国也不例外，要想促进工业发展，必须发展轿车工业。其次，轿车工业要发展，关键在市场。如何扩大轿车市场，最便捷的办法是使轿车"飞入寻常百姓家"。所以，轿车工业同鼓励私人购买就存在着必然的联系。在此基础上，他们再依据其必然的逻辑联系充分论证了"鼓励购买"的现实可能性和必要性，并充分考虑了对方立论中可能会提出的问题（即我国的公路交通的拥挤状况，轿车的私人消费是否会是一种奢华的超前消费倾向），并对此一一做了周密合理的论述准备。由于北京大学队在立论中充分运用严密的逻辑思维来确立自己的论证体系，确保了该体系的严整周密，所以他们的立论在实践中既立得起，又防得住，收到了较好的效果。

2. 出其不意，"破"中求"立"

辩论，说到底是一种知识、智谋的较量。辩论的一方在立论时如能充分运用自己的知识和智谋，在透彻地分析辩题的基础上，突破对方立论的防线，巧妙地提出一个全新的概念，给对手一个"措手不及"，这样便能大大削弱对方的攻击力。如1994年"长虹杯"全国大学生辩论赛南京大学队迎战对手，对手作为正方的立场是：大学毕业生择业的首要标准是发挥个人专长。南京大学队作为反方其立论思路有很多，比如可以说"首要的标准是社会需要"，也可说"是收入丰厚""是兴趣"等等，但所有这些都可能因为太平常而落入吉林大学队事先准备好的猛烈进攻中。你说"社会需要"，他讲择业是主观行为，"发挥个人专长"正是更好地满足"社会需要"。你说"收入丰厚"，他说："对方辩友在养育自己的祖国最需要的时候，以一己私利为先，向人民讨价还价，多么让人痛心和失望！"如此，南京大学队将难以招架。最后，南京大学队经过缜密的思考，提出了一个极其大胆的观念：大学生择业复杂多样，没有也不应该有一个统一的首要标准！并指出，没有证明大学生择业应当有一个统一的首要标准，就去强调这个首要标准是"发挥个人专长"，这无异于在流沙上盖楼。此语一出，举座皆惊。因为南京大学队的观点从根本上动摇了对方精心设计的立论，对手毫无准备，顿时乱了阵脚，以至于在规范性发言中几乎未对此进行反驳。南京大学队在以前所未有的创新勇气击破对方的同时，又进一步明确了自己的立论：大学生应以个人的自我完善和推动社会进步为择业方向。如此一来，南京大学队便很快占据了场上的主动，收到了十分明显的场上效果。

3. 另辟蹊径，李代桃僵

当辩论中碰到一些在逻辑上或理论上都比较难辩的辩题时，在立论过程中就不得不采用"李代桃僵"的办法，引入新的概念来化解困难。比如"艾滋病是医学问题，不是社会问题"这一辩题就是很难辩的，因为艾滋病既是医学问题，又是社会问题，从常识上看，是很难把这两个问题截然分开的。复旦大学在处理这个问题时，首先做了以下设想：如果让他们去辩正方的话，他们就会引入"社会影响"这一新概念，从而肯定艾滋病有一定的"社会影响"，但不是"社会问题"，并严格地确定"社会影响"的含义，这样，对方就很难攻进来。后来在辩论时他们却抽到了反方的签，要阐述"艾滋病是社会问题，不是医学问题",在这种情况下,如果完全否认艾滋病是医学问题,也会于理太悖,因此,他们在辩论中引入了"医学途径"这一概念,强调要用"社会系统工程"的方法去解决艾滋病,而在这一工程中,"医学途径"则是必要的部分之一。这样一来,他们的周旋余地就大了,对方得花很大气力纠缠在他们提出的概念上,其攻击力就大大地弱化了。"李代桃僵"这一战术的意义就在于引入一个新概念与对方周旋,从而确保己方立论中的某些关键概念隐在后面,不直接受到对方的攻击。

4. 少下定义,多做描述

在立论(辩护)中,我们时常会遇到一个无法回避的事实,即给概念下定义。可以说,下定义是明确我们的基本观点,澄清我们的基本立场的主要方法。但要特别注意的是,如果我们在辩论中热衷于给每一个概念都下明确的定义,很可能因此给对方提供许多意想不到的炮弹。而且,把辩题和概念交代得太清楚了,辩论中也就没有了回旋的余地。比如"温饱"这个概念,如果把它定义为一种状态,"在这种状态下,社会的大部分人都无衣食之困",那么对方马上就可以追问:"你的社会概念的内涵是什么?它指一个团体、一个民族,还是一个国家?"也可以问:"你的'大部分人'的含义是什么?是人口的60%、70%还是80%?"对这些问题,如果你继续回答,就又可能会暴露出许多新问题,从而完全陷入被动应对的局面。因此,在解释概念时,既要说出什么,又必须隐藏什么,即采用描述的方法来搪塞。所谓"描述",也就是不揭示概念的本质含义,只是从现象上对概念进行描述,甚至是同义反复地描述。如对"什么是温饱"的问题,复旦大学队是这样回答的:"温饱,就是饱食暖衣。"这个回答实际上是同义反复,没有提供任何新的东西,但它给人的感觉是,他们已清楚地阐释了这个概念,而对方又抓不住任何把柄实施攻击。这样,在后面的辩论过程中,当复旦大学队对"温饱"这一概念做出新的补充和说明时,他们就显得比较灵活、自由,不至于被对方抓住什么矛盾。

总的来说,在辩论中要注意恰当使用描述和定义的方法,两者不可偏废,但要尽量多用描述,从而达到既讲清某些问题,又隐蔽另一些问题的境界,使对方不能迅速地判断并抓住己方观点中根本性的东西来攻击。辩论中的立论是一个灵活多变的过程,在这一过程中可以运用的战术也是灵活多样的,上面列举的只不过是实践中几种最重要也最常用的战术,还有很多好的战术还需要我们在实践中去不断地积累、总结,这样,才能保证我们在辩论赛中取得较好的成绩。

(二)反客为主战术

反客为主的原意是客人反过来成为主人,比喻变被动为主动。在论辩赛中,被动是赛场上常见的劣势,也往往是败北的先兆。辩论中的反客为主,通俗地说,就是在论辩中变被动为主动。

1. 借力打力

武侠小说中有一招数,名叫"借力打力",是说内力深厚的人,可以借对方攻击之力反击对方。这种方法也可以运用到辩论中来。

例如,在关于"知难行易"的辩论中,有这么一个回合:

反方:我们要请教对方辩友,今天基本上任何一个中国人或者说任何一个种族的人都知道杀人者死,或者都知道杀人是不对的,"知"是如此容易,那么为什么还是有那么多人无

法克制内心的欲望而去杀人呢？所以说"行难"啊！（掌声）

正方：对啊！那些人正是因为上了刑场死到临头才知道法律的威力。法律的尊严，可谓"知难"哪，对方辩友！（热烈掌声）

当对方以"知法容易守法难"的实例论证"知易行难"时，正方马上转而化之从"知法不易"的角度强化己方观点，给对方以有力的回击，扭转了被动局势。

这里，正方之所以能借反方的例证反治其身，是因为他有一系列并没有表现在口头上的、重新解释字词的理论作为坚强的后盾：辩题中的"知"，不仅仅是"知道"的"知"，更应该是建立在人类理性基础上的"知"；守法并不难，作为一个行为过程，杀人也不难，但是要懂得保持人的理性，克制内心滋生出恶毒的杀人欲望，却是很难。这样，正方宽广、高位定义的"知难"和"行易"借反方狭隘、低位定义的"知易"和"行难"的攻击之力，有效地回击了反方，使反方构建在"知"和"行"表层面上的立论框架崩溃了。

2. 移花接木

剔除对方论据中存在缺陷的部分，换上于我方有利的观点或材料，往往可以收到"四两拨千斤"的奇效。我们把这一技法名为"移花接木"。

例如，在"知难行易"的辩论中曾出现过如下一例：

反方：古人说"蜀道难，难于上青天"，是说蜀道难走，"走"就是"行"嘛！要是行不难，孙行者为什么不叫孙知者？

正方：孙大圣的小名是叫孙行者，可对方辩友知不知道，他的法名叫孙悟空，"悟"是不是"知"？

这是一个非常漂亮的"移花接木"的辩例。反方的例证看似有板有眼，实际上有些牵强附会：以"孙行者为什么不叫孙知者"为驳难，虽然是一种近乎强词夺理的主动，但毕竟在气势上占了上风。正方敏锐地发现了对方论据的片面性，果断地从"孙悟空"这一面着手，以"悟"就是"知"反诘对方，使对方提出关于"孙大圣"的引证成为抱薪救火、惹火烧身。

移花接木的技法在论辩理论中属于强攻，它要求辩手勇于接招，勇于反击，因而它也是一种难度较大、对抗性很高、说服力极强的论辩技巧。诚然，实际临场上雄辩滔滔，风云变幻，不是随时都有"孙行者""孙悟空"这样现成的材料可供使用的，也就是说，更多的"移花接木"，需要辩手对对方当时的观点和我方立场进行精当的归纳或演绎。

比如，在关于"治贫比治愚更重要"的论辩中，正方有这样一段陈词："……对方辩友以迫切性来衡量重要性，那我倒要告诉您，我现在肚子饿得很，十万火急地需要食物来充饥，但我还是要辩下去，因为我意识到论辩比充饥更重要。"话音一落，掌声四起。这时反方从容辩道："对方辩友，我认为'有饭不吃'和'无饭可吃'是两码事……"反方的答辩激起了更热烈的掌声。正方以"有饭不吃"来论证贫困不足以畏惧和治愚的相对重要性，反方立即从己方观点中归纳出"无饭可吃"的旨要，鲜明地比较出了两者本质上的天差地别，有效地扼制了对方偷换概念的倾向。

3. 顺水推舟

表面上认同对方观点，顺应对方的逻辑进行推导，并在推导中根据我方需要，设置某些符合情理的障碍，使对方观点在所增设的条件下不能成立，或得出与对方观点截然相反的结论。

例如，在"愚公应该移山还是应该搬家"的辩论中，有这样一段辩词：

反方："……我们要请教对方辩友，愚公搬家解决了困难，保护了资源，节省了人力、财力，这究竟有什么不应该？"

正方："愚公搬家不失为一种解决问题的好办法，可愚公所处的地方连门都难出去，家又怎么搬？……可见，搬家姑且可以考虑，也得在移完山之后再搬呀！"

神话故事都是夸大其事以显其理的，其精要不在本身而在寓意，因而正方绝对不能让反方迂回于就事论事之上，否则，反方符合现代价值取向的"方法论"必占上手。从上面的辩词来看，反方的就事论事，理据充分，根基扎实，正方先顺势肯定"搬家不失为一种解决问题的好办法"，继而用"愚公所处的地方连门都难出去"这一条件，自然而然地导出"家又怎么搬"的诘问，最后水到渠成，得出"先移山，后搬家"的结论。如此一系列理论环环相扣，节节贯穿，以势不可当的攻击力把对方的就事论事打得落花流水，真可谓精彩绝伦！

4. 正本清源

所谓正本清源，就其比喻义而言，就是指出对方论据与论题的关联不紧或者背道而驰，从根本上矫正对方论据的立足点，把它拉入我方"势力范围"，使其恰好为我方观点服务。较之正向推理的"顺水推舟"法，这种技法恰是反其思路而行之。

例如，在"跳槽是否有利于人才发挥作用"的辩论中，有这样一节辩词：

正方："张勇，全国乒乓球锦标赛的冠军，就是从江苏跳槽到陕西，对方辩友还说他没有为陕西人民做出贡献，真叫人心寒啊！"（掌声）

反方："请问到体工队可能是跳槽去的吗？这恰恰是我们这里提倡的合理流动啊！"（掌声）"对方辩友戴着跳槽眼镜看问题，当然天下乌鸦一般黑，所有的流动都是跳槽了。"（掌声）

正方举张勇为例，他从江苏到陕西后，获得了更好的发展自己的空间，这是事实。反方马上指出对方具体例证引用失误：张勇到体工队，不可能是通过"跳槽"这种不规范的人才流动方式去的，而恰恰是在"公平、平等、竞争、择优"的原则下"合理流动"去的，可信度高、说服力强、震撼力大，收到了较为明显的反客为主的效果。

5. 釜底抽薪

刁钻的选择性提问是许多辩手惯用的进攻招式之一。通常，这种提问是有预谋的，它能置人于"二难"境地，无论对方做哪种选择都于己不利。对付这种提问的一个具体技法是：从对方的选择性提问中，抽出一个预设选项进行强有力的反诘，从根本上挫败对方的锐气，这种技法就是釜底抽薪。

例如，在"思想道德应该适应（超越）市场经济"的辩论中，有如下一轮交锋：

反方："……我问雷锋精神到底是无私奉献精神还是等价交换精神？"

正方："对方辩友这里错误地理解了等价交换，等价交换就是说，所有的交换都要等价，但并不是说所有的事情都是在交换，雷锋还没有想到交换，当然雷锋精神谈不上等价了。"（全场掌声）

反方："那我还要请问对方辩友，我们的思想教育的核心是为人民服务的精神，还是求利的精神？"

正方："为人民服务难道不是市场经济的要求吗？"（掌声）

第一回合中，反方有"请君入瓮"之意，有备而来。显然，如果以定式思维被动答问，就难以处理反方预设的"二难"：选择前者，则刚好证明了反方"思想道德应该超越市场经济"的观点；选择后者，则有悖事实，更是谬以千里。但是，正方辩手却跳出了反方"非此即彼"的框框设定，反过来单刀直入，从两个预设选项抽出"等价交换"，以倒树寻根之势彻彻底底地推翻了它作为预设选项的正确性，语气从容，语锋犀利，其应变之灵活、技法之高明，令人叹为观止！

当然，辩场上的实际情况十分复杂，要想在辩论中变被动为主动，掌握一些反客为主的技巧还仅仅是一方面的因素，另一方面，反客为主还需要仰仗于非常到位的即兴发挥，而这一点却是无章可循的。

三、常见问题

常见的辩论逻辑错误有以下几种。

（一）自相矛盾

"自相矛盾"是一切逻辑错误中最严重的一种，它指的是思想、言论中的自我否定现象。一个理论必须是逻辑清晰的，就是说任何理论体系都不允许包含逻辑矛盾。

（二）偷换概念

偷换概念是违反同一律对概念运用的要求的逻辑错误。

（三）偷换论题

偷换论题是违反同一律对判断运用的要求所犯的逻辑错误，辩论中最常见的表现有两种：
①故意回避对方的问题，顾左右而言他。
②故意歪曲对方的观点，然后加以振振有词的"批驳"，最后宣布自己"得胜"。

（四）以偏概全

以偏概全是指仅根据少数事例得出一般性结论的简单化的归纳方法。由于任何实例都不难找到，因此在严肃的科学思维中，仅仅靠例子只能提出初步的假说，而不能证明任何严肃的科学命题。

（五）机械类比

在运用类比推理时，仅仅根据事物为数很少又不具备典型性的共同属性，就推断类比对象具有与已知属性相关性程度不高的另一属性，这种错误的类推逻辑上叫作机械类比。好几本逻辑教材上引用一个典型的机械类比的例子："一个家庭需要有一个家长，在家庭里发生纠纷的时候，就需要家长来裁决。国际问题要比家庭纠纷复杂得多，所以，国际大家庭也应该有一个'家长'，当国与国之间的纠纷通过协商不能解决时，就应该让承担'家长'职责的国家来裁决。"这个例子是国际霸权主义者用机械类比来论证霸权主义合理性的逻辑错误。

（六）双重标准

双重标准是一种实用主义的诡辩术，指在同一问题上对不同对象采取不同的是非标准和取舍标准，以混淆是非，达到有利于自己的目的。

（七）诉诸情感

诉诸情感是指用煽情的语言来唤起公众的某种怜悯、义愤等情感以转移中心论题、逃避理论交锋的诡辩术。但是，在严肃的理论探讨中，仅仅有感情的抒发而缺少合乎逻辑的理论思考，对于得出理性的结论来说是毫无作用的，因为情感是感性的东西，情感有时会阻碍理性的思考。所以"感情用事"历来不是褒义词。

（八）虚假论据

这种逻辑错误是指故意违反"论据必须已知为真"的规则，用编造的所谓"权威理论"或无中生有的例子作为论据，用来论证错误的论题。言论中大量虚假论据，有的可能是因为当事人缺乏常识而犯的常识性错误。但是有不少言论中有故意作假、捏造论据的现象。

（九）预期理由

根据充足理由原则，论证中基本论据的真实性必须是已知的，而不能是尚待证明的。违反这一要求，用想当然的所谓理由来为自己的观点做论证，这种逻辑错误叫作"预期理由"。

（十）推不出

逻辑证明中论证方式的规则是"论据必须能够推出论题"。这条规则要求论证者对论题提供充足的论据，违反它的逻辑错误叫作"推不出"。不少辩手为了显示自己"修为了得"，海阔天空地跟对方针锋相对，全然不顾己方立场为何物。结果"辩论赛"成了"知识竞赛"，评委只能无奈地给出一个评价："离题！"

造成这种现象的主要原因是不少辩手以为在辩论场上只要不回答对方的问题就意味着己方的失败，会被扣分。其实不然。对于明显超出讨论范围或者与辩题关联意义不大的问题完全可以不予回答，并且揭露对方离题的事实。

四、训后评议

附录一　国家职业汉语能力测试

国家职业汉语能力测试

国家职业汉语能力测试（ZHC）由中国劳动和社会保障部职业技能鉴定中心（OSTA）组织国内语言学、语言教学、心理学和教育测量学等方面的专家开发研制。

ZHC 是测查应试者在职业活动中的汉语能力的国家级职业核心能力测试。职业汉语能力是指人们在职业活动中运用汉语进行交际和沟通的能力，是人们从事各种职业所必需的基本能力，直接影响到每个从业人员的工作成效。职业汉语能力包括逻辑思维能力。ZHC 不同于其他语文考试，它着重测查语言能力而非对语文知识的记忆。

一、测试对象

高中毕业以上（含高中毕业）文化程度的求职人员和在职人员。

二、测试用途

ZHC 服务于政府机关、企事业单位和学校，服务于各种人力资源开发和培训部门。其主要用途包括：

1. 为用人单位在人员招聘、选拔、任免和培训等决策过程中评价相关人员职业汉语能力提供参考依据；

2. 为应试者了解、发展自己职业汉语能力提供参考依据；

3. 为评价相关教学单位、培训机构的教学、培训成效提供参考依据。

三、测试等级标准

（一）初等标准

具备最基本的汉语能力，可以基本恰当、准确地运用汉语进行一般的交流和沟通，能适应服务性工作岗位对汉语能力的要求。

阅读理解：

1. 能阅读理解熟悉领域中的一般性文字材料；

2. 能根据工作的要求，按照有关程序或指导找到相关文字材料，并从中获取所需的信息；

3. 能略读篇幅较长的文字材料，并把握其内容大意，找出所需要的信息。

书面表达：

1. 能撰写一般信件和简单的报告；
2. 能根据工作要求，选择适合工作需要的文体并撰写较短的文稿；
3. 能从收集的材料中整理出需要的材料，能做简单的笔记。

（二）中等标准

具备较好的汉语能力，可以恰当、准确地运用汉语进行交流和沟通，能适应事务性工作岗位和初级管理工作岗位对汉语能力的要求。

阅读理解：

1. 能阅读理解较为专业性的文字材料；
2. 能通过阅读判断作者的写作目的和观点；
3. 能通过阅读了解作者的推理思路，归纳出文章要点。

书面表达：

1. 能撰写报告、商务信件和工作程序手册等；
2. 能根据工作的需要，从相关材料中选取恰当的材料，表现文章主题和内容；
3. 能较为清楚地表达主题意思，且文稿的层次较为分明，逻辑概念清晰，语句通顺，用词规范，标点使用正确。

（三）高等标准

具备很好的汉语能力，可以在复杂的社交环境和职业场景中自如、得体地运用汉语，能适应中级和高级管理工作对汉语能力的要求。

阅读理解：

1. 能阅读理解复杂的专业性文字材料；
2. 能为专题研究查找和阅读有关材料，获取所需的论据、观点和数据；
3. 能理解专业参考材料的内容及其复杂的推理思路；
4. 能对相关专业文稿进行分析，鉴别作者观点的价值或问题。

书面表达：

1. 能选择适当的文体陈述复杂的观点或描述复杂的事件，文章结构严谨，论点明确，论据充分，事件描述具体、准确；
2. 能根据不同目的及文章发表场合的要求，采取不同的写作风格，并善于利用相关知识及可靠的论据，支持自己的观点，增强文章的说服力；
3. 能清楚地表达主题意思，且文稿的逻辑思路清晰，语句精练，用词准确。

四、测试试卷构成

ZHC包含阅读理解和书面表达两部分，共有102道题，其中阅读理解50道，书面表达52道。测试时间为150分钟。

ZHC目前采用纸笔测试，1～100题为客观试题，填写答题卡；101～102题为主观试题，在答题纸上笔答。

ZHC的试卷构成如下表所示：

测试内容		试题数量	答题参考时限
阅读理解	第一部分	20	20 分钟
	第二部分	20	25 分钟
	第三部分	10	15 分钟
书面表达	第一部分	10	5 分钟
	第二部分	15	10 分钟
	第三部分	15	15 分钟
	第四部分	10	10 分钟
	第五部分	2	50 分钟
总计		102	150 分钟

五、测试内容：

阅读理解：

1. 一定的阅读速度；
2. 利用阅读材料中的关键词或关键语句，快速查找主要信息及重要细节；
3. 正确理解阅读材料中具体词语、语句的含义；
4. 概括归纳阅读材料的中心、主旨；
5. 判断新组织的语句与阅读材料原意是否一致；
6. 分析阅读材料中的具体因果关系；
7. 根据上下文合理推断阅读材料中的隐含信息；
8. 判断作者真实态度、意图、倾向、目的等。

书面表达：

客观试题

1. 正确书写汉字；
2. 在具体语境中选用最恰当的词语；
3. 判断句子有无语病；
4. 结合上下文使某个句子表述完整、恰当；
5. 结合上下文使某段文字表述完整、恰当。

主观试题

1. 正确书写汉字，正确使用标点；
2. 准确使用词语；
3. 灵活使用不同句式；
4. 语句表达简明、连贯、得体；
5. 谋篇布局适当、合理；
6. 正确运用常见的修辞方法；
7. 中心明确，内容切题、丰富、富于条理性；

8. 熟练掌握记叙文、议论文、说明文及常用应用文等不同文体的特点。

六、测试分数和等级证书

应试者按测试要求参加 ZHC，均可以得到成绩通知单。ZHC 试卷满分为 1000 分，应试者按测试分数的高低还可以获得相应等级的"国家职业汉语能力测试等级证书"。

ZHC 分数	ZHC 等级
399 分以下	—
400~599 分	初级
600~799 分	中级
800 分以上	高级

七、测试质量控制

ZHC 是一个标准化的证书测试。为保证测试的公正性和科学性，ZHC 从预测、等值、题库建设、分数体系设计、主观评分控制等方面坚持一系列的技术标准。

1. 预测

为了保证试题质量，ZHC 实行测前预测。具体的做法是：在编制每一份正式试卷之前，先命制出若干份预测试卷。然后组织预测，根据预测的统计分析结果，筛选出合格的试题，拼组成正式试卷。

考前预测是考试质量的重要保证。第一，可以在考前对试卷的难度进行控制，避免试卷难度出现较大的起伏；第二，可以发现试卷中存在的问题，避免发生错误；第三，可以通过尽量减少那些区分度不高或难度不适当的试题来提高试卷的质量；第四，可以通过对迷惑性选项的分析来改进试题，替换掉那些缺乏迷惑性的备选项，以增加试题的区分度。

2. 等值

ZHC 是一个水平测试和证书测试，必须保证在不同时间、使用不同试卷的应试者可以得到公平的对待，必须保证证书的授予标准不随试卷难度差异而起伏，必须保证不同试卷得分之间具有可比性。

ZHC 对不同版本的试卷分数进行等值处理，将不同版本的试卷原始分数转换为统一的量表分。实现等值是测验公平性的保证。

3. 题库建设

ZHC 是基于题库之上的测试。题库不同于"习题集"，既不同于传统的用纸印刷的习题集，也不同于数字化的习题集。题库与习题集的区别在于题库中的试题包含一些刻画试题质量和描述试题特征的参数，如：难度、区分度、猜测度、内容分类、功能分类、字数、曝光次数等。

随着 ZHC 题库的建设和扩大，ZHC 将逐步从纸笔测试转为计算机适应性测试。

4. 分数体系设计

为了避免分数报告过程中的信息流失，ZHC 设计了自己的分数体系。ZHC 分数是一种经过转换的标准分数，其计算过程为：

（1）对每个单项的原始分数进行等值转换，得到与标准试卷具有可比性的等值分数；

（2）将等值分数转换为 ZHC 单项标准分数；

（3）对 ZHC 单项标准分数求和得到 ZHC 标准总分。

5. 主观评分控制

由于在书面表达测试中包含主观试题，ZHC 采取了一系列措施控制主观评分误差。

（1）等级评分。

ZHC 在主观试题的评分过程中采用跨度较大的等级评分方式。这种方式使用比较方便，评分者之间的误差较小，得出的结果比较接近考生的真实水平。

（2）集体评定，独立给分。

每 2 位评分员组成一个评分小组。在评分过程中，每位评分员独立评分。如果 2 位评分员的给分相近，就取他们的平均分，如果 2 位评分员的给分差距较大，则需要提交更大范围的评分小组重新审查并进行讨论，最终获得比较接近的意见。

（3）明确评分标准，提高评分员间评分信度。

为提高评分效率，控制评分误差，保证评分质量，ZHC 制定了简明、有效的作文评分标准。便于操作的评分标准是加强评分客观性和准确性的保障。

（4）确定"标杆卷"作为主观评分的参照系。

ZHC 选择一些比较典型的作文答卷作为"标杆卷"。评分员在开始评分前及评分过程中，需要熟悉这些"标杆卷"。这样，有利于评分员把握评分标准，避免评分标准掌握上的忽紧忽松。

（5）以统计方法检验评分员之间的一致性。

为了解不同评分员在标准宽严把握上的差距并及时向评分员提供反馈信息，帮助评分员保持稳定的评分标准，ZHC 利用统计方法对评分员之间的一致性信度进行考察，对评分员的重评信度进行考察。

附录二　中办、国办联合下发党政机关公文处理工作条例

中办、国办联合下发党政机关公文处理工作条例

中新网2月22日电据中国政府网消息，中共中央办公厅、国务院办公厅今日联合下发《党政机关公文处理工作条例》。条例提出，公文处理工作应当坚持实事求是、准确规范、精简高效、安全保密的原则，对公文种类、格式、行文规则、拟制和办理程序、公文管理等均做出明确规范。全文如下：

党政机关公文处理工作条例

第一章　总　则

第一条　为了适应中国共产党机关和国家行政机关（以下简称党政机关）工作需要，推进党政机关公文处理工作科学化、制度化、规范化，制定本条例。

第二条　本条例适用于各级党政机关公文处理工作。

第三条　党政机关公文是党政机关实施领导、履行职能、处理公务的具有特定效力和规范体式的文书，是传达贯彻党和国家的方针政策，公布法规和规章，指导、布置和商洽工作，请示和答复问题，报告、通报和交流情况等的重要工具。

第四条　公文处理工作是指公文拟制、办理、管理等一系列相互关联、衔接有序的工作。

第五条　公文处理工作应当坚持实事求是、准确规范、精简高效、安全保密的原则。

第六条　各级党政机关应当高度重视公文处理工作，加强组织领导，强化队伍建设，设立文秘部门或者由专人负责公文处理工作。

第七条　各级党政机关办公厅（室）主管本机关的公文处理工作，并对下级机关的公文处理工作进行业务指导和督促检查。

第二章　公文种类

第八条　公文种类主要有：

（一）决议。适用于会议讨论通过的重大决策事项。

（二）决定。适用于对重要事项作出决策和部署、奖惩有关单位和人员、变更或者撤销下级机关不适当的决定事项。

（三）命令（令）。适用于公布行政法规和规章、宣布施行重大强制性措施、批准授予

和晋升衔级、嘉奖有关单位和人员。

（四）公报。适用于公布重要决定或者重大事项。

（五）公告。适用于向国内外宣布重要事项或者法定事项。

（六）通告。适用于在一定范围内公布应当遵守或者周知的事项。

（七）意见。适用于对重要问题提出见解和处理办法。

（八）通知。适用于发布、传达要求下级机关执行和有关单位周知或者执行的事项，批转、转发公文。

（九）通报。适用于表彰先进、批评错误、传达重要精神和告知重要情况。

（十）报告。适用于向上级机关汇报工作、反映情况，回复上级机关的询问。

（十一）请示。适用于向上级机关请求指示、批准。

（十二）批复。适用于答复下级机关请示事项。

（十三）议案。适用于各级人民政府按照法律程序向同级人民代表大会或者人民代表大会常务委员会提请审议事项。

（十四）函。适用于不相隶属机关之间商洽工作、询问和答复问题、请求批准和答复审批事项。

（十五）纪要。适用于记载会议主要情况和议定事项。

第三章　公文格式

第九条　公文一般由份号、密级和保密期限、紧急程度、发文机关标志、发文字号、签发人、标题、主送机关、正文、附件说明、发文机关署名、成文日期、印章、附注、附件、抄送机关、印发机关和印发日期、页码等组成。

（一）份号。公文印制份数的顺序号。涉密公文应当标注份号。

（二）密级和保密期限。公文的秘密等级和保密的期限。涉密公文应当根据涉密程度分别标注"绝密""机密""秘密"和保密期限。

（三）紧急程度。公文送达和办理的时限要求。根据紧急程度，紧急公文应当分别标注"特急""加急"，电报应当分别标注"特提""特急""加急""平急"。

（四）发文机关标志。由发文机关全称或者规范化简称加"文件"二字组成，也可以使用发文机关全称或者规范化简称。联合行文时，发文机关标志可以并用联合发文机关名称，也可以单独用主办机关名称。

（五）发文字号。由发文机关代字、年份、发文顺序号组成。联合行文时，使用主办机关的发文字号。

（六）签发人。上行文应当标注签发人姓名。

（七）标题。由发文机关名称、事由和文种组成。

（八）主送机关。公文的主要受理机关，应当使用机关全称、规范化简称或者同类型机关统称。

（九）正文。公文的主体，用来表述公文的内容。

（十）附件说明。公文附件的顺序号和名称。

（十一）发文机关署名。署发文机关全称或者规范化简称。

（十二）成文日期。署会议通过或者发文机关负责人签发的日期。联合行文时，署最后签发机关负责人签发的日期。

（十三）印章。公文中有发文机关署名的，应当加盖发文机关印章，并与署名机关相符。有特定发文机关标志的普发性公文和电报可以不加盖印章。

（十四）附注。公文印发传达范围等需要说明的事项。

（十五）附件。公文正文的说明、补充或者参考资料。

（十六）抄送机关。除主送机关外需要执行或者知晓公文内容的其他机关，应当使用机关全称、规范化简称或者同类型机关统称。

（十七）印发机关和印发日期。公文的送印机关和送印日期。

（十八）页码。公文页数顺序号。

第十条 公文的版式按照《党政机关公文格式》国家标准执行。

第十一条 公文使用的汉字、数字、外文字符、计量单位和标点符号等，按照有关国家标准和规定执行。民族自治地方的公文，可以并用汉字和当地通用的少数民族文字。

第十二条 公文用纸幅面采用国际标准 A4 型。特殊形式的公文用纸幅面，根据实际需要确定。

第四章 行文规则

第十三条 行文应当确有必要，讲求实效，注重针对性和可操作性。

第十四条 行文关系根据隶属关系和职权范围确定。一般不得越级行文，特殊情况需要越级行文的，应当同时抄送被越过的机关。

第十五条 向上级机关行文，应当遵循以下规则：

（一）原则上主送一个上级机关，根据需要同时抄送相关上级机关和同级机关，不抄送下级机关。

（二）党委、政府的部门向上级主管部门请示、报告重大事项，应当经本级党委、政府同意或者授权；属于部门职权范围内的事项应当直接报送上级主管部门。

（三）下级机关的请示事项，如需以本机关名义向上级机关请示，应当提出倾向性意见后上报，不得原文转报上级机关。

（四）请示应当一文一事。不得在报告等非请示性公文中夹带请示事项。

（五）除上级机关负责人直接交办事项外，不得以本机关名义向上级机关负责人报送公文，不得以本机关负责人名义向上级机关报送公文。

（六）受双重领导的机关向一个上级机关行文，必要时抄送另一个上级机关。

第十六条 向下级机关行文，应当遵循以下规则：

（一）主送受理机关，根据需要抄送相关机关。重要行文应当同时抄送发文机关的直接上级机关。

（二）党委、政府的办公厅（室）根据本级党委、政府授权，可以向下级党委、政府行文，其他部门和单位不得向下级党委、政府发布指令性公文或者在公文中向下级党委、政府提出指令性要求。需经政府审批的具体事项，经政府同意后可以由政府职能部门行文，文中须注明已经政府同意。

（三）党委、政府的部门在各自职权范围内可以向下级党委、政府的相关部门行文。

（四）涉及多个部门职权范围内的事务，部门之间未协商一致的，不得向下行文；擅自行文的，上级机关应当责令其纠正或者撤销。

（五）上级机关向受双重领导的下级机关行文，必要时抄送该下级机关的另一个上级机关。

第十七条 同级党政机关、党政机关与其他同级机关必要时可以联合行文。属于党委、政府各自职权范围内的工作，不得联合行文。

党委、政府的部门依据职权可以相互行文。

部门内设机构除办公厅（室）外不得对外正式行文。

第五章 公文拟制

第十八条 公文拟制包括公文的起草、审核、签发等程序。

第十九条 公文起草应当做到：

（一）符合党的理论路线方针政策和国家法律法规，完整准确体现发文机关意图，并同现行有关公文相衔接。

（二）一切从实际出发，分析问题实事求是，所提政策措施和办法切实可行。

（三）内容简洁，主题突出，观点鲜明，结构严谨，表述准确，文字精练。

（四）文种正确，格式规范。

（五）深入调查研究，充分进行论证，广泛听取意见。

（六）公文涉及其他地区或者部门职权范围内的事项，起草单位必须征求相关地区或者部门意见，力求达成一致。

（七）机关负责人应当主持、指导重要公文起草工作。

第二十条 公文文稿签发前，应当由发文机关办公厅（室）进行审核。审核的重点是：

（一）行文理由是否充分，行文依据是否准确。

（二）内容是否符合党的理论路线方针政策和国家法律法规；是否完整准确体现发文机关意图；是否同现行有关公文相衔接；所提政策措施和办法是否切实可行。

（三）涉及有关地区或者部门职权范围内的事项是否经过充分协商并达成一致意见。

（四）文种是否正确，格式是否规范；人名、地名、时间、数字、段落顺序、引文等是否准确；文字、数字、计量单位和标点符号等用法是否规范。

（五）其他内容是否符合公文起草的有关要求。

需要发文机关审议的重要公文文稿，审议前由发文机关办公厅（室）进行初核。

第二十一条 经审核不宜发文的公文文稿，应当退回起草单位并说明理由；符合发文条件但内容需作进一步研究和修改的，由起草单位修改后重新报送。

第二十二条 公文应当经本机关负责人审批签发。重要公文和上行文由机关主要负责人签发。党委、政府的办公厅（室）根据党委、政府授权制发的公文，由受权机关主要负责人签发或者按照有关规定签发。签发人签发公文，应当签署意见、姓名和完整日期；圈阅或者签名的，视为同意。联合发文由所有联署机关的负责人会签。

第六章 公文办理

第二十三条 公文办理包括收文办理、发文办理和整理归档。

第二十四条 收文办理主要程序是：

（一）签收。对收到的公文应当逐件清点，核对无误后签字或者盖章，并注明签收时间。

（二）登记。对公文的主要信息和办理情况应当详细记载。

（三）初审。对收到的公文应当进行初审。初审的重点是：是否应当由本机关办理，是否符合行文规则，文种、格式是否符合要求，涉及其他地区或者部门职权范围内的事项是否已经协商、会签，是否符合公文起草的其他要求。经初审不符合规定的公文，应当及时退回来文单位并说明理由。

（四）承办。阅知性公文应当根据公文内容、要求和工作需要确定范围后分送。批办性公文应当提出拟办意见报本机关负责人批示或者转有关部门办理；需要两个以上部门办理的，应当明确主办部门。紧急公文应当明确办理时限。承办部门对交办的公文应当及时办理，有明确办理时限要求的应当在规定时限内办理完毕。

（五）传阅。根据领导批示和工作需要将公文及时送传阅对象阅知或者批示。办理公文传阅应当随时掌握公文去向，不得漏传、误传、延误。

（六）催办。及时了解掌握公文的办理进展情况，督促承办部门按期办结。紧急公文或者重要公文应当由专人负责催办。

（七）答复。公文的办理结果应当及时答复来文单位，并根据需要告知相关单位。

第二十五条　发文办理主要程序是：

（一）复核。已经发文机关负责人签批的公文，印发前应当对公文的审批手续、内容、文种、格式等进行复核；需作实质性修改的，应当报原签批人复审。

（二）登记。对复核后的公文，应当确定发文字号、分送范围和印制份数并详细记载。

（三）印制。公文印制必须确保质量和时效。涉密公文应当在符合保密要求的场所印制。

（四）核发。公文印制完毕，应当对公文的文字、格式和印刷质量进行检查后分发。

第二十六条　涉密公文应当通过机要交通、邮政机要通信、城市机要文件交换站或者收发件机关机要收发人员进行传递，通过密码电报或者符合国家保密规定的计算机信息系统进行传输。

第二十七条　需要归档的公文及有关材料，应当根据有关档案法律法规以及机关档案管理规定，及时收集齐全、整理归档。两个以上机关联合办理的公文，原件由主办机关归档，相关机关保存复制件。机关负责人兼任其他机关职务的，在履行所兼职务过程中形成的公文，由其兼职机关归档。

第七章　公文管理

第二十八条　各级党政机关应当建立健全本机关公文管理制度，确保管理严格规范，充分发挥公文效用。

第二十九条　党政机关公文由文秘部门或者专人统一管理。设立党委（党组）的县级以上单位应当建立机要保密室和机要阅文室，并按照有关保密规定配备工作人员和必要的安全保密设施设备。

第三十条　公文确定密级前，应当按照拟定的密级先行采取保密措施。确定密级后，应当按照所定密级严格管理。绝密级公文应当由专人管理。

公文的密级需要变更或者解除的，由原确定密级的机关或者其上级机关决定。

第三十一条 公文的印发传达范围应当按照发文机关的要求执行；需要变更的，应当经发文机关批准。

涉密公文公开发布前应当履行解密程序。公开发布的时间、形式和渠道，由发文机关确定。

经批准公开发布的公文，同发文机关正式印发的公文具有同等效力。

第三十二条 复制、汇编机密级、秘密级公文，应当符合有关规定并经本机关负责人批准。绝密级公文一般不得复制、汇编，确有工作需要的，应当经发文机关或者其上级机关批准。复制、汇编的公文视同原件管理。

复制件应当加盖复制机关戳记。翻印件应当注明翻印的机关名称、日期。汇编本的密级按照编入公文的最高密级标注。

第三十三条 公文的撤销和废止，由发文机关、上级机关或者权力机关根据职权范围和有关法律法规决定。公文被撤销的，视为自始无效；公文被废止的，视为自废止之日起失效。

第三十四条 涉密公文应当按照发文机关的要求和有关规定进行清退或者销毁。

第三十五条 不具备归档和保存价值的公文，经批准后可以销毁。销毁涉密公文必须严格按照有关规定履行审批登记手续，确保不丢失、不漏销。个人不得私自销毁、留存涉密公文。

第三十六条 机关合并时，全部公文应当随之合并管理；机关撤销时，需要归档的公文经整理后按照有关规定移交档案管理部门。

工作人员离岗离职时，所在机关应当督促其将暂存、借用的公文按照有关规定移交、清退。

第三十七条 新设立的机关应当向本级党委、政府的办公厅（室）提出发文立户申请。经审查符合条件的，列为发文单位，机关合并或者撤销时，相应进行调整。

第八章 附 则

第三十八条 党政机关公文含电子公文。电子公文处理工作的具体办法另行制定。

第三十九条 法规、规章方面的公文，依照有关规定处理。外事方面的公文，依照外事主管部门的有关规定处理。

第四十条 其他机关和单位的公文处理工作，可以参照本条例执行。

第四十一条 本条例由中共中央办公厅、国务院办公厅负责解释。

第四十二条 本条例自 2012 年 7 月 1 日起施行。1996 年 5 月 3 日中共中央办公厅发布的《中国共产党机关公文处理条例》和 2000 年 8 月 24 日国务院发布的《国家行政机关公文处理办法》停止执行。

附录三　学术论文参考文献有关规定

学术论文参考文献有关规定

一、专著

［序号］主要责任者. 书名［M］. 其他责任者（如编者、译者，供选择）. 版本（第1版不写）. 出版地：出版者，出版年：页码.

［1］姚穆，周锦芳，黄淑珍，等. 纺织材料学［M］. 第2版. 北京：中国纺织出版社，1997：147.

［2］Burton J J，Garten R L. 新型催化材料［M］. 林西平，译. 北京：石油工业出版社，1984：45.

［3］Bird R B，Stewart W E，Lightfoot E N. Transport phenomena［M］. New York：John Wiley & Sons Inc，1960：75.

二、期刊

［序号］析出责任者. 析出题名［J］. 刊名，出版年，卷号（期号）：起止页码.

［4］林红，陈宇岳，任煜，等. 经等离子体处理的蚕丝纤维结构与性能［J］. 纺织学报，2004，25（3）：9－11.

［5］Henry R C，Lewis C W，Collins J F，et al. Vehicle－related hydrocarbon source compositions from ambient data：the GRACE/SAFER method［J］. Eniron Sci Technol，1994，28（5）：823－832.

三、会议论文集（或汇编）

［序号］析出责任者. 析出题名［A］. 编著者. 文集名［C］.（供选择项：会议名，会址，开会年.）出版地：出版者，出版年：起止页码.

［6］胡伯陶. 天然彩色棉的状况和产业发展的研究［A］. 中国纺织工程学会. 第9届全国花式纱线及其织物技术进步研讨会论文集［C］. 北京：中国纺织信息中心，2002：24－33.

［7］Ma Tingxi，Lu Xueshu. Computer aided analysis of the penetration of mounted tillage implement［A］. In：Zhang Wei，Guo Peiyu，Zhang Senwen eds. Agricultural Engineering and Rural Development：Vol［C］. Beijing：International Academic Publishers，1992：157－160.

四、学位论文

［序号］责任者．题名［D］．学位授予地址：学位授予单位，年份．

［8］王亚军．整装催化剂及催化转化器若干研究［D］．北京：北京理工大学，2000．

［9］Young L C. The application of orthogonal collocation to laminar flow heat and mass transfer in monolith converters［D］Washington：University of Washington，1974．

五、专利

［序号］专利申请者．专利题名：专利国别（或地区），专利号［P］．出版日期．

［10］陈安磐，龚熹．梳棉机道夫传动装置：中国，88217670.6［P］．1989－06－21．

六、报纸

［序号］析出责任者．析出题名［N］．报纸名，年－月－日（版次）．

［11］秦贞俊．芳族聚酰胺纤维与汽车安全空气袋［N］．纺织科普，2004－07－05（02）．

七、专著中析出的文献

［序号］析出责任者．析出题名［A］．析出其他责任者（如编者、译者，供选择）．见（英文用In）：专著责任者．书名［M］版次（第1版不写）．出版地：出版者，出版年：起止页码．

［12］罗云．安全科学理论体系的发展及趋势探讨［A］．见：白春华，何学秋，吴宗之，等．21世纪安全科学与技术的发展趋势［M］．北京：科学出版社，2000：1－5．

八、科技报告

［序号］著者．题（篇）名［R］．报告题名，编号，出版地：出版者，出版年：起止页码．

［13］Zagrodzki P. Influnce of design and material factors on thermal stresses in multiple disc wet clutch and brakes［R］. SAE 911833，1991．

［14］Gough P S. Theoretical modeling of the interior ballistics of the electrothermal gun［R］. AD－A268583，1993．

九、标准

［序号］标准编号，标准名称［S］．

［15］中华人民共和国国家标准．织物透湿量测试方法［S］. GB/T 12704—91．

十、电子文献

［序号］主要责任者．电子文献题名［电子文献及载体类型标识］．电子文献的出处或可获得地址，发表或更新日期/引用日期（任选）．

［16］杨恩科．棉织物酶精炼工艺探讨［EB/OL］. http：//www. ctei. gov. cn/htmlib//

xws04070803. htm,2003 – 10 – 04.

[17] 万锦坤. 中国大学学报论文文摘（1983—1993）. 英文版 [DB/CD]. 北京：中国大百科全书出版社,1996.

十一、各种未定义类型的文献

[序号] 主要责任者. 文献题名 [Z]. 出版地：出版者,出版年.

[18] S Raz. Warp knitting production [Z]. Heidelberg：Verlag Melliand Textilberichte GmbH,1987.

备注：

1. 参考文献著录中的文献类别代码：

普通图书：M；会议录：C；汇编：G；报纸：N；期刊：J；学位论文：D；报告：R；标准：S；专利：P；数据库：DB；计算机程序：CP；电子公告：EB。

2. 只有正式出版物才可以被著录。

3. 主要责任者之后不加"著""主编""编著"等字眼。

附录四 出版物上数字用法的规定

中华人民共和国国家标准
GBT15835—2011 代替 GB/T 15835—1995
出版物上数字用法的规定
General rules for writing numerals in publications

前 言

本标准按照 GB/T 1.1—2009 给出的规则起草。

本标准代替 GB/T 15835—1990《出版物上数字用法的规定》，与 GB/T 15835—1995《出版物上数字用法的规定》相比，主要变化如下：

——原标准在汉字数字与阿拉伯数字中，明显倾向于使用阿拉伯数字。本标准不再强调这种倾向性。

——在继承原标准中关于数字用法应遵循"得体原则"和"局部体例一致原则"的基础上，通过措辞上的适当调整，以及更为具体的规定和示例，进一步明确了具体操作规范。

——将原标准的平级罗列式行文结构改为层级分类式行文结构。

——删除了原标准的基本术语"物理量"与"非物理量"，增补了"计量""编号""概数"作为基本术语。

本标准由教育部语言文字信息管理司提出并归口。

本标准主要起草单位：北京大学。

本标准主要起草人：詹卫东、覃士娟、曾石铭。

本标准所代替标准的历次版本发布情况为：GB/T 15835—1995。

出版物上数字用法

1 范围

本标准规定了出版物上汉字数字和阿拉伯数字的用法。

本标准适用于各类出版物（文艺类出版物和重排古籍除外）。政府和企事业单位公文，以及教育、媒体和公共服务领域的数字用法，也可参照本标准执行。

2 规范性引用文件

下列文件对于本文件的应用是必不可少的。凡是注日期的引用文件，仅注日期的版本适用于本文件。凡是不注日期的引用文件,其最新版本(包括所有的修改单)适用于本文件。
GB/T 7408-2005 数据元和交换格式信息交换日期和时间表示法

3 术语和定义

下列术语和定义适用于本文件。

3.1 计量 measuring

将数字用于加、减、乘、除等数学运算。

3.2 编号 numbering

将数字用于为事物命名或排序,但不用于数学运算。

3.3 概数 approximate number

用于模糊计量的数字。

4 数字形式的选用

4.1 选用阿拉伯数字

4.1.1 用于计量的数字

在使用数字进行计量的场合,为达到醒目、易于辨识的效果,应采用阿拉伯数字。

示例1:-125.03 34.05% 63%~68% 1:500 97/108

当数值伴随有计量单位时,如:长度、容积、面积、体积、质量、温度、经纬度、音量、频率等等,特别是当计量单位以字母表达时,应采用阿拉伯数字。

示例2:523.56 km(523.56 千米)   567 mm^3(567 立方毫米)
34~39 ℃(34~39 摄氏度)   346.87 L(346.87 升)
605 g(605 克)   北纬40°(40 度)   5.34 m^2(5.34 平方米)
100~150 kg(100~150 千克)   120 dB(120 分贝)

4.1.2 用于编号的数字

在使用数字进行编号的场合,为达到醒目,易于辨识的效果,应采用阿拉伯数字。

示例:电话号码:98888

邮政编码:100871

通信地址:北京市海淀区复兴路11号

电子邮件地址:x186@186.net

网页地址:http://127.0.0.1

汽车号牌:京A00001

公交车号:302路公交车

道路编号:101国道

公文编号:国办发〔1987〕9号

图书编号:ISBN 978-7-80184-224-4

刊物编号:CN11-1399

章节编号:4.1.2

产品型号:PH-3000型计算机

产品序列号:C84XB-JYVFD-P7HC4-6XKRJ-7M6XH

单位注册号：02050214

行政许可登记编号：0684Dl0004-828

4.1.3 已定型的含阿拉伯数字的词语

现代社会生活中出现的事物、现象、事件，其名称的书写形式中包含阿拉伯数字，已经广泛使用而稳定下来，应采用阿拉伯数字。

示例：3G 手机　　MP3 播放器　　G8 峰会　　维生素 B12

97 号汽油　　"5·27"事件　　"12·5"枪击案

4.2 选用汉字数字

4.2.1 非公历纪年

干支纪年、农历月日、历史朝代纪年及其他传统上采用汉字形式的非公历纪年等等，应采用汉字数字。

示例：丙寅年十月十五日　　庚辰年八月五日

腊月二十三　　正月初五　　八月十五中秋

秦文公四十四年　　太平天国庚申十年九月二十四日

清咸丰十年九月二十日　　藏历阳木龙年八月二十六日　　日本庆应三年

4.2.2 概数

数字连用表示的概数、含"几"的概数，应采用汉字数字。

示例：三四个月　　一二十个　　四十五六岁　　五六万套　　五六十年前

几千　　二十几　　一百几十　　几万分之一

4.2.3 已定型的含汉字数字的词语

汉语中长期使用已经稳定下来的包含汉字数字形式的词语，应采用汉字数字。

示例：万一　　一律　　一旦　　三叶虫　　四书五经　　星期五　　四氧化三铁　　八国联军

七上八下　　一心一意　　不管三七二十一　　一方面　　二百五　　半斤八两

五省一市　　五讲四美　　相差十万八千里　　八九不离十　　白发三千丈

不二法门　　二八年华　　五四运动　　"一·二八"事变　　"一二·九"运动

4.3 选用阿拉伯数字与汉字数字均可

如果表达计量或编号所需要用到的数字个数不多，选择汉字数字还是阿拉伯数字在书写的简洁性和辨识的清晰性两方面没有明显差异时，两种形式均可使用。

示例1：17 号楼（十七号楼）　　3 倍（三倍）　　第 5 个工作日（第五个工作日）

100 多件（一百多件）　　20 余次（二十余次）　　约 300 人（约三百人）

40 左右（四十左右）　　50 上下（五十上下）　　50 多人（五十多人）

第 25 页（第二十五页）　　第 8 天（第八天）　　第 4 季度（第四季度）

第 45 份（第四十五份）　　共 230 位同学（共二百三十五位同学）　　0.5（零点五）

76 岁（七十六岁）　　120 周年（一百二十周年）　　1/3（三分之一）

公元前 8 世纪（公元前八世纪）　　20 世纪 80 年代（二十世纪八十年代）

公元 253 年（公元二五三年）　　1997 年 7 月 1 日（一九九七年七月一日）

下午 4 点 40 分（下午四点四十分）　　4 个月（四个月）　　12 天（十二天）

如果要突出简洁醒目的表达效果，应使用阿拉伯数字；如果要突出庄重典雅的表达效果，应使用汉字数字。

示例2：北京时间 2008 年 5 月 12 日 14 时 28 分

十一届全国人大一次会议（不写为"11 届全国人大 1 次会议"）

六方会谈（不写为"6 方会谈"）

在同一场合出现的数字，应遵循"同类别同形式"原则来选择数字的书写形式。如果两数字的表达功能类别相同（比如都是表达年月日时间的数字），或者两数字在上下文中所处的层级相同（比如文章目录中同级标题的编号），应选用相同的形式。反之，如果两数字的表达功能不同．或所处层级不同，可以选用不同的形式。

示例3：2008 年 8 月 8 日　二〇〇八年八月八日（不写为"二〇〇八年 8 月 8 日"）

第一章　第二章……第十二章（不写为"第一章第二章……第12 章"）

第二章的下一级标题可以用阿拉伯数字编号：2.1，2.2，……

应避免相邻的两个阿拉伯数字造成歧义的情况。

示例4：高三 3 个班　高三三个班（不写为"高33 个班"）

高三 2 班　高三（2）班（不写为"高32 班"）

有法律效力的文件、公告文件或财务文件中可同时采用汉字数字和阿拉伯数字。

示例5：2008 年 4 月保险账户结算日利率为万分之一点五七五零（0.015750%）

35.5 元（35 元 5 角　三十五元五角　叁拾伍圆伍角）

5　数字形式的使用

5.1　阿拉伯数字的使用

5.1.1　多位数

为便于阅读，四位以上的整数或小数，可采用以下两种方式分节：

——第一种方式：千分撇

整数部分每三位一组，以"，"分节。小数部分不分节。四位以内的整数可以不分节。

示例1：624,000　92,300,000　19,351,235.235767　1256

——第二种方式：千分空

从小数点起，向左和向右每三位数字一组，组间空四分之一个汉字，即二分之一个阿拉伯数字的位置。四位以内的整数可以不加千分空。

示例2：55 235 367.346 23　98 235 358.238 368

注：各科学技术领域的多位数分节方式参照 GB 3101－1993 的规定执行。

5.1.2　纯小数

纯小数必须写出小数点前定位的"0"，小数点是齐阿拉伯数字底线的实心点"．"。

示例：0.46 不写为 .46 或 0。46

5.1.3　数值范围

在表示数值的范围时，可采用浪纹式连接号"～"或一字线连接号"－"。前后两个数值的附加符号或计量单位相同时，在不造成歧义的情况下，前一个数值的附加符号或计量单位可省略，如果省略数值的附加符号或计量单位会造成歧义，则不应省略。

示例：－36 ～ －8℃　400 － 429 页　1 100 － 2 100kg　12 500 ~ 20 000 元

9 亿 ~16 亿（不写为 9 ~16 亿）　13 万元 ~17 万元（不写为 13 ~17 万元）

15% ~30%（不写为 15 ~30%）　4.3 ×10⁶ ~5.7 ×10⁶（不写为 4.3 ~5.7 ×10⁶）

5.1.4 年月日

年月日的表达顺序应按照口语中年月日的自然顺序书写。

示例1：2008年8月8日 1997年7月1日

"年""月"可按照GB/T 7408-2005的5.2.1.1中的扩展格式，用"-"替代，但年月日不完整时不能替代。

示例2：2008-8-8 1997-7-1 8月8日（不写为8-8） 2008年8月（不写为2008-8）

四位数字表示的年份不应简写为两位数字。

示例3："1990年"不写为"90年"

月和日是一位数时，可在数字前补"0"。

示例4：2008-08-08 1997-07-01

5.1.5 时分秒

计时方式既可采用12小时制，也可采用24小时制。

示例1：11时40分 上午11时40分 21时12分36秒（晚上9时12分36秒）

时分秒的表达顺序应按照口语中时、分、秒的自然顺序书写。

示例2：15时40分 14时12分36秒

"时""分"也可按照GB/T 7408-2000的5.3.1.1和5.3.1.2中的扩展格式，用"："替代

示例3：15：40 14：12：36

5.1.6 含有月日的专名

含有月日的专名采用阿拉伯数字表示时，应采用间隔号"·"将月、日分开，并在数字前后加引号。

示例："3·15"消费者权益日

5.1.7 书写格式

5.1.7.1 字体

出版物中的阿拉伯数字，一般应使用正体二分字身，即占半个汉字位置。

示例：234 57.236

5.1.7.2 换行

一个用阿拉伯数字书写的数值应在同一行中，避免被断开。

5.1.7.3 竖排文本中的数字方向

竖排文字中的阿拉伯数字按顺时针方向转90度。旋转后要保证同一个词语单位的文字方向相同

示例：

示例一

雪花牌BCD188型家用电冰箱容量是一百八十八升，功率为一百二十五瓦，市场售价两千零五十元，返修率仅为百分之零点一五。

示例二

海军J12号打捞救生船在太平洋上航行了十三天，于一九〇年八月六日零时三十分返回基地。

5.2 汉字数字的使用

5.2.1 概数

两个数字连用表示概数时,两数之间不用顿号"、"隔开。

示例:二三米　一两个小时　三五天　一二十个　四十五六岁

5.2.2 年份

年份简写后的数字可以理解为概数时,一般不简写。

示例:"一九七八年"不写为"七八年"

5.2.3 含有月日的专名

含有月日的专名采用汉字数字表示时,如果涉及一月、十一月、十二月,应用间隔号"·"将表示月和日的数字隔开,涉及其他月份时,不用间隔号。

示例:"一·二八"事变　"一二·九"运动　国际劳动节

5.2.4 大写汉字数字

——大写汉字数字的书写形式

零、壹、贰、叁、肆、伍、陆、柒、捌、玖、拾、佰、仟、万、亿

——大写汉字数字的适用场合

法律文书和财务票据上,应采用大写汉字数字形式记数。

示例:3,504 元(叁仟伍佰零肆圆)　39,148 元(叁万玖仟壹佰肆拾捌圆)

5.2.5 "零"和"〇"

阿拉伯数字"0"有"零"和"〇"两种汉字书写形式。一个数字用作计量时,其中"0"的汉字书写形式为"零",用作编号时,"0"的汉字书写形式为"〇"。

示例:"3052(个)"的汉字数字形式为"三千零五十二"(不写为"三千〇五十二")

"95.06"的汉字数字形式为"九十五点零六"(不写为"九十五点〇六")

"公元 2012(年)"的汉字数字形式为"二〇一二"(不写为"二零一二")

5.3 阿拉伯数字与汉字数字同时使用

如果一个数值很大,数值中的"万""亿"单位可以采用汉字数字,其余部分采用阿拉伯数字。

示例 1:我国 1982 年人口普查人数为 10 亿零 817 万 5 288 人

除上面情况之外的一般数值,不能同时采用阿拉伯数字与汉字数字。

示例 2:108 可以写作"一百零八",但不应写作"1 百零 8""一百 08"

4 000 可以写作"四千",但不应写作"4 千"。

附录五　出版物汉字使用管理规定

出版物汉字使用管理规定
新闻出版署国家语言文字工作委员会
1992年7月7日新出联〔1992〕4号

第一条　为使报纸、期刊、图书、音像制品等出版物使用汉字规范化，消除用字不规范现象，根据国家有关新闻出版的法律，法规和关于汉字使用的有关规定，根据我国的实际情况，制定本规定。

第二条　本规定适用于经国家新闻出版行政管理机关批准出版发行的报纸、期刊、图书、音像制品等出版物。

第三条　本规定所称规范汉字，主要是指1986年10月根据国务院批示由国家语言文字工作委员会重新发表的《简化字总表》所收录的简化字；1988年3月由国家语言文字工作委员会和新闻出版署发布的《现代汉语通用字表》中收录的汉字。本规定所称不规范汉字，是指在《简化字总表》中被简化的繁体字；1986年国家宣布废止的《第二次汉字简化方案（草案）》中的简化字；在1955年淘汰的异体字（其中1986年收入《简化字总表》中的11个类推简化字和1988年收入《现代汉语通用字表》中的15个字不作为淘汰的异体字）；1977年淘汰的计量单位旧译名用字；社会上出现的自造简体字及1965年淘汰的旧字形。

第四条　新闻出版署和国家语言文字工作委员会主管全国出版物汉字使用的规范工作。各省、自治区、直辖市新闻出版行政管理机关和语言文字工作机关，主管本行政区域内出版物汉字使用的规范工作。

第五条　报纸、期刊、图书、音像制品等出版的报头（名）、刊名、封皮（包括封面、封底、书脊等）、包装装饰物、广告宣传品等用字，必须使用规范汉字，禁止使用不规范汉字。出版物的内文（包括正文、内容提要、目录以及出版权记录项目等辅文），必须使用规范汉字，禁止使用不规范汉字。

第六条　向台湾、香港、澳门地区及海外发行的报纸、期刊、图书、音像制品等出版物，可以用简化字的一律用简化字，如需发行繁体版本的，须报新闻出版署批准。

第七条　下列情形可以不适用第五条、第六条的规定：
（一）整理、出版古代典籍；
（二）书法艺术作品；
（三）古代历史文化学术研究著述和语文工具书中必须使用繁体字、异体字的部分；
（四）经国家有关部门批准，依法影印、拷贝的台湾、香港、澳门、地区及海外其他地区出版的中文报刊、图书、音像制品等出版物。

第八条 报纸、期刊、图书、音像制品出版单位在申请创办时，必须向批准机关提交出版社社名、报名、刊名字样，经审定符合规范获得批准后方可使用。

第九条 印刷通用汉字字模的设计、计算机编排系统和文字信息处理系统使用汉字，必须符合国家标准和有关规定。需要使用繁体字的，须经新闻出版署批准。

第十条 新闻出版行政管理机关的语言文字工作机关负责对出版物汉字使用情况进行监督检查。被检查单位不得拒绝提供检查需用的出版物样本。

第十一条 违反本规定，有下列情形之一的，由省级以上（包括省级）新闻出版行政管理机关根据情节轻重分别处以责令改正、警告、500元以上5000元以下罚款、停业整顿的行政处罚：

（一）违反第五条第一款，报纸报头（名）使用不规范汉字1个字以上（含1个字），日报连续6期以上，周报连续3期以上，半个月报连续2期以上的；

（二）违反第五条第一款，期刊刊名及封皮、包装装饰物、千字以内的广告宣传品使用不规范汉字1个字以上（含1个字），半月刊连续期以上，月刊、双月刊、季刊1期以上的；

（三）违反第五条第二款，在1期（1册、1盒）内，报纸、期刊、图书、音像制品等出版物内文使用不规范汉字占总字数千分之一以上的；

（四）违反第六条规定的。

第十二条 出版单位和印刷单位，对行政处罚决定不服的，可以在接到处罚决定书之日起15日内，依法申请行政复议；对行政复议决定不服的，可以在接到复议决定书之日15日内向人民法院提起诉讼。逾期不申请复议也不提起诉讼，又不履行处罚决定的由作出处罚决定的机关申请人民法院强制执行。

第十三条 各省、自治区、直辖市新闻出版行政管理机关和语言文字工作机关，可根据本规定制定实施办法。

第十四条 本规定由新闻出版署和国家语言文字工作委员会负责解释。

第十五条 本规定自1992年8月1日起施行。本规定生效前，报头（名）、刊名、封皮中已经使用不规范汉字的，要加以纠正。

附录六　外文字母用法规定

外文字母的批注工作在有关国家标准和国际标准中都做了规定,有的在标准中虽未列出,但已成为约定俗成的规矩。

现将各种字体外文字母使用的场合分别介绍如下:

大写体外文字母主要用于以下场合:

1. 来源于人名的计量单位符号的首字母。例如:Pa(帕),A(安),V(伏),Hz(赫),J(焦),W(瓦)

2. 化学元素符号的首字母。例如:Na(钠),Ca(钙),Hg(汞),Fe(铁),Ag(银),Mg(镁),Zn(锌)。

3. 计量单位中表示 10^6 及其以上因数的词头符号,共有 7 个:M(兆)10^6,G(吉)10^9,T(大)10^{12},P(拍)10^{15},E(艾)10^{18},Z(泽)10^{21},Y(尧)10^{24}。

4. 人的名字、父名和姓的首字母。

5. 国家、组织、会议、报刊、文件以及学校、机关等名称中的每一个词(由 3 个以下字母组成的前置词、冠词、连词等除外)的首字母。

6. 科技名词术语缩写词的每个字母都大写。例如:DIC(弥散性血管内凝血),TP(茶色素),TC(胆固醇),TG(甘油三酯),HDL(高密度脂蛋白),SOD(超氧化歧化酶)。

小写体外文字母主要用于以下场合:

1. 来源于人名以外的一般单位符号的字母。例如:m(米),kg(千克),s(秒),mol(摩),t(吨)。

2. 计量单位中表示 10^3 及其以下因数的词头符号,共有 13 个:k(千)10^3,h(百)10^2,da(十)10^1,d(分)10^{-1},c(厘)10^{-2},m(毫)10^{-3},μ(微)10^{-6},n(纳)10^{-9},p(皮)10^{-12},f(飞)10^{-15},a(阿)10^{-18},z(仄)10^{-21},y(幺)10^{-24}。

3. 附在中译名后的普通名词术语原文(德文除外)。

4. 由 3 个或 4 个以下字母构成的前置词、连词、冠词等(处在句首位置除外)。例如:to,by,but,for,the,with 等。

斜体外文字母主要用于以下场合:

1. 生物学中拉丁文学名(属名、亚属名、种名、亚种名和变种名)用斜体。

2. 化学中表示旋光性、分子构型、构象、取代基位置等的符号用斜体,其后常紧随半字线"-"。例如:l-(左旋),dl-(外消旋),o-(邻位),P-(对位),ap-(反叠构象),z-(双键的顺异构)。

3. 数学中用字母代表的数和一般函数用斜体,例如:x,y,z,a,b,c。矩阵符号用黑斜体,例如:矩阵 A 等。

4. 代表插图中的点、线、面和图形的字母或阿拉伯数码，用斜体。例如：P 点 $\triangle ABC$ 等。

5. 全部量符号及量符号中代表量和变动性数字的下角标符号用斜体。例如：m（质量），p（压力），v（体积），k（玻耳兹曼常数），L_p（功率级差，下标 p 为功率符号），A_i（$i=1, 2, 3, \cdots, n$）（这里，i 代表变动性数字，$A_1, A_2, A_3, \cdots, A_n$）等。

6. 矢量和张量符号在正式书刊上用黑斜体，也可用白斜体，但在字母顶上要加箭头。例如：$\vec{p}$（矢量），$\vec{Q}$（张量）。

7. 统计学符号的书写根据国家标准中《统计学名词及符号》的有关规定，样本的算术平均数用了 x（英小斜）表示，不用 X（英大斜）或 M；标准差用 s（英小斜），不用 SD；标准误用 $S-x$（英大斜），不用 SE 或 SEM；检验用 t（英小斜）；F 检验用 F（英大斜）；卡方检验用 x^2（希小斜）；相关系数用 r（英小斜）；自由度用 v（钮）（希小斜）；概率用 P（英大斜）；样本数用 n（英小斜）。

正体外文字母主要用于以下场合：

全部计量单位符号、词头符号和量纲符号。

1. 单位符号如：m（米），L（升），Pa（ ），s（秒），V（伏）。十进倍数词头符号如：k（千），m（毫），M（兆）。量纲符号如：M（质量），T（时间），J（发光强度）。

2. 化学元素符号。例如：O（氧），Cu（铜），Al（铝），N（氮）。

3. 仪器、元件、样品等的型号或代号，例如 JSEM-200 电子显微镜，IBM-PC 微型计算机，GB 6447-86 文摘编写规则，HP7475A 型绘图仪。

4. 不表示数量的外文缩写字，例如：S（南），N（北），CAD（计算机辅助设计），ACV（气垫船）。

5. 外文的人名、地名、组织名等。

6. 表示序号的拉丁字母。例如：附录 A，附录 B，附录 C。

7. 数学式中的运算符号（如 ∑ 连加，Ⅱ 连乘，d 微分，Δ 有限量）；缩写符号（如：min 最小，lim 极限，const 常数）；特殊常数符号（如圆周率，e 自然对数的底）等。

8. 生物学中拉丁学名的定名人和亚族以上（含亚族）的学名。

主要参考书目

[1] 彭斯杰. 应用写作［M］. 武汉：湖北科技出版社，1989.
[2] 樊鸿武. 国家公务员实用公文写作［M］. 北京：国家行政学院出版社，2001.
[3] 陈少夫，丘国新. 应用写作教程［M］. 广州：中山大学出版社，2005.
[4] 陈果安. 实用写作教程［M］. 长沙：中南大学出版社，2002.
[5] 张德实. 应用写作［M］. 北京：高等教育出版社，2004.
[6] 乔刚，谢海泉. 现代应用文写作［M］. 上海：立信会计出版社，2005.
[7] 高雅杰. 应用文写作［M］. 北京：清华大学出版社，2004.
[8] 邱小林，章克昌. 应用文写作［M］. 北京：中国人民大学出版社，2004.
[9] 徐斌. 现代应用文写作全书［M］. 西安：三秦出版社，2002.
[10] 宝力达，张国志. 新编应用写作［M］. 呼和浩特：内蒙古大学出版社，2008.
[11] 宝力达，张国志. 现代应用写作［M］. 北京：北京理工大学出版社，2012.